山东省社会科学规划研究项目文丛 · 重点项目

主　编　王志东

副主编　张凤莲　吕世忠　徐建勇

山东道德模范建设理论与实践研究

山东人民出版社

国家一级出版社 全国百佳图书出版单位

“山东道德模范建设理论与实践研究”课题组

课题组组长

王志东　山东社会科学院副院长　研究员

课题组成员

张凤莲　山东社会科学院科研组织处处长　研究员

吕世忠　山东社会科学院历史研究所副所长　副研究员

李　玉　山东社会科学院国际儒学研究与交流中心　副研究员

张桂兰　济南市社会科学院社会发展研究所　副研究员

徐建勇　山东社会科学院文化研究所　助理研究员

闫　娜　山东社会科学院文化研究所　助理研究员

赵迎芳　山东社会科学院文化研究所　助理研究员

张　勇　山东社会科学院政策研究室　助理研究员

序 言

习近平总书记指出:“道德模范是社会道德建设的重要旗帜，要深入开展学习宣传道德模范活动，弘扬真善美，传播正能量，激励人民群众崇德向善、见贤思齐，鼓励全社会积善成德、明德惟馨，为实现中华民族伟大复兴的中国梦凝聚起强大的精神力量和有力的道德支撑。”自古以来，中华民族始终有一种强大的道德力量牵引着社会文明发展进步。从尧舜时期的“克明俊德”，到春秋战国时期孔子、孟子的“德治”“仁政”，到汉代儒家定一尊的道德伦理思想，直到明清时期对德治思想的承继，中国传统的德治思想不断传承、丰富和完善，涌现出了大量为当时社会所推崇的道德人物、道德佳话，对所处的时代和社会起到了积极影响，为后世的国家发展与人们的道德思想文化传承创新发挥了重要作用。

中华文明源远流长，孕育了厚德载物、德行天下的优良传统，形成了崇德尚义、见贤思齐的民族底色，成为中华民族生生不息的强大动力。中国古代社会注重道德建设，以德治思想为引导，形成了系统的包括道德教化、道德推举和道德评价、道德践行在内的道德践履机制，对于促进社会文明进步发挥了重要的保障作用。关于道德榜样的力量，孔子认为“君子之德风，小人之德草，草上之风，必偃”，提倡“见贤思齐焉，见不贤而内自省也”，以提升自身道德修养。认为崇德尚德对治国理政至关重要，“鱼无定止，渊深则归；鸟无定栖，林茂则赴。故以道养贤，则四方之民听声而来；以德养民，则四方之贤望风而慕”。道德教化也是培养道德模范的主要途径，舜“布五教于四方，父义、母慈、兄友、弟共、子孝”，都是“善教得民心”的重要体现。

高尚的社会风气对个人良好道德的形成具有至关重要的作用，可以易人心美风俗，“变化人心、荡涤污俗者，莫急于劝学、奖廉二事”，“夫教化可以美风俗，虽然，必久而后至于善”。每个人取得事业的成功也必自立德始，“立德之本，莫尚乎正心。心正而后身正，身正而后左右正，左右正而后朝廷正，朝廷正而后国家正，国家正而后天下正”。特别是以孝著称的东汉王祥提出了立身的五种道德，“夫言行可覆，信之至也；推美引过，德之至也；扬名显亲，孝之至也；兄弟怡怡，宗族欣欣，悌之至也；临财莫过乎让。此五者，立身之本”，成为中国传统道德文化的核心内容。

中国共产党历来重视道德建设对社会主义革命和建设事业的引领与支撑作用。在革命战争年代，以“理想主义”“为人民服务”“集体主义”“爱国主义”“实事求是”“艰苦奋斗”等为主要内容开展了一系列的思想教育运动，为不同阶段革命战争的胜利奠定了坚实的思想道德基础。在开展生产竞赛的群众运动和整顿三风的教育运动中，树立了张思德、白求恩、吴玉章等一批先进道德模范，号召全党学习国际主义战士白求恩“毫不利己，专门利人”的道德情操，学习张思德为人民服务、勇于为人民利益献身的崇高精神，努力成为“一个高尚的人，一个纯粹的人，一个有道德的人，一个脱离了低级趣味的人，一个有益于人民的人”。在抗日战争、解放战争中，号召学习“狼牙山五壮士”的英雄壮举，学习刘胡兰为革命不畏牺牲、勇于献身的英勇精神，学习沂蒙红嫂等英雄模范人物不顾个人安危，舍身救伤员、传情报、抬担架、送子送郎参军、抚育革命后代，为革命事业英勇奋斗的无私奉献精神。

新中国成立后，在全面进行社会主义改造和建设的过程中，在加强社会主义道德规范普及教育的基础上，我们党着重开展了各条战线上的思想政治教育与道德创建活动。《中国人民政治协商会议共同纲领》规定，“爱祖国、爱人民、爱劳动、爱科学、爱护公共财产为中华人民共和国全体国民的公德”，从此“五爱”成为我国社会公德的基本规范，并在全社会大力宣传普及弘扬。建国初期，以黄继光、邱少云、杨根思、罗盛教为代表的英雄模范人物成为全国人民学习的楷模，并由此掀起了新中国成立后第一次爱国主义高潮。20世纪六七十年代广泛开展了学习雷锋、“人民好干部”焦裕禄、“铁人”王进喜、舍己为人的解放军战士王杰、欧阳海、“南京路上好八连”等道德楷模的活动，同时还展开了向行业模范人物学习的热潮，全国各地形成了大规模的群众性道德创建活动和争创先进运动。在道德模范精神的感召下，“在我国劳动人民中正成长出一种新的劳动态度和道德品质，它是劳动者所表现出的坚强斗争精神、创造精神和伟大智慧，这是我国社会主义事业胜利发展的无穷力量源泉”。

自改革开放以来，我国在全面推进物质文明建设的同时，社会主义精神文明建设进入了全面发展的时期，社会主义道德建设作为精神文明建设的重要内容，不断深入发展。1982 年全国人大五届五次会议对“五爱”公德规范进行了修改，把“爱护公共财产”发展为“爱社会主义”，明确提出社会主义道德建设的基本要求，即“爱祖国、爱人民、爱劳动、爱科学、爱社会主义”。2001 年颁布的《公民道德建设实施纲要》，在强调把“五爱”作为公民道德建设的基本要求外，还提出要在全社会大力倡导“爱国守法、明礼诚信、团结友善、勤俭节约、敬业奉献”的“二十字”基本道德规范。2006 年，我们党在继承和发展“五爱”和“二十字”基本道德规范的基础上，在全社会大力倡导“八荣八耻”的社会主义荣辱观。2012 年，党的十八大提出了社会主义核心价值观“三个倡导”，从国家、社会、公民三个层面对人们提出了具体的价值导向，完善了道德建设理论。从“五爱”公德规范到“二十字”基本道德规范，到以“八荣八耻”为主要内容的社会主义荣辱观，再到“二十四”字社会主义核心价值观，不但概括、提炼和发展了社会主义道德基本规范，顺应了广大人民群众对良好社会道德和风气的强烈愿望，而且涵括的内容越来越丰富，导向性越来越明确，极大地推动了新时期社会主义道德文化建设。

这一时期，全国学习英模人物活动逐渐系列化，从城市到农村，学习活动高潮迭起，文明创建活动不断深入。1983 年，在开展“五讲四美三热爱”活动和“全民文明礼貌月”活动的基础上，在全国普遍开展了“三优一学”活动，即搞好优质服务，建立优良秩序，创造优美环境，学雷锋、学先进活动。在此期间，全国掀起了学习张海迪、朱伯儒、蒋筑英、陈景润等模范人物和华山抢险英雄集体的高潮。20 世纪 90 年代，为了克服当时出现的思想观念、价值取向等社会消极现象，弘扬优秀民族精神及共产主义精神，全国又广泛开展了以学习雷锋、“王铁人”、焦裕禄等为中心内容的“学先进、讲奉献、树新风”活动。特别是新时期以来，全国道德模范建设活动高潮迭起，有序开展了新中国成立以来规模最大、规格最高、选拔最广、反响最强的道德模范评选活动——全国公民道德模范评选，广泛组织开展

“我推荐、我评议身边好人”活动，以及学雷锋实践活动和社会志愿服务等活动，全国上下兴起了学习道德模范、崇尚道德模范、争当道德模范的新热潮。通过上述一系列学习和创建活动，形成了级级抓典型、行行出典型、层层有典型、人人学典型、典型系列化的良好局面。

一方文化孕育一方人，在齐鲁文化深厚底蕴和源远流长的发展历程中，山东大地涌现出大批贤臣良辅、兵学巨擘、文化科技巨匠和英模人物。儒家创始人孔子被尊为“万世师表”，孟子、庄子、墨子、荀子、伏生、郑玄、何休都是伟大的思想家，姜尚、吴起、鬼谷子、孙武、孙膑、司马穰苴、戚继光等兵学家名震天下，还有贤臣良辅伊尹、管仲、晏婴、东方朔、诸葛亮、房玄龄，鲁班、墨翟、甘德、刘洪、何承天、扁鹊、王叔和，中国古代三大农书的作者农学家氾胜之、贾思勰、王祯，文化艺术家刘勰、王羲之、颜真卿、张择端、李清照、辛弃疾、张养浩、李攀龙、王士禛、蒲松龄、孔尚任等一大批为中华文化、齐鲁文化传承发展做出重大贡献的文化道德名人。在他们身上充分体现了仁爱孝悌、谦和好礼、诚信知报、精忠爱国、克己奉公、修己慎独、见利思义、勤俭廉正、笃实宽厚、勇毅力行的传统美德。他们倡导和追求的天下为公的群体精神、厚德仁民的民本精神、讲信修睦的和谐精神、经世致用的救世精神、刚健务实的创造精神、因时而变的改革精神、崇德尚法的治国精神、崇尚气节的爱国精神等，构筑了中华民族文化精神的基本内涵。

山东是道德模范不断涌现的热土。在当代中国，山东大地涌现出一批又一批先进道德模范人物及道德模范群体，焦裕禄、孔繁森、王乐义、许振超、李登海，济南交警、泉城义工、青岛“微尘”……数不胜数。山东道德模范在当代的不断涌现，与山东省委、省政府长期以来高度重视社会主义道德建设、大力实施道德模范建设工程具有密切关系。

自上世纪90年代以来，山东省结合自身实际，大力实施道德模范建设工程，采取了一系列创新性举措。一是积极开展“学雷锋做山东好人”评树活动。围绕助人为乐、见义勇为、诚实守信、敬业奉献、孝老爱亲，广泛开展先进典型、道德模范推荐评选活动，在全社会形成了重视道德建设、践行道德规范的良好氛围。通过每两年评选表彰全省道德模范、年评“山东好人年度人物”与周评“山东好人·每周之星”，建立村、乡、县、市、省五级典型群体，形成明星闪耀、群星灿烂的典型引领效应，道德建设呈现出群众参与性强、常态化、梯次推进的局面。二是大力实施“四德”工程建设。先后制定了“四德”工程建设实施意见和实施方案，以示范县创建为抓手，统一规划，分类指导，建立机制，深入推进，倡树典型，营造氛围，把道德建设融入群众生活，贯穿于经济建设，初步实现了核心价值体系道德建设大众化、具体化、生动化。三是全面创新道德模范建设活动载体。坚持从弘扬传统美德的深处着力，从群众需求的现实入手，以民俗和重大节庆活动为接点，创新载体，深化主题，精心组织，搭建活动平台，建设涵盖市民个人、生活、工作和社会的活动空间，为群众的社会道德实践搭建起了一个直观、坚实的平台和吸引群众广泛、自觉参与的广阔舞台。四是完善道德模范建设长效运行机制。建立完善组织领导机制、工作推进机制、典型引领机制、考核奖惩机制，确保道德模范建设扎实高效开展。五是营造道德模范建设的浓厚社会氛围。充分运用多种传播手段，形成无缝覆盖的立体化宣传网络，营造出“讲道德光荣、悖道德可耻”的强大舆论声势。通过实施上述一系列措施，经过多年的积累发展，山东省道德模范建设工程不断深化拓展，日益深入人心，并取得明显成效。

从总体上看，山东省道德模范建设工作扎实有力，群众欢迎，效果突出，积累形成了山东省道德模范建设的一系列成功经验和做法，有力地推动了全省社会主义精神文明建设，为全省经济社会发展提供了强大的思想动力和道德支撑。在新的历史时期，对道德模范建设的重视程度还需进一步提高，实践效果还要进一步加强，方式方法也要不断探索创新。推进山东道德模范建设工作，要以党的十八大精神为指导，以习近平总书记系列重要讲话精神特别是视察山东重要讲话精神为引领，以党的群众路线为根本方法，在全社会形成深入学习道德模范、人人争做“山东好人”和道德模范的浓厚氛围、有效机制和文明习惯，推动全省公民思想道德素质和社会文明程度快速提高，为山东经济文化强省建设提供重要的道德文化载体和有力支撑。

道德模范建设是一项复杂的系统工程，只有加强理论研究，为道德模范建设提供重要的思想保证和智力支撑，才能确保道德模范建设工作沿着正确方向不断前进。为此，山东社会科学院抽调全院精干研究力量，组成“山东道德模范建设理论与实践研究”课题组，在对山东省道德模范建设实践进行深入调研的基础上，对山东省道德模范建设的有关理论和实践问题进行了全面深入的考察调研和系统性研究，提出了山东省道德模范建设的一些理论思考和工作思路、措施。

本书内容丰富，资料详实，案例生动，既从理论上对道德模范的内涵、类型、特征、作用进行了深入论述，又介绍了国外道德模范建设的经验，追溯了我国从古至今道德模范建设的发展历程，还在全面分析山东道德模范建设实践的基础上，系统地提出了新时期深入推进山东道德模范建设的创新性思路对策，具有较高的理论性、实践性和创新性，既是我国道德模范理论建设的一部研究性专著，也是我国道德模范建设的科普读物、工作指南，相信一定会对我们国家和山东省道德模范建设、乡村文明建设、经济文化强省建设，发挥重要的理论指导、文化支撑和实践推动作用。

是为序。

中共山东省委宣传部副部长
山东省精神文明办主任　刘宝莅

2017年3月8日

目 录

第一章　道德模范的基本理论范畴

古往今来，道德建设在推动社会发展、国家富强、民族振兴中始终发挥着重要作用。选树道德模范，充分发挥道德模范的示范、激励、引领、辐射作用，是中国道德建设的优良传统和宝贵经验。道德模范内涵丰富，根据不同的标准可以划分为不同的类型，在不同的历史时期都曾涌现出各具时代特质的道德楷模。在社会发展和人类进步中，道德模范自始至终发挥着重要的积极作用。

一、国内外道德模范研究概述

关于道德模范，早在古代中外学术界就已开始进行研究。经过历代学术界的艰苦探索和积累，关于道德模范的研究已经取得了丰硕的成果。

（一）国外学术界对道德模范的研究概况

国外学术界对道德模范的研究主要从哲学、社会学和心理学的角度展开。在内容上，主要围绕两个方面进行研究。

1. 关于道德模范的内涵、特征与功能作用的研究。

著名的德国古典哲学家康德（Immanuel Kant）认为，道德模范把道德法则“所规定的东西变成可行的、无可怀疑的。它们把实践规则以较一般的方式表示出来的东西，变成看得见、摸得着的”①，意指道德模范将道德法则的抽象规定通过具体的形象展示出来，使得人们能够感受到道德法则的可行性或实践性。因此，道德模范具有感染功能，能够鼓励或鼓舞人们模仿道德模范的行为，从而去做道德的事情。美国著名心理学家班杜拉（Albert Bandura）则从心理学视角提出了道德模范的社会学习理论，认为道德行为可以通过观察学习获得，也是可以改变的。道德行为受环境（包括社会文化关系、家庭和学校的具体条件）以及榜样与强化等因素的影响。人们道德素质的养成，始于对道德模范的行为模仿，并由此上升到对道德模范的精神境界的体悟，形成与道德模范相类似的道德理性、道德原则和道德观念，最终形成良好的道德行为习惯。美国波士顿大学教授凯文·瑞安（Kevin Ryan）总结二战后美国道德教育的得失后，提出了“五个E”的多元道德教育模式，即“榜样”“解释”“劝诫”“环境”和“体验”五个方面，认为通过树立道德模范对青少年进行道德教育至关重要。

2. 关于道德模范人格的研究。

西方学术界关于道德模范人格的研究主要集中在两个方面：一是道德模范应该具有的人格特征；二是真实道德模范的人格特征。

关于道德模范应该具有的人格特征，美国心理学家沃克（Walker）和皮茨（Pitts）经过实证研究认为，道德模范的主要特征是做正确的事、忠于配偶、具有明晰的价值观和守法等，主要包含以下六种类型，即有原则—理想主义、可靠—忠诚、正直、关爱—值得信任、公正、自信。与宗教模范和精神模范相比，道德模范的责任感和宜人性特征最为突出。沃克（Walker）、汉宁（Henning）经过进一步研究认为，勇敢榜样的外倾性特征最强，关怀榜样的宜人性特征最强，公正榜样的责任感和经验开放性最突出。勇敢榜样的人格特征有五类：无畏、自信、英勇坚强、献身、自我牺牲。公正榜样的人格特征有五类：诚实、公正、有原则、理智、有责任心。关怀榜样的人格特征有三类：有爱心—移情、利他、诚实可靠。

关于真实道德模范的人格特征，沃克（Walker）采用人格系统评定方法，

① 康德：《形而上学原理》，苗力田译，上海译文出版社1986年版，第61页。

经过实证研究认为，道德榜样的人格特征具有多层面性，对40名青少年关爱榜样的人格特点进行人格研究的结果显示：在倾向性特质方面，榜样组的宜人性得分显著高于对照组；在特征性适应方面，榜样组的道德发展、信仰发展和社会性发展显著优于对照组，自我同一性暂停或混乱得分明显低于对照组，更倾向于寻求与他人建立亲密的关系，并认为同伴更加值得信任；在生活叙事方面，榜样组的主体性动机主题得分、儿童期对他人苦难知觉的得分、思想观念深度得分和社会目标得分显著高于对照组。①

（二）国内学术界对道德模范的研究概况

与国外相比，国内学术界对道德模范的研究更为深入和广泛，相关研究可以分为道德模范理论研究和实践研究两个层面：

1. 关于道德模范的理论研究。

国内学术界对道德模范的一般性理论研究，主要围绕着道德模范的内涵、特征、作用和建设途径等几个方面展开。

一是关于道德模范的内涵。学术界基本上把道德模范与道德榜样作为近义词或者同义词而加以使用。学术界关于道德模范的内涵有多种理解。例如，廖小平教授认为，道德模范就是具有崇高的道德理想和道德境界、高尚的道德人格和道德品质、富有道德魅力和道德吸引力而令社会大众所景仰、学习和模仿，从而对提升社会大众的道德素质和整个社会的道德水平产生重大影响的先进人物。成云雷教授认为，道德模范是指在一定社会道德实践活动中涌现出来的、凝聚了特定历史时期的人们的共同理想追求、具有较高的道德境界因而能够对他人具有教化作用的人格范式。有更多的学者认为，道德模范是从一定社会生活实践中自觉涌现出来并代表社会道德需要和前进方向的典型人物或典型事件，根植于现实的道德水平，是一种更理想化的道德人格。

二是关于道德模范的特征。吕耀怀认为道德模范之所以能够感染人，在于其是真、善、美的感性呈现。黄文明、旷平昌、周良荣等学者从历史的角度对我国道德模范的时代变迁和当代特点进行了认真梳理和总结，认

① 王云强、郭本禹：《当代西方道德人格研究的两类取向》，《心理科学进展》2009年第4期。

为道德模范具有时代性、现实性、生活化的特征，模范的选择应该类型多样化、形象人性化、来源平民化。

三是关于道德模范的作用及其建设路径。孟辉、王笑笑等从实践论出发分析了道德模范的作用机制和构建途径，指出道德模范具有示范、激励、导向作用，应建立有效的道德模范发掘、宣传、奖惩、学习制度；邹秀春认为社会应对道德模范的奉献和付出给予一定回报、照顾或奖励。周中之、石书臣等则着重探讨了道德模范对社会主义核心价值观建设的重要作用。周中之认为，道德模范是社会主义核心价值观的人格化身，学习宣传道德模范是社会主义核心价值观引领社会的必然要求。核心价值观是理论概念，而道德模范有血有肉，可以从情感方面，通过人性的感动来增强人们对社会主义核心价值观的认同感，只有坚持道德模范建设常态化，才能使社会主义核心价值观发挥更加有效的作用。石书臣则认为，社会主义核心价值观"三个倡导"的要求凸显了学习宣传道德模范的重要性。任何社会的道德模范都是与当时社会所倡导的核心价值观相一致的，是与当时社会倡导的社会风尚相一致的，道德模范是践行社会主义核心价值观的典范。社会主义核心价值观三个"倡导"的内容体现了道德模范的基本标准，即社会主义核心价值观的示范者、社会主义核心价值观的维护者、社会主义核心价值观的引领者。①

2. 关于道德模范建设的实践研究。

为加强公民道德建设，从 2007 年开始，中央精神文明建设指导委员会办公室等单位组织开展了两年一届的全国道德模范评选表彰活动，每次评选五类共 50 名左右的全国"助人为乐模范""见义勇为模范""诚实守信模范""敬业奉献模范"和"孝老爱亲模范"等五大类道德模范人物。有的学者在研究中将道德模范用来特指荣获"全国道德模范奖"或"全国道德模范提名奖"的道德楷模。如张佳俊认为，与当年的"向雷锋同志学习"相比，目前的道德模范评选体现出从集中单一化向开放多元化的模式的转变，从党政主导下的政治动员向自发的民众参与的转变。郑爱莲认为，充

① 《"社会主义核心价值观与道德榜样"研讨会综述》，http：//www.meeting.edu.cn/meeting/review！detailfp.action？id = 1836。

分发挥道德模范的榜样作用，应该创新道德模范评选机制、完善道德模范培养和宣传推广机制、建立健全道德模范奖励和保障机制。李琳、柏正杰、夏鑫等学者从多个角度探讨了对当代大学生进行道德模范教育的重要意义和具体途径。何芳分析了青少年道德模范缺失和重塑问题，并将道德模范分为伦理型和政治型两类。罗文章、周杨、杨束芳等学者则着重论述了雷锋精神的实质和时代价值。

二、道德模范的基本内涵

要全面把握道德模范的内涵，首先必须搞清楚“道德”这一概念的内涵。在中国，道德一词最早可追溯到先秦思想家老子所著的《道德经》一书。老子言：“道生之，德畜之，物形之，势成之。是以万物莫不尊道而贵德。道之尊，德之贵，夫莫之命而常自然。”[①]其中，“道”指自然运行与人世共通的真理，“德”是指人世的美德、品行和王道。在西方，道德（morality）一词解释为“正确的行为”，属伦理学范畴，是一种由人们在实际生活中根据需求而逐步形成的具有普遍约束力的行为规范。在中国古代，“模范”是指铸造金属器物的工具，“模”是实物的样品，“范”是按“模”的样子做出的铸型。后来，“模”和“范”被人们引申为值得学习或仿效的榜样。

根据道、德、模、范四个字的上述含义，可以把道德模范定义为在现实生活中比较完备地体现社会主义道德理想，具有良好道德修养、值得大家学习的杰出人物。在当代中国学术界，学者们大多把道德模范与道德榜样两个概念等同使用。例如在百度文库《榜样的定义收集》一文中，作者认为，“榜样是指人们赞赏、称道、敬慕与学习的对象。在此种意义上，榜样与英雄、模范、楷模、典范在具体所指上的意义是相通的”。[②]许多学者也是在相同的意义上使用“道德榜样”一词。如学者胡解旺在2006年5月

---

① 《老子·五十一章》。

② 《榜样的定义收集》，百度文库 http：//wenku.baidu.com/view/decf150ab52acfc789ebc916.html。

16日《中国教育报》上发表的《彰显榜样力量践行社会主义荣辱观》一文中认为，道德榜样是从一定社会生活实践中自觉涌现出来并代表社会道德需要和前进方向的典型人物与典型事件。

三、道德模范的主要类型

在我国新时期的道德模范建设工程中，根据体现价值取向、传承中华美德、适应时代要求的原则，通常把道德模范划分为五大类型进行评比、宣传和奖励。

（一）助人为乐道德模范

助人为乐道德模范主要是指那些在处理人与人之间的关系、帮助他人方面起到模范示范作用的英雄人物。具体地讲，助人为乐道德模范具有以下主要特征：一是长期坚持帮助无血缘亲缘关系的老幼病弱、鳏寡孤独以及其他困难群众；二是对遭遇不幸或遭受灾害者奉献爱心，努力帮助排忧解难；三是积极参加捐资助学、扶残助残、公共服务、志愿服务等社会公益事业和公益活动。

（二）见义勇为道德模范

见义勇为道德模范主要是指那些为了保护人民群众的生命和财产安全、敢于维护正义、与不法分子进行英勇斗争的道德模范。概括地讲，见义勇为道德模范具有以下三个主要特征：一是敢于在公民合法权益受到侵害时挺身而出，设法进行保护和援救；二是勇于同正在实施的违法犯罪行为作斗争，义务协助追捕犯罪嫌疑人或提供重要线索，为侦破重特大案件做出贡献；三是在抢险救灾中，奋力排除险情，保护国家、集体和群众生命财产安全。

（三）诚实守信道德模范

诚实守信道德模范主要是指那些正直、诚实、厚道、讲信用的道德模范人物。诚实守信道德模范的主要特征包括：一是具有强烈的诚信意识，从事生产活动坚持质量至上，从事经营活动坚持信守契约，从事服务工作坚持优质规范，在合作者和服务对象中享有高度信誉；二是在人际交往中，真诚待人，实心做事，即使遇到困难，仍坚持信守承诺。

（四）敬业奉献道德模范

敬业奉献道德模范主要是指那些在工作中恪尽职守、兢兢业业、脚踏实地、艰苦奋斗、无私奉献的道德模范人物。其特征主要为：一是具有崇高的职业道德和敬业精神，立足岗位，刻苦钻研，业务过硬，勇于创新，有重要发明创造或重大贡献；二是干一行、爱一行，长期在艰苦条件下尽职尽责、默默奉献，恪守职业规范，办事公道、服务优质，赢得了群众广泛好评。在我国社会主义革命和建设中，涌现出来的敬业奉献道德模范不计其数，他们用责任、恪守、奉献，向人们展示了其作为道德模范人物的人格魅力和敬业精神。

（五）孝老爱亲道德模范

孝老爱亲道德模范主要是指那些孝敬老人爱护照料亲人、在家庭道德建设方面做得比较突出的道德模范人物。他们为人尽孝，为国尽忠，把我们中华民族“老吾老，以及人之老；幼吾幼，以及人之幼”①的美德，不断发扬光大。其人物特征主要包括：一是模范践行家庭美德，孝敬父母，长期悉心照料体弱病残的老人，使他们享受人生幸福；关爱子女，夫妻和睦，兄弟姐妹团结友爱，家庭生活温馨和谐；二是在家人、亲属有伤病、残疾等困难情况下，做到不离不弃、守护相助、患难与共，真正诠释了孝老爱亲的中华美德精神。

四、道德模范的重要特征

我们具体分析道德模范人物的感人事迹，不难发现道德模范都具有以

① 《孟子·梁惠王上》。

下五个主要特征：

（一）时代性

道德是一个社会历史范畴，道德的社会历史性决定了道德模范具有鲜明的时代性。特定的道德模范总是产生于特定的时代和社会背景，不同社会和同一社会的不同历史时期产生不同的道德模范，具有不同的内涵、要求和评价标准。不同的时代、同一时代的不同阶段对道德模范的需求也不尽相同，因而，透过不同的道德模范，可以看到时代变迁的大致脉络和不同时代所独具的特征。例如，革命战争年代，道德模范与激烈残酷的敌我斗争密不可分，革命先烈、战斗英雄是那个时代模范的基调和色彩，刘胡兰、方志敏等英雄人物是人们学习的道德楷模。和平建设时期，道德模范的出现与只争朝夕的社会主义建设紧密联系，劳动模范、好书记、行业标兵是这个时代道德模范的谱系和亮点。就是在社会主义建设的不同时期，道德模范也表现出不同的特点和职业身份，从井冈山精神、延安精神、西柏坡精神、抗美援朝精神、铁人精神、女排精神、“两弹一星”精神，到抗洪精神、抗击非典精神、航天精神、抗震救灾精神、奥运精神等，都体现出了道德模范与时俱进的伟大精神品格。

综观人类发展历史，无论是古代还是现代，无论是西方还是东方，不同的时期，不同的民族，都有他们自己的道德模范。在这些道德模范身上，既可以看到某些共同的、为全人类所推崇的优秀的道德品质，也可以看到那些体现道德模范所在民族的民族特征或所生活时代的时代特点的、曾经被公认为是优秀道德的道德品质。道德模范正是因为具有这些体现不同历史时期特点的高尚而优秀的品质，从而分别显现不同的时代性。

道德模范的产生和发展是一个动态的过程，随着社会形态的不断发展变化，道德榜样的特征也随时代的进步而不断变化发展。新时期道德模范是我国新时代、新阶段的道德旗帜，是千百万人民群众道德意识、道德愿望和道德追求的集中体现，是我国社会发展进步的时代精神的重要展现。在社会主义建设时期，我们需要更多的、新型的道德模范。焦裕禄式的好干部、徐本禹式的新时代大学生、洪战辉式的自强自立好男儿都是时代精神的产物，他们充分反映了新时期社会前进和发展的价值趋向。

（二）先进性

道德模范具备道德行为的先进性。在社会主义历史时期，道德模范是自觉践行社会主义荣辱观、遵守公民基本道德规范的典型人物，在助人为乐、见义勇为、诚实守信、敬业奉献、孝老爱亲方面表现突出，社会形象好、群众认可度高，是社会道德建设的标杆，在社会发挥道德榜样和示范作用。同时，道德模范具有道德人格的先进性、高尚性。道德模范的品格是崇高的，是人类尊严的捍卫者，是社会责任的守护者。他们具有敏感的道德认知、丰富而崇高的道德情感、坚定的道德意志，不断地推动着人类社会道德的进步。雷锋无私奉献，焦裕禄虽然身患重病但仍然心系人民。可以说，这样的例子举不胜举，在道德榜样的身上无不体现着其道德人格的高尚性。在新的历史时期，道德模范人格的先进性还体现为独特的人格、顽强的精神、敬业的态度和奋斗的成就等。

在社会主义历史时期，道德楷模成长的道路并不完全一样，但是他们身上体现了共同的精神价值，那就是对共产主义道德理想的追求。革命战争年代，黄继光、董存瑞、邱少云、刘胡兰、方志敏等革命先烈，正是因为接受了党的教育，把共产主义远大理想时刻牢记在心中，才毫不畏惧地同凶恶的敌人英勇搏斗，不怕流血牺牲，最后为了党的事业和人民的利益大义凛然，誓死不屈。共产主义战士雷锋身上也体现出道德榜样的精神价值，雷锋作为许多优秀青年的杰出代表，从小接受党的教育，对党和人民怀有很深厚的感情，这使得他入伍后，处处严格要求自己，艰苦朴素、助人为乐、公而忘私，全心全意为人民服务，为祖国和人民奉献一切，从而成为人们一直学习的道德模范人物。

（三）感召性

道德模范具有极其强烈的社会道德感召性。感召性是道德模范的重要特征之一，正是因为具有感召性，道德模范才能发挥其对整个人类社会道德水平提高的巨大推动作用。

道德模范的感召性首先源于其真实性。道德模范是现实生活中客观存在的人，他们自身及其事迹都是真实的，不是经过人为加工创造出来的，因而，真实是道德榜样的生命，因为只有真实才能产生力量。任何弄虚作假、合理想象、添枝加叶、臆造拔高地“加工”、塑造出的“高大全”式的人物形象，只会使受众反感，导致传播负效应的产生。因此，道德榜样及其事迹不是包装、杜撰出来的，应该把他们实实在在地摆在人们面前，让事实说话，让人们从事实中自主地体会和感受他们崇高的精神。

道德模范的感召性还源于其感染性。道德模范具有崇高的精神和高尚的道德价值，从而使人们的情绪、情感受到强烈的波动，赢得最广泛的情感认同，使人们在内心深处产生对道德模范的敬佩、信服、信赖以及亲切的心理体验和对崇高精神的向往与追求。道德模范的真情流露和其道德行为的震撼性是道德榜样产生感染性的源泉。一方面，道德榜样的感染性产生于道德榜样的真情流露。道德榜样之所以被树立、被发现，成为对人们具有感召性、感染力的道德榜样，不仅在于道德榜样是真实存在的人类个体，更重要的是这些人类个体在完成其道德行为时是源于其内心真实情感的推动，是一种真情流露。任何情感上的伪装、矫揉造作或无病呻吟都不会产生感染效果。另一方面，道德模范的感染性产生于道德模范行为的震撼性。在人类发展史上，道德模范总是反映了一种舍生取义、无私奉献的精神，充分体现出人的本质力量的崇高。每一届“感动中国”道德模范人物评选和颁奖活动都是在人们情感的震动中开始，在人们的泪水中结束。这泪水源于道德模范人物感动人心的事迹和崇高的道德精神带来的心灵震撼。

（四）实践性

道德模范产生于伟大的社会实践，实践是产生道德模范的肥沃土壤和前提条件。道德模范是社会实践中道德的优秀践行者。只要存在着社会实践，就会存在、产生优秀的践行者，就会涌现道德模范。人民群众是历史的创造者，人类生产、生活各个领域的各种优秀人物、杰出表现者，做出了比一般的人类个体更大的贡献，推动着人类社会的发展和进步。因为人类社会的发展、人类历史的进步，一定离不开道德的进步，道德模范们正是以他们自己的实际行动，在社会的道德实践中推动着人类道德的进步，推动着人类社会的不断进步和发展。在社会主义历史时期，道德模范产生和客观存在的土壤是我国社会主义现代化建设的伟大实践，离开了社会实践，道德模范就成为无源之水、无本之木。

（五）群众性

道德模范来自社会基层，是人民群众身边看得见、摸得着、学得到的道德“平民英雄”，而不是不食人间烟火的道德“神仙”，更不是“高大全”式的道德“圣人”，其善行义举就体现在平凡的日常生活中。在生活中，每个人随时随处都可以做出具有道德意义的行为。例如，在家庭生活中，孝老爱亲是最基本的道德要求，如果一个父亲或母亲尊敬关心长辈，在其儿女的心目中，他们就是孝老爱亲的榜样，在这样的家庭环境中成长起来的下一代，自然能耳濡目染、孝敬父母，这是“老吾老，以及人之老；幼吾幼，以及人之幼”中华美德的传承和发扬。“人皆可以为尧舜”①，本质上讲的就是道德模范的群众性、平民化、广泛性。

五、道德模范的功能作用

榜样的力量是无穷的。在社会发展和人类进步的过程中，道德力量是国家发展、社会和谐、人民幸福的重要因素。道德如灯塔，凝聚人性光辉；模范如旗帜，引领人们前行。树立道德楷模典范，倡导良好社会风气，培育文明道德风尚，既是社会主义精神文明建设的重要任务，也是时代所趋、群众所盼、事业所需。

具体地讲，道德模范的重要积极作用主要表现在以下四个方面：

（一）示范作用

道德模范的示范作用，主要是指道德模范的引领、榜样作用。道德模范是社会主义道德建设中的先进人物，是民族的精英、人民的楷模，在社会上具有巨大的积极的影响力和感召力。世界著名心理学家韦恩·卡肖认

① 《孟子·告子下》。

为：许多东西实际上是我们通过观察他人学到的，别人的行为产生了理想的结果时，我们便会去效仿他们，模范的行为常常充当一种引导正确行为的诱因。道德模范产生于现实工作和生活之中，是有血有肉、有情感的活生生的人，其感人的事迹和英雄壮举具有直观性、生动性，能给人们提供一个真实、可供模仿的道德形象，能使人们的心灵和情感受到净化和熏陶、思想认识得到升华和提高，让人们直接从中得到某些教益和启示，从而对道德模范的高尚道德行为产生叹服、认同和崇敬，并向其学习、模仿、看齐，从而追求更为高尚的道德行为以达到较高的道德境界，促进整个社会道德建设水平的提高。中国历史上自古至今产生的道德模范，一直是激励中华儿女自强不息、拼搏奉献、改革创新的榜样，历经岁月流转，其光芒始终与日月同辉。

（二）激励作用

道德模范是一定社会道德评价的标杆和尺度，其思想行为和模范事迹承载着一定社会主流道德的价值取向，体现着一定社会所要求的人生观、价值观和道德观，因而，道德模范的所作所为能够激发绝大多数人树立社会所倡导的主流的世界观、人生观、价值观，产生有利于社会发展的正能量。见贤思齐是中华民族的传统美德，通过见贤思齐，中华民族在发展中表现出勃勃生机和活力。首先，道德模范具有巨大的精神激励作用，是社会巨大的精神财富。道德模范的精神激励是内在的、无形的，但却是巨大的。道德模范在本质上是一种精神价值，代表着某种典型的理性应然，传承着特定历史时期的主流文化价值，体现着人类的道德精神。道德模范的精神激励，不仅为人们提供了一种价值工具，而且积极干预人们的行为动机，使人的行为指向社会的预期目标。其次，道德模范具有行为激励作用。行为科学认为，激励就是激发人的动机、引发人的行为。行为激励，是指教育者运用道德模范开展思想政治教育时，激发和鼓励受教育者将道德模范的行为内化为一种自觉的实际行动。在人类社会发展的历程中，道德模范在道德教育中的行为激励作用历来备受重视，是历代开展思想道德教育，调动人们积极性、主动性和创造性的有效方式。社会主义社会的道德模范是社会主义道德的人格化，是受人民群众爱戴的践行社会主义道德的先进典型。他们的先进事迹将会影响广大群众，从而激发人们自觉地按照道德模范的行为做事，以此来理顺社会关系、维护社会秩序。再次，道德模范具有价值激励作用。价值激励是指在思想政治教育工作中，教育者运用道德模范的价值观激发和鼓励受教育者形成与一定社会主流价值取向相符合的价值观。社会主义道德模范的价值激励能起到引导人们的价值取向，使人们的价值取向与社会主义核心价值观趋于一致的作用。

（三）导向作用

道德模范的导向作用，主要是指道德模范的先进事迹和优秀品质能对人们的思想意识、价值取向和行为方式进行正确引导，使之适应社会发展的需要。首先，道德模范具有人格导向作用。人格是指一个人与社会环境相互作用而表现出来的一种独特的行为模式、思维模式和情绪反应的综合特征，是人与人之间互相区别的重要特征之一。道德人格是指具体个人的人格的道德性规定，是个人的脾气习性与后天道德实践活动所形成的道德品质和情操的统一。道德人格标示着公民人格的道德性，同时也是人类区别于动物的根本标志。其次，道德模范具有行为导向作用。道德模范是引领人们前行的一面旗帜和标杆，能引导人们去学习、去效仿、去赶超。再次，道德模范具有价值导向作用。道德模范身上集中体现了中华民族的传统美德和社会主义道德的本质要求，为各族人民树立了学习的楷模，树立了一种正确的、鲜明的价值导向，引导人们从我做起、从现在做起、从身边的小事做起，让广大人民群众择善而从，使道德模范的价值观逐步转化为广大人民群众自觉行动的导向，最终实现公民道德素质和社会文明程度的进一步提高。

（四）辐射作用

2013年4月28日，习近平总书记在同全国劳动模范代表座谈时指出："劳动模范是民族的精英、人民的楷模。长期以来，广大劳模以平凡的劳动创造了不平凡的业绩，铸就了'爱岗敬业、争创一流，艰苦奋斗、勇于创新，淡泊名利、甘于奉献'的劳模精神，丰富了民族精神和时代精神的内涵，是我们极为宝贵的精神财富。""必须大力弘扬劳模精神、发挥劳模作用。""全国各族人民都要向劳模学习，以劳模为榜样，发挥只争朝夕的奋斗精神，共同投身实现中华民族伟大复兴的宏伟事业。”①

每一个道德模范其实就生活在我们身边，在潜移默化中影响着周围的每一个人，起到的是“拨亮一盏灯，照亮一大片”的巨大辐射作用。道德模范是一定社会道德的人格化，具有直观性和形象性，能够增强道德教育的感染力、吸引力和引导力。道德模范的思想行为和模范事迹承载着一定社会主流道德的价值取向，体现着一定社会所要求的人生观、价值观和道德观。运用道德模范进行道德教育，生动形象，说服力强，能够使人们与道德模范产生情感共鸣，在耳闻目睹模范事迹中获得道德启迪，在道德模范的感染中自然而然地理解、认同一定社会的道德原则、要求和规范。同时，道德模范所起的榜样作用更是一定社会道德评价的标尺，它具有社会肯定性和主导性，能够激励人们实践一定社会的道德要求。可以说，一个道德模范就是一面旗帜，一面面旗帜就汇成了社会的主流，树起了一座座道德精神的丰碑。

六、道德模范的成长规律

道德模范的成长受多种因素的影响，具有自己独特的规律。道德模范成长的规律概括起来主要有两点：一是道德模范成长是家庭、社会、个人等多种因素共同作用的结果；二是道德模范成长是个人道德素质提升与时代需求共振的结果。

（一）家风家训熏陶

家风又称门风，主要是指一个家庭的风气、风格和风尚，属于精神、文化层面的东西。家训是家风的灵魂和核心。在一个家庭中，家风家训的影响无处不在，家庭成员的一举一动、思维方式、生活方式、行为方式等，无不体现着这个家庭的家风家训。家风家训既可以通过口耳得以世代延续，也可以通过文字记录等世世相传。由于家庭是社会的最基本单元和细胞，因而家风家训构成社会文化的重要内容。在中国，优良的家风家训是中国

① 《习近平在同全国劳动模范代表座谈时的讲话》，《人民日报》2013年4月29日。

优秀传统文化的缩影，是当代涵养社会主义核心价值观的活水沃土。中国传统文化源远流长、博大精深，中国家风家训历史悠久，内涵丰富，从魏晋南北朝的《颜氏家训》到诸葛亮的《诫子书》，再到周怡的《勉谕儿辈》，从朱子的《治家格言》到《曾国藩家书》，再到《傅雷家书》，中国的家风家训作为中华民族精神和道德理想的重要载体，伴随着中国传统文化的传承发展，已积淀为影响代代中华民族儿女成长的民俗民风。

"家庭是社会的基本细胞，是人生的第一所学校。"[①]任何人一出生，就生活在家庭中，受家风家训的耳濡目染、潜移默化，必然会不知不觉地受到家风的熏陶和影响，其言行举止、道德修养、文明素质等必定带有这个家庭家风家训的印记。道德模范人物大都出生成长于具有良好家风家训的家庭，这些良好的家风家训渗透于家庭日常生活之中，以家长的言传身教为主要方式进行传播、传承，其教化过程细致深入、重复持久，持续强化，在优良的家风家训的长期熏陶和滋养下，爱国忠诚、仁义道德、诚信友善、自强不息、勤劳节俭等优秀传统道德理念融入道德模范人物的思想观念，渗透到道德模范人物的一举一动中，并持续不断地得到强化。

家风家训在道德模范的成长中具有重要的积极的影响作用。山东省首届孝老爱亲道德模范家庭王建英一家两代涌现出了三位模范，这在较大程度上归因于良好的家风家训。王建英家庭和千万个中国家庭一样，具有仁孝厚德的家风家训，在仁孝向善、助人为乐的家风家训熏陶下，70岁的王建英凭着数十年对婆婆无微不至的尽孝和对邻里无私的支持，被评为山东省首届孝老爱亲道德模范。仁孝的家庭有着严格的家教，严格的家教铸就了高尚的家风。在家庭的熏陶下，王建英的孩子们也具有了高尚的品质和道德情操。小儿子现役军人张荣涛回乡探亲时看到一辆拖拉机翻入冰河中，一人正艰难地用手托举着一个孩子。危急时刻，他不顾严寒，冒着生命危险四下冰河，救出了三名落水群众，被中宣部、中央政法委评为第十届全国见义勇为先进分子，荣获全国道德模范提名奖、山东省道德模范。二儿子张荣强白手起家，从一名普通工人做起，凭借多年乐于助人、诚实守信和个人的不懈奋斗，如今已成为当地一家企业的董事长。现在仍保持着母

① 《习近平在2015年春节团拜会上的讲话》，《人民日报》2015年2月18日。

亲长期叮嘱的扶危济困、救济邻里的优秀品格，十几年来为社会无私援助金额达 2000 余万元，认捐慈善基金 1 亿元，深受群众尊敬，被滨州市评为助人为乐道德模范。一个普通的家庭竟涌现出三位道德模范，靠的就是仁孝和睦、身体力行、助人为乐的家风家训。①

（二）时代召唤

时代召唤道德模范，道德模范的产生是时代发展的必然要求，道德模范是时代的道德标杆，无数道德模范的不断涌现持续刷新时代的精神高度，推动时代不断进步。

社会发展必然伴随着道德的进步。发展是人类社会的基本规律和主旋律，道德作为一种社会意识形态和上层建筑，必然随着社会的发展而不断进步，道德进步是社会由低级阶段向高级阶段发展的必然要求。社会主义道德建设是社会主义建设的重要内容，随着社会主义经济的发展，特别是社会主义经济、政治、军事、科技等综合国力的显著增强，加强社会主义道德建设，形成与社会主义经济、政治、文化发展相适应的马克思主义道德体系，提高社会道德文明程度，成为当今社会发展的必然要求，"引导人们向往和追求讲道德、尊道德、守道德的生活，让 13 亿人的每一分子都成为传播中华美德、中华文化的主体"②。社会主义道德建设也是克服当今社会许多负面现象的必然要求。在社会主义市场经济发展的初期，由于多种因素的影响，社会发展中出现了许多道德失范现象，在社会的某些领域和某些地方，是非、善恶、美丑的界限被混淆，拜金主义、享乐主义、极端个人主义等有所滋长，给社会发展带来了不良影响。要克服社会发展中出现的这些负面现象，就必须加强社会主义道德建设，以社会主义道德引领社会风尚。人是社会主义道德建设的主体，社会主义道德建设的深入进行需要全国人民的广泛参与，需要无数道德模范的诞生，这些道德模范作为先锋军，在社会主义道德建设中发挥示范带动作用。

伟大时代呼唤道德不断进步，崇高事业呼唤道德模范竞相涌现。改革

① 滨州市文明办：《王建英家庭：一家两代仁模范》，中国文明网 2016 年 12 月 19 日。

②《习近平主持中共中央政治局第十二次集体学习并发表重要讲话》，《人民日报》2014 年 1 月 1 日。

开放以来，随着社会主义市场经济的发展，党和国家向全国人民发出了建设社会主义道德的历史重任。从爱祖国、爱人民、爱劳动、爱科学、爱社会主义的“五爱”，到爱国守法、明礼诚信、团结友善、勤俭节约、敬业奉献的“二十字”基本道德规范，到“八荣八耻”的社会主义荣辱观，再到“二十四字”社会主义核心价值观，社会主义道德建设的内涵在理论上获得不断丰富和发展，在实践中，社会主义改革开放伟大事业催生无数时代楷模、最美人物、身边好人不断涌现，在现实中形成群星灿烂、共耀中华的喜人局面，为社会主义建设事业提供了坚强的道德支撑和精神动力。我们正处在伟大的转折时代，面对实现中国梦和两个一百年伟大目标时代重任的召唤，我们相信会有更多的道德模范不断涌现。

（三）榜样引领

道德模范具有巨大的导向、激励作用，构成引领社会主义道德建设的巨大正能量。在道德模范及其感人事迹影响下，社会上的人们会做好事行善举，并逐渐成为一种自觉和习惯，无数人的善行善举汇集起来，就成为社会发展的巨大力量。中华文明源远流长，孕育了厚德载物、德行天下的优良传统，形成了崇德尚义、见贤思齐的民族底色，从尧舜时期的“克明俊德”，到春秋战国时期孔子、孟子的“德治”“仁政”“厚德载物”，到汉代儒家定一尊的道德伦理思想，再到明清时期对德治思想的承继，中国传统德治思想不断传承、丰富和完善，涌现出了大量为当时社会所推崇的道德模范人物。这些道德模范走在了时代的前列，为人们树立了光辉的榜样，激励着道德模范不断涌现，从而使榜样的引领成为道德模范不断产生的重要力量。

每一个中国人来到世界上，不可避免地接受中华民族优良传统的熏陶，受到自古至今浩如烟海的道德模范人物的影响，学习中华民族自古至今涌现的道德模范人物高尚的品德和感人的精神，弘扬这些美德新风，见贤思齐，提升道德修养和道德水平，就成为每个中国人所面对的必修课。在每个人的成长中，从咿呀学语，到长达几年甚至十几年的学校教育，再到走上工作岗位，向道德模范学习、接受社会道德底色的熏陶，已成为人生旅程中不可逃避的社会氛围和环境。在当代中国，孔融让梨的故事家喻户晓，几乎是每个幼儿百听不厌的早教作品，精忠报国的岳飞、少年英雄刘胡兰、潘冬子、小萝卜头等成为儿童教科书的重要内容，张思德、邱少云、焦裕禄、孔繁森、王乐义、许振超……自古至今中华民族无数道德模范，成为引领社会发展、道德进步的价值标尺和道德榜样。

近些年来，为了加强社会主义道德建设，党和国家有关部门创新道德模范的选树机制，让普通人参与到道德模范的推选过程，道德模范的候选人由群众推、群众选，选出的道德模范都是群众看得见、学得到的人物，让人有真实感和亲切感，感到可信可学可用，使道德模范真正起到了引领作用，从而激发了广大人民群众内心深处崇德尚义的道德理想和人本情怀，引领当代中国的道德风尚，成为催生道德模范不断涌现的肥水沃土。

第二章　中国道德模范建设的历史回顾

“精神的力量是无穷的，道德的力量也是无穷的。中华文明源远流长，蕴育了中华民族的宝贵精神品格，培育了中国人民的崇高价值追求。自强不息、厚德载物的思想，支撑着中华民族生生不息、薪火相传。”①中国历史上从古至今都很重视道德模范的推崇和选树，积极发挥道德模范的导向作用，每一个历史时期都涌现出大量道德模范，向社会释放了巨大的正能量，对增强中华民族的凝聚力、战斗力起到了巨大的推动作用。中国道德模范建设，走过了数千年的历程，成为中华文明的一个重要组成部分，迄今仍然闪耀着璀璨的人性光辉。

一、古代的道德模范建设

在古代中国，从尧舜时期的“克明俊德”，到春秋战国诸子百家的“德治”“仁政”，到汉代儒家定一尊的道德伦理思想，再到明清时期儒家对德治思想的承继，中国传统德治思想不断丰富完善。以德治思想为引导，中国古代各个阶段都注重道德建设，尤其是形成了系统的包括道德教化、道德推举和道德评价在内的道德践履机制，在这些机制的作用下，各个时期都出现了大量为当时社会所推崇的道德人物，并对其所处的时代和社会起到重要影响作用。

---

① 《习近平谈治国理政》，外文出版社 2015 年版，第 158 页。

（一）先秦时期的道德模范建设

先秦时期是中国道德模范建设的萌芽时期。夏商周三代更迭，春秋五霸、战国七雄诸国纷立，社会处于动荡之中，君权神授的天命神权思想遭到怀疑，因此，西周统治者总结夏商灭亡的教训，倡导“以德配天”“敬德保民”“惟德是辅”，为后世重德尚德奠定了理论基石。春秋战国时期，诸子百家对德治思想展开阐论，提出了“为政以德”“积善成德”“大上有立德”等等主张，使传统德治思想获得了长足的发展。在崇德尚德的思想理论中，先秦时期世人已注意到并着重强调了道德教化与道德示范的作用，并对“道德模范”从理论上进行了总结和升华。在道德实践中，躬行德治、布教四方、选贤与能的做法，使得先秦时期许多道德楷模为当世和后世广为传颂，并开创了用道德模范带动社会发展和政治进步的先河。

1．倡导重视道德模范。

先秦时期最早对道德模范进行了理论探讨，尤其重视倡导以道德模范引领世人，并提出“圣人”“贤人”“君子”作为推崇和向往的理想道德人格形象。对于道德榜样的力量，孔子认为“君子之德风，小人之德草，草上之风，必偃”[①]，在自身道德修养上提倡“见贤思齐焉，见不贤而内自省也”[②]。孟子也认为榜样示范的影响力更大，指出“仁言，不如仁声之入人深也”[③]，仁德的说教不如仁德的声望那样深入人心，“闻伯夷之风者，顽夫廉，懦夫有立志……闻柳下惠之风者，鄙夫宽，薄夫敦”[④]，伯夷和柳下惠的高尚品德正面地影响了他人，使贪婪的人变得廉洁，使怯懦的人变得志向坚定，使刻薄之人变得厚道，使小气之人变得心胸宽广。管子也说：“圣人精德立中以生正”[⑤]，圣人精心修养自己的道德言行，树立中正和无私的榜样来培养公正。老子则从“善人”与“不善人”的相互关系来强调道德模范的示范引领作用，“善人，不善人之师；不善人，善人之资”[⑥]，

---

① 《论语·颜渊》。

② 《论语·里仁》。

③ 《孟子·尽心上》。

④ 《孟子·万章下》。

⑤ 《管子·法法》。

⑥ 《老子·第二十三章》。

坏人应当把好人作为自己的老师和榜样，好人也应当从坏人身上得到借鉴。这些思想主张无疑都强调了道德示范和榜样引领的重要作用。在道德模范的标准上，人们提出了“圣人”“贤人”“君子”等概念范畴作为理想中的道德模范，并提出君子之道、圣贤之道等倡导向上的道德人格。这一时期，私学兴起、游学四方、百家争鸣等为文化传播、道德宣传提供了极大的便利，倡导重视道德模范的理论主张也随之传扬各地。

2. 躬行德治，以身垂范。

先秦时期重视德治，许多执政者都深知“道德不厚者，不可以使民”①，于是躬行德治，为世人做表率。上古时期，尧“允恭克让”“克明俊德”②，舜“执玄德于心”③“舍己从人，乐取于人以为善”④，大禹“为人敏给克勤”⑤，治水时“三过家门而不入”，公而忘私。西周时期，文王“发政施仁”⑥“视民如伤”⑦，周公主张“明德慎罚”，为纳贤士曾“一沐三捉发，一饭三吐哺，起以待士”⑧，等等。这一时期，尧舜禹汤文武周公等人躬行德治，在当世及以后的历史中起到了很大的道德示范作用，例如，“舜耕历山，历山之人皆让畔；渔雷泽，雷泽上人皆让居；陶河滨，河滨器皆不苦窳”⑨，“天下说（悦）之，秀士从之”⑩，舜宽厚仁慈，与人谦让相处，以德感化人，大家都敬佩他、服从他、学习他，只要是他劳作生活的地方，便会兴起礼让的风尚。周文公把养老作为施行仁政的一个重要方面，一大批志士贤者都因听说“西伯善养老”而千里迢迢投奔周文王。另有“周公吐哺，天下归心”⑪。这些无疑都显示出道德的力量，显示出道德模范的引领作用和向心力。

---

① 《战国策·秦策一》。

② 《尚书·尧典》。

③ 《淮南子·原道训》。

④ 《孟子·公孙丑上》。

⑤ 《史记》卷二《夏本纪》。

⑥ 《孟子·梁惠王下》。

⑦ 《孟子·离娄下》。

⑧ 《史记》卷三十三《鲁周公世家》。

⑨ 《史记》卷一《五帝本纪》。

⑩ 《吕氏春秋·慎人》。

⑪ 《曹操集·诗集·短歌行》。

3. 重德尚德，布教四方。

"善教得民心"①，良好的教育可以赢得民心，道德教化也是培养道德模范的主要途径。舜"布五教于四方，父义、母慈、兄友、弟共、子孝"②，着重进行道德伦理教育。自西周开始，重德尚德观念日盛，道德教化成为各级学校教育中的主要内容。平民的教育内容主要是六德、六行和六艺，"以乡三物教万民，而宾兴之。一曰六德：知、仁、圣、义、中、和；二曰六行：孝、友、睦、姻、任、恤；三曰六艺：礼、乐、射、御、书、数"③。贵族子弟教育则以三德、三行为主，"以三德教国子。一曰至德以为道本，二曰敏德以为行本，三曰孝德以知逆恶"④，"教三行：一曰孝行，以亲父母；二曰友行，以尊贤良；三曰顺行，以事师长"⑤。孔子兴私学，道德教育占有十分突出的位置，内容涉及仁、孝、弟、忠、敬、耻、君子、善人之道等道德伦理范畴，道德教育广泛而深入。在孔门弟子中，曾参和闵子骞成为著名的道德模范。

4. 选贤任能。

"列德而尚贤，虽在农与工肆之人，有能则举之，高予之爵，重予之禄，任之以事，断予之令……故官无常贵，而民无终贱，有能则举之，无能则下之"⑥，任用德才兼备之士，崇尚贤良的人，即使是农民、工人和商人，只要是有才能之人，就能得到选拔和任用。先秦时期尧舜禹三代"禅让"，有才能、道德高尚的人能够得到人们的拥戴和支持，"尊贤授能，先善与利，自古尧、舜以然"⑦，由此，开创了用道德模范带动社会发展和政治进步的先河。西周之后，选贤任能逐渐形成一系列的道德推举机制。春秋时，齐国推行"告选"之制，让地方官将好学、慈孝等道德高尚之人上告朝廷，使其得到选任，"于子之属，有居处为义好学，慈孝于父母，

① 《孟子·尽心上》。
② 《左传·文公十八年》。
③ 《周礼·地官·大司徒》。
④ 《周礼·地官·师氏》。
⑤ 《周礼·地官·师氏》。
⑥ 《墨子·尚贤上》。
⑦ 《庄子·庚桑楚》。

聪慧质仁，发闻于乡里者，有则以告。有而不以告，谓之蔽明，其罪五”①，“匹夫有善，可得而举也。匹夫有不善，可得而诛也”②，这种做法带来的成效就是“民皆勉为善”。

先秦时期，虽然是道德观念的萌芽时期，但却形成了较为完备的道德伦理理论体系，形成了一系列传统道德规范，并在道德实践中产生了许多对后世都有很大影响的道德模范人物，如尧、舜、禹、商汤、周文王、周武王、周公、孔子、曾子、闵子、孟母、管子等。按照这些人物的主要道德事迹可以分为圣贤之德、孝亲之德、诚信之德等类型。

圣贤之德：以尧、舜、禹、商汤、周文王、周武王、周公为代表的道德模范人物，作为执政者，躬行德治，业绩辉煌，深得后世称赞，作为个人，道德高尚，具有古代人们所向往的理想人格和道德典范，成为儒家所推崇的圣贤人物。例如，周公重视道德教化和制礼作乐，提出“明德配天”“敬德保民”，为政时“恤民安民”、“任人唯贤”、披肝沥胆、谦虚谨慎，无论是做人还是为政，都堪称道德典范，孔子就对周公的道德和才能备加倾慕，认为周公是道德的典范、为政的圣贤。

孝亲之德：“孝”是子女对待父母的一种道德品质，作为道德规范，孝道在西周时代就已经出现并受到人们的重视，成为人们的行为准则。不仅包括要在物质生活上保证父母衣食住行的生存需求，而且包括要在精神生活上满足父母情感愉悦的心理需求。春秋末期，孔子丰富和发展了孝道思想，孝的伦理价值和地位更是得到了极大的提高。历史上能尽心孝敬父母的人，被人们视为道德楷模而口口相传或载入史册。商代中兴之君武丁很有孝心，其父殷王小乙去世，他守丧三年，远离王位，留下了“高宗谅阴，三年不言”③。孔门弟子闵子骞，甘愿受继母虐待，忍辱负重，不计前嫌，原谅继母，关心异母弟，并最终以善心打动继母，即“孝哉闵子骞，一言其母还，再言三子温”④，成为历史上有名的孝子，其孝行事迹一直在民间流传。孔门弟子曾参不仅是孝的理论传播者，据说《孝经》就是曾子根据孔子的言论整理编写的，也是孝的忠实践行者，

①②《国语·齐语》。

③《论语·宪问》。

④〔唐〕欧阳询：《艺文类聚》卷二十《人部四·孝》。

“曾子孝于父母，昏定晨省，调寒温，适轻重，勉之于糜粥之间，行之于衽席之上，而德美重于后世”[1]。

诚信之德：三代时期，便出现了盟誓、胥命等尚信传统，春秋战国时期，由管子、孙子、孔子、孟子和荀子为代表的先哲们对诚信之德做了创发性探索。这一时期，许多人在教育子女、与人交往、齐家治国等方面践履诚信，在史书上留下了许多脍炙人口的诚信故事和传说，“孟母买肉啖子”“曾子杀彘”“尾生抱柱”“鸡黍之约”“管鲍之交”“齐桓公失地得诚信”“齐桓公五十里换信义”等，既与子女、朋友讲信用守约定，也与政敌讲诚信换信义，成为著名的诚信之德的典范。例如，曾子强调每日三省其身：“为人谋而不忠乎？与朋友交而不信乎？传不习乎”[2]，并用自己的行动——杀彘来教育孩子要言而有信，诚实待人。鲁地人尾生以生命捍卫约定，被古人誉为诚信的楷模。

（二）秦汉时期的道德模范建设

随着秦始皇统一六国建立秦朝，历史进入了大一统的秦汉时期。这一时期，在延续先秦时期德治思想的同时，也经历了一个对主流道德价值与观念的选择过程，从秦代对法家思想的尊崇，到汉初对黄老思想的推崇，再到汉武帝时“罢黜百家、独尊儒术”，才最终确立了以儒家“三纲五常”或“三纲六纪”为主要内容的道德价值体系的“独尊”地位，自此开始，儒家道德伦理思想不但指导着政治生活，还应用于社会成员、家庭成员之间的交往关系之中。儒家思想中对道德教化、道德模范的重视与推崇，在秦汉时期被广泛地付诸道德实践之中，建立了多种道德推举与评价机制，涌现出大批道德模范人物，对社会发展和生活产生了深刻影响，并对其后的中国传统社会道德模范建设具有“建宪立章”的意义，因此可以说，秦汉时期在中国道德模范建设史上占有突出地位。

1．广教化，美风俗。

---

① 〔汉〕陆贾撰、王利器校注：《新语校注》卷上《慎微》，中华书局1986年版。

② 《论语·学而》。

“道近君子，而仁义之道数加于身”[①]，良好的社会风气对个人良好道德的形成具有至关重要的作用。秦汉时期，道德模范大量涌现，与这一时期广泛的道德教化是分不开的。秦汉时期，道德教化突破了学校教育，更加注重通过礼教对社会各阶层进行道德教化，使这一时期的道德教化更为广泛多样。秦朝主要是“以法为教，以吏为师”进行道德教化，通过张贴告示、刻石铭文等方式宣教道德规范，并颁《为吏之道》对官员进行道德教育。汉代设立“太学”，重视礼教，“其令礼官劝学，讲议洽闻兴礼，以为天下先”[②]，并形成了以经为典的道德教化新格局。以礼教为形式深入推广儒家经典中所规定的道德规范，并强化官员教化民众的道德义务，汉武帝曾下诏“古之立教，乡里以齿，朝廷以爵，扶世导民，莫善于德”[③]，强调教化臣民是政府和官员的道德权利和道德义务，到汉宣帝时便出现了大量教化民众的循吏。这些举措使得地方官在社会教育方面起到了引导作用，如东汉伏湛推行乡饮酒礼，受到了人们的称赞。同时，从西汉中叶开始，由于经学的盛行与传播，大量著述的出现与流传使得儒家道德观念广泛流行，对人们起到了很大的道德教化作用。

2. 选德任官。

“采玉者破石拔玉，选士者弃恶取善”[④]。先秦时期的“选贤与能”发展到秦汉时期的“选德任官”，更进一步地强调了道德品质的分量。汉代实行“举孝廉”，将道德高尚之人通过察举孝廉的方式选拔为官，开创了新的推举选拔人才制度。汉初，高祖刘邦在关中择举“有修行，能帅众为善”者为乡三老，又置县三老，“与县令、丞、尉以事相教”[⑤]。汉文帝时下诏嘉奖孝悌、力田、三老、廉吏，派遣谒者赐帛慰问，并“以户口率置三老、孝悌、力田常员，令各率其意以道民焉”[⑥]，使举孝廉成为一个固定的选官制度，而“孝廉”成为汉代选拔人才的常设科目。东汉光武帝明确地把孝廉作为任用官员的标准，规定“自今以后，审四科辟召，及刺史、二千石察茂才尤异孝廉之吏，

① 〔汉〕王充：《论衡·率性篇》。

② 《史记》卷一百二十一《儒林列传》。

③ 《汉书》卷六《武帝纪》。

④ 〔汉〕王充：《论衡·累害篇》。

⑤ 《汉书》卷一上《高帝纪》。

⑥ 《汉书》卷四《文帝纪》。

务尽实核，选择英俊、贤行、廉洁、平端于县邑，务授试以职”[①]。这样，通过授予孝廉者官职，使兴孝举廉成为引领社会风气的主导力量，涌现出许多孝子、廉吏。

3. 创作箴言训诫。

汉代开始流行以箴言训诫来树立和规范道德要求，主要体现在对为官之德、妇德和做人之道等方面的道德要求，创作了不少官箴、女诫、诫子书等。对于入职官员，汉代非常重视其官德修养，创作了大量官箴以明确官德要求，西汉扬雄作《二十五官箴》、东汉高彪作《督军御史箴》等官箴，都对为官之德做出了明确的论述。对于妇德，汉代着重宣传女性的贞洁观念，深刻影响着汉代乃至后世守节操重妇德之女性。如，西汉刘向编辑《列女传》，对贞烈女子加以褒扬；汉代郑玄对《周礼》“妇德，妇言，妇容，妇功”做注，指出“德谓贞顺，言谓辞令，容谓婉娩，功谓丝枲”，“贞顺”之德的诠释为后人承袭；东汉班昭作《女诫》，更加详细地诠释了女子之“四德”，即“夫云妇德，不必才明绝异也；妇言，不必辩口利辞也；妇容，不必颜色美丽也；妇功，不必工巧过人也。清闲贞静，守节整齐，行己有耻，动静有法，是谓妇德。择辞而说，不道恶语，时然后言，不厌于人，是谓妇言。盥浣尘秽，服饰鲜洁，沐浴以时，身不垢辱，是谓妇容。专心纺绩，不好戏笑，洁齐酒食，以奉宾客，是谓妇功。此四者，女人之大德，而不可乏之者也”[②]，将妇礼融入了女性道德要求之中。汉代也开始创作诫子书来教导子孙的道德修行，汉高祖刘邦作《手敕太子》教导要讲“礼”，郑玄作《诫子书》教导儿子追求君子之道，重视仪表举止修养，生活节俭。可以说，这些箴言训诫既是对理想道德人格的塑造，又是行之有效的道德教育方式。

4. 表彰奖励。

秦汉时期对于自觉遵守道德规范的社会成员予以各种形式的表彰奖励。其一为升迁赐爵，即对德行高尚的官吏加官晋爵。西汉时，石奋“长子建，次甲，次乙，次庆，皆以驯行孝谨，官至二千石。于是景帝曰：‘石

① 〔宋〕徐天麟：《东汉会要》卷二十七《选举下》。

② 《后汉书》卷八十四《列女传》。

君及四子皆二千石，人臣尊宠乃举集其门'，凡号奋为万石君"[①]。东汉时韦彪重孝，"显宗闻彪名，永平六年，召拜谒者，赐以车马衣服，三迁魏郡太守"[②]。褒奖有时也会荫及子孙，汉明帝表彰阴兴，"在家仁孝，有曾、闵之行……贤者子孙，宜加优异"[③]，阴兴之子也被封为侯。其二为物质赏赐，即对德行突出之人进行物质赏赐，主要方式有免除徭役、赏赐田帛等。汉宣帝时，下诏赐"颍川吏民有行义者爵，人二级，力田一级，贞妇顺女帛"[④]。汉末，河东太守杜徽命下属各县"举孝子、贞妇、顺孙，复其徭役，随时慰勉之"。其三为精神嘉奖，即通过悬挂匾额、画像立祠、载入史书等方式对其道德精神进行肯定与褒扬。汉代为表彰道德典型，会在其家或家乡悬挂匾额，"凡有孝子顺孙，贞女义妇，让财救患，及学士为民法式者，皆扁表其门，以兴善行"[⑤]，东汉安帝时下诏奖励"贞妇有节义十斛，甄表门闾，旌显厥行"[⑥]。同时，还会将一些典型人物的道德事迹当做道德宣传题材刻入画像石、画像砖和壁画，以为人传扬，如汉宣帝时，为了表彰霍光、魏相、杜延年、萧望之、苏武等忠臣，"乃图画其人于麒麟阁，法其形貌，署其官爵姓名"[⑦]。一些地方官吏崇尚德治教化，力求以德服人，深受百姓的拥护和爱戴，老百姓往往视之如父母，为其立祠祭祀，如汉宣帝时北海太守朱邑，以治行第一入为大司农，病逝后，当地百姓"共为邑起冢立祠，岁时祠祭"[⑧]。另外，这一时期还会通过撰写道德人物传记来宣扬其道德事迹，司马迁《史记》为勤政敬职、爱民利民之官吏设立了"循吏列传"，给予表彰，这一写法为后世史书所因袭。西汉刘向编辑《列女传》，记录了大量女性道德人物故事，来宣传褒扬孝女、贞妇。

秦汉时期，传统社会的道德建设得到了很大的发展，形成了以礼教为核心的道德教化思想体系，建立了一系列崇德重德的制度机制，并突出了

---

① 《汉书》卷四十六《万石卫直周张传》。
② 《后汉书》卷二十六《韦彪传》。
③ 《后汉书》卷三十二《阴识传》。
④ 《汉书》卷八《宣帝纪》。
⑤ 《后汉书》卷一百一十八《百官志》。
⑥ 《后汉书》卷五《孝安帝纪》。
⑦ 《汉书》卷五十四《苏武传》。
⑧ 《汉书》卷八十九《循吏传》。

这一时期的道德重点，即突出孝亲之德、忠勇之德、廉洁之德和妇德，社会上涌现出不少孝子、忠臣、廉吏、贞妇等道德典型。

孝亲之德：汉代奉行“以孝治天下”，是中国古代最早把“孝”放在至高地位的朝代，自汉高祖以来，两汉皇帝死后的谥号均被冠以“孝”字，并从教育、任官乃至奖赏等方面采取许多措施表彰孝子，使得整个汉代社会孝行人物层出不穷，在古代宣扬的“二十四孝”人物中，汉代就占有9例。例如，汉高祖刘邦为母亲尝汤药，为臣民树立了孝敬父母的榜样，以后历代皇帝都延续了孝敬之风。汉文帝刘桓初为代王时，其母薄太后生病，文帝“不交睫解衣”，并亲尝汤药，“仁孝闻天下”，成为“二十四孝”之一。西汉淳于意之女缇萦为救父上书汉文帝，“愿入身为官婢，以赎父刑罪”①，终使汉文帝废除了肉刑之法。东汉孝女曹娥，父亲溺于江中数日不见尸体，十四岁的曹娥昼夜沿江号哭十余天，后投江，五日后抱出父尸，县府知事为之立碑。

忠义之德：“在朝者忠于君，在家者孝于亲”②，汉代倡导忠孝一体，大力褒奖忠臣，使“忠”德成为为政之德的重要内容。汉代苏武出使西域，面对匈奴的拉拢，他断然拒绝，并说“屈节辱命，虽生，何面目以归汉”，于是“引佩刀自刺”，被救而生，后匈奴“徙武北海上无人处，……杖汉节牧羊，卧起操持，节旄尽落”③，十九年后终于归汉，并以威武不屈、不辱使命的忠勇精神得到嘉奖，最终在汉宣帝时得以画图像于麒麟阁。而班固在《汉书》中对其进行评价：“孔子称‘志士仁人，有杀身以成仁，无求生以害仁’，‘使于四方，不辱君命’，苏武有之矣”④。与君尽忠，与友重义。东汉金乡人范式与汝南张劭为友，二人以诚信结交，并用生命谱写了“鸡黍之约”，为后人所颂扬。东汉荀巨伯冒死保护患病之友，并对侵犯之匈奴人说“以我身代友人命”⑤，闻此言，匈奴竟退兵而回。

廉正之德：秦汉时期，重视倡导为官清廉之德，使得廉吏纷纷涌现。

---

① 《史记》卷一〇五《扁鹊仓公列传》。

② 《新语校注》卷下《至德》。

③④《汉书》卷五十四《苏武传》。

⑤ 〔南朝宋〕刘义庆著、余嘉锡撰：《世说新语笺疏》上卷上《德行》，中华书局1983年版。

汉武帝时李广“为二千石四十余年，家无余财，终不言家产事”[①]。东汉光武帝时，孔奋镇守姑臧，“姑臧称为富邑，通货羌胡，市日四合，每居县者，不盈数月辄致丰积。奋在职四年，财产无所增”，其廉洁无私得到了姑臧吏民及邻近羌胡百姓的肯定，在他将要离职时，人们聚集“牛马器物千万以上，追送数百里。奋谢之而已，一无所受”，人们评价其“清廉仁贤，举县蒙恩”[②]。

贞贤之妇德：古代家庭道德中，倡导女性要贞顺贤淑，官府也对此类女性进行表彰褒奖。秦始皇时为巴寡妇清修筑怀清台，汉代开始倡导妇女重贞顺之妇德，并进行褒奖赏赐，汉文帝曾大力褒奖个别贞妇，汉宣帝开始大力诏赐贞妇群体，汉平帝每乡复贞妇一人，汉安帝下令旌表贞妇门闾，汉顺帝、汉桓帝也先后遵例下诏奖赐贞妇。《华阳国志》中曾记载了列入“图象”的十二位淑媛。地方官员也是不遗余力地树立贞妇典型，如河东太守杜畿命下属各县“举孝子、贞妇、顺孙，复其徭役，随时慰勉之”[③]。这一时期，东汉贤士梁鸿的妻子孟光敬重丈夫、举案齐眉，被时人称为贤妇。汉中程文矩妻李穆姜，慈爱温仁，善待继子，受到表彰。

秦汉时期对道德模范人物的表彰、褒奖等做法，引导了崇德行德的社会行为，使人们对道德的尊崇开始内化于自身的道德追求之中，形成了良好的社会风气。但是，道德尊崇在汉代孝道的重压之下，也开始背离本身的伦理精神，在纯粹的道德追求之外出现了片面追求道德践履形式或把孝道当成追求某些利益的工具等这样的现象，“举秀才，不知书；察孝廉，父别居”[④]，往往有道德之名而无道德之实。

（三）魏晋南北朝时期的道德模范建设

魏晋南北朝时期，三国纷争，八王之乱，五胡十六国、南朝北朝战乱频仍，几无宁岁。时代的剧变在思想文化领域也产生了巨大的震动，儒学、玄学、佛学并行于世，人们个性解放，“任情悖礼”。无论是从社

① 《史记》卷一百九《李将军列传》。

② 《后汉书》卷三十一《孔奋传》。

③ 《三国志》卷十六《魏书·杜畿传》。

④ 〔晋〕葛洪著、杨明照撰：《抱朴子外篇校笺》上《审举》，中华书局 1991 年版。

会现实还是思想观念上，这一时期都大大异于秦汉时期，但对道德模范的推崇仍然为各个阶层所看重，“惟贤惟德，能服于人”①。虽然魏晋南北朝时期在道德建设的许多方面都延续着秦汉时期的政策措施，但名教危机、忠孝观念转换、个性意识觉醒等引发了原有道德观念的解构，这些变化使魏晋南北朝时期对道德模范的推崇形成了自上而下和由下而上的两个路径，一个是上层统治阶层推行的道德模范建设，另一个则是六朝士人在个性解放的思想潮流中重塑了道德价值追求，并以其影响力迫使统治阶层在一定程度上改变了道德模范的推举标准与范围，如对清静淡泊人格的肯定、对女性才德之秀的推崇等。这些特点让魏晋南北朝在古代道德模范建设中地位独特，特点鲜明。

1. 选官重德。

相较于汉代，魏晋南北朝时期选官制度发生重大变化。从汉代举孝廉，到曹操“唯才是举”，再到魏晋南北朝时期“九品中正制”的推行，选官用人的标准也经历了选德任官、以才任官、才德并重的不同阶段，相比汉代选官任官几乎以德为唯一标准的状况，魏晋南北朝时期在选任官员时对德行的重视程度是减弱的，但依然是重德行的，西晋武帝曾下诏“士庶有好学笃道，孝弟忠信，清白异行者，举而进之”②。首先，九品中正制的选拔标准是家世、品德、才能并重，品行道德是决定品级高下的重要依据，“前九品诏书，善恶必书，以为褒贬”③，尤其是对于家世较低之人更要通过修养道德来提高个人品阶。其次，中正之官的选拔重德才。“州、郡、县俱置大小中正，各取本处人在诸府公卿及台省郎吏有德充才盛者为之”④。再次，虽然随着门阀制度的形成与发展，西晋时九品中正制的选拔标准开始发生变化，格外重视门第出身，但门阀宗族势力看重家族利益使时人更重视孝、悌，以维护宗族成员的团结，因此大力倡导孝、悌之德。

2. 宣讲《孝经》。

魏晋南北朝时期，“由于政权大多是由权臣篡弑而来，导致皇权式微，

---

① 《三国志》卷三十二《蜀书·先主传》“裴松之注引”。

② 《晋书》卷三《武帝纪》。

③ 《晋书》卷四十五《刘毅传》。

④ 〔元〕马端临：《文献通考》卷二十八《选举一》。

家族兴盛，加之社会动乱，士人朝不保夕，作为政治伦理范畴的‘忠’逐渐让位于家庭伦理范畴的‘孝’”[①]，“魏晋士大夫止知有家，不知有国。故奉亲思孝，或有其人；杀身成仁，徒闻其语”[②]。也就是说，这一时期倡导孝行，一方面是出于对门阀士族制度的家族维护，另一方面则是要“移孝作忠”，《孝经》中倡“君子之事亲孝，故忠可移于君”[③]，“移孝作忠”理论在这一时期得到大力提倡，在不好明言倡“忠”的情况下倡导“孝”，其归根到底还是倡导臣下对君的“忠”。因此，这一时期延续了汉代孝治之风。其中，通过宣讲研习《孝经》，倡导孝行，颇为普遍。帝王或亲自或命他人宣讲《孝经》，史籍记载：“晋武帝太始七年皇太子讲《孝经》；晋惠帝元康元年，皇帝命皇太子讲《孝经》；晋穆帝于永和、升平年间二讲《孝经》；晋孝武帝宁康三年讲《孝经》，太元元年，还命荀昶撰集《孝经》诸说；晋恭帝元年，刘超受命给恭帝讲授《孝经》”[④]。而在士人中也形成了讲习《孝经》之风气，“孝武将讲《孝经》，谢公兄弟与诸人私庭讲习”[⑤]。

3. 家训教育。

这一时期对道德的追求更多地体现在对家庭成员的教育教诲中，许多士人撰写“家训”对子侄进行教诲，而道德教育是重要训示内容。这一时期的“家训”如《诫兄子及子书》（王昶）、《诫子书》（诸葛亮）、《戒子遗言》（向朗）、《与子俨等书》（陶潜）、《戒子菘书》（徐勉）、《枕中篇》（魏收）、《颜氏家训》（颜之推）、《幼训》（王褒）等纷纷向子孙后代提出了道德要求，树立了理想的道德人格，成为道德教育的重要途径。以孝著称的王祥对子孙提出了立身的五种道德：“夫言行可覆，信之至也；推美引过，德之至也；扬名显亲，孝之至也；兄弟怡怡，宗族欣欣，悌之至也；临财莫过乎让。此五者，立身之本”[⑥]；徐勉希望子孙

---

① 陈瑛主编：《中国古代道德生活史》，中国社会科学出版社 2012 年版，第 163 页。

② 《世说新语笺疏》上卷上《德行》。

③ 《孝经·广扬名章》。

④ 鲁红平：《从〈世说新语〉看魏晋士人的忠孝观》，《伦理学研究》2011 年第 1 期。

⑤ 《世说新语笺疏》上卷上《言语》。

⑥ 《晋书》卷三十三《王祥传》。

“见贤思齐，不宜忽略以弃日也”[1]。家训教育内容涉及广泛，既有立身处世之道，也有入仕为官之德，既包含丰富的人生哲理，也有深刻的处世经验，对道德人格的塑造与引导起着重要的作用。

4. 褒扬奖赏。

褒扬奖赏德行突出之人，除了加官赐爵、旌表门闾、物质奖励之外，这一时期还很重视将道德人物的德行编入史籍使其流芳百世，这无疑是更大的精神奖励和动力。因此，这一时期的史书中很多设立了《孝友传》（或称《孝义传》《孝行传》《孝感传》），部分史书除为女性作传外，还开创了为隐士作传的传统等，以褒扬人们的道德品行。虽然有的是延续了汉代体例，但在具体内容、倡导的道德观念上却有很大的变化与不同。首先，这一时期，史书对隐逸精神的认同是重要特点。虽然在正史中，《后汉书》首先为隐士立传，即《逸民列传》，但《后汉书》为南朝人范晔撰写。在魏晋南北朝时期的正史中，几乎所有为本时期之人编撰的正史均为隐逸之士立了传，除此还有大量私人撰写的隐逸传，如皇甫谧的《高士传》等。其次，不少史书通过记录女性的言行以倡扬道德品行。自汉代刘向作《列女传》之后，魏晋南北朝时期许多史籍中都有专门的女性篇章，如北齐魏收在《魏书》中设《列女传》，西晋张华作《女史箴》，南朝刘义庆在《世说新语》中专列《贤媛篇》等，褒扬女性的品行。再次，对汉代孝道进行了继承和批判，将守孝道分为生孝和死孝两种，例如《世说新语》中对“和峤生孝，王戎死孝”的记载。

魏晋南北朝时期，尽管承继了汉代的重德思想，但社会现实的错综复杂，思想观念的剧烈变化，尤其是皇权式微、门阀鼎盛的现实情形，使这一时期对道德模范的推崇，从树立到褒扬、从选拔到教化，更多的是对当世道德状况的认同，不同于汉代“以孝治天下”对孝道的强力推行，因此，这一时期所涌现出来的道德模范特点迥异于秦汉，也迥异于后世。

孝悌之德：魏晋南北朝时期倡导“孝”“悌”之德，开始更多地重视道德的本身精神，透过外在行为和形式去探求真情，当然也出现了许多神话附会之现象。这一时期所褒扬的孝行之人，有为继母“卧冰求鲤”“黄雀入

① 《梁书》卷二十五《徐勉传》。

幕”的西晋人王祥，有“闻雷泣墓”的曹魏王裒、“哭竹生笋”的吴国孟宗，有“扼虎救父”的晋人杨香、“恣蚊饱血”的晋人吴猛，有“尝粪忧心”的南齐人庾黔娄，他们以其“事亲至孝”的事迹被收录于《二十四孝》之中。除了这些，还有临危护母的司马芝、因母爱吃而收集锅巴的陈遗、遭大丧而哭泣备礼的和峤与哀毁骨立的王戎等等。

廉洁清正之德：“立德之本，莫尚乎正心。心正而后身正，身正而后左右正，左右正而后朝廷正，朝廷正而后国家正，国家正而后天下正。”①道德修养更多地依赖于道德自觉，严于律己，以身作则。虽然这一时期，田庄经济兴盛，一些世家大族生活奢华，但也不乏清正廉洁之士。三国时，曹操身先垂范，提倡节俭，当时举用之才，“皆清正之士”②。诸葛亮倡导“俭以养德”，并以清俭自持。西晋羊祜“立身清俭，被服率素，禄俸所资，皆以赡给九族，赏赐军士，家无余财”③。东晋吴影之，“有情操”，其酌贪泉的故事成为千古佳话。南朝徐勉，“虽居显位，不营产业，家无蓄积，俸禄分赡亲族之穷乏者。门人故旧或从容致言。勉乃答曰：‘人遗子孙以财，我遗之以清白’”④。

立操清修之德：魏晋南北朝时期，一些士人洁身自好，避世高隐，并以其高洁德行和道德感召力进入统治者的视野之中，使统治者们不得不重视并褒扬一些隐逸之士，以发挥其道德引导作用。例如，晋朝隐士朱冲“居近夷俗，羌戎奉之若君，冲亦以礼让为训，邑里化之，路不拾遗，村无凶人，毒虫猛兽皆不为害”⑤，南朝人张孝秀“有田数十顷，部曲数百人，率以力田，尽供山众，远近归慕，赴之如市”⑥。当然，还有许多士人追求清静淡泊的生活，向往人格精神的独立和自由，西晋嵇康隐居山阳，锻铁为业，追求一种超越“人间之委曲”的精神自由。陶渊明归隐田园，“不为五斗米折腰”，并创造出了“桃花源”这一精神乐园，成就了该时代士人政治道德理想的典范。

---

① 〔晋〕傅玄撰、刘治立评注：《〈傅子〉评注》卷二《正心》，天津古籍出版社 2010 年版。

② 《三国志》卷十二《魏书·毛玠传》。

③ 《晋书》卷三十四《羊祜传》。

④ 《梁书》卷二十五《徐勉传》。

⑤ 《晋书》卷九十四《隐逸列传·朱冲》。

⑥ 《梁书》卷五十一《处士列传·张孝秀》。

才秀贤淑之德：魏晋南北朝时期，因儒学礼教作用的淡化，整个社会伦理意识逐渐淡薄，“对女性价值的衡量加入了更多的才智因素，社会对女性的认可角度与前代相比，更多地从‘贞顺’之德转向了内在的才华气韵之美”[1]。其一，才华横溢、见识超群之才女。东晋才女谢道韫，有“咏絮之才”，为小叔子王献子的“步障解围”，以其“风韵高迈，叙致清雅”、才思敏捷、风神散朗的清逸脱俗气质开领了“林下风气”，为当世和后世人仰慕。其二，性情率直、刚强机敏之女。西晋镇军大将军胡奋女胡芳，以其“死且不畏，何畏陛下”[2]的刚正个性为时人所称道，在与司马炎的辩答中将其刚强机敏展露无遗，“帝每有顾问，不饰言辞，率尔而答，进退方雅”，司马炎曾“与之摴蒱，争矢，遂伤上指。帝怒曰：‘此固将种也！’芳对曰：‘北伐公孙，西距诸葛，非将种而何？’”[3]说得司马炎面有惭色。其三，贤淑仁惠、善教子孙之贤妇良母。曹魏时许允妻在“新婚对答”中以才智识见得到丈夫的礼遇，后又在许允“被收，举家号哭”的一片绝望中，做粥待夫，表现出的冷静睿智令人钦佩。东晋陶侃母湛氏教子清廉，堪称千古风范。还有陈婴母谏婴不为主，钟夫人隔帷相婿，等等，都展现出了非凡的见识才智，不仅以一种温和大气的力量给家人以凝聚力，还以人格力量化解敌意，解除危难。

魏晋南北朝时期，社会动荡，难以开展系统有效的道德建设，同时，门阀政治鼎盛，世家大族享有政治经济特权，致使社会风气腐败奢靡。但是，迥异的社会背景也让这一时期的道德建设特点鲜明，“当外部他律机制起不到有效的约束作用时，许多士人追求道德理想的途径放到对家庭成员的教育上，以实现道德理想的内求和自律”[4]，兴起了家训教育。同时，这一时期士人对独立人格与精神自由的追求，使魏晋南北朝推崇的道德模范展现出了不同的精神面貌，如隐逸之士避世高隐，独善其身，并以自身的高洁品行得到世人关注；不少妇女才华横溢、舞文弄墨，以才智识鉴为人称颂，

---

① 张灵：《“林下风气”与“闺房之秀”——从〈世说新语〉看魏晋时期的女性观》，《怀化学院学报》2006年第1期。

② 《晋书》卷三十一《列传第一·后妃上·胡贵嫔》。

③ 《晋书》卷三十一《列传第一·后妃上·胡贵嫔》。

④ 李红艳：《从乱世家训看魏晋士人的道德自觉》，《许昌学院学报》2007年第6期。

贞烈节操道德感的束缚无论是相比秦汉还是后世都较为宽松。

（四）隋唐时期的道德模范建设

隋唐时期终结了数百年的分裂割据状态，完成了天下统一，是中国封建社会的繁荣时期。这一时期，隋唐在短时间内扭转了魏晋以来“王道衰、人风薄”的局面，实现了经济繁荣、政治开明和社会安定，其中“弘风训俗，导德齐礼”①发挥了重要作用。“思国之安者，必积其德义”②，在以德为本思想的指导下，隋唐时期强化了以民本为核心的道德责任，树立了忠谏廉洁的政治道德，延续了以孝悌为核心的家庭道德，并在此范围内引导树立了大量道德模范，以充分发挥其“弘风”“导德”之作用。但是，隋唐时期在道德建设上的突出特点是为政以德以及与之相关道德的建设，相比而言，对“孝”、贞节妇德的强调与追求则明显弱于其他朝代。

1. 上行下效，不令而行。

“流水清浊，在其源也。君者政源，人庶犹水，君自为诈，欲臣下行直，是犹源浊而望水清，理不可得”③。上行则下效，隋唐时期尤其唐代前期，以唐太宗为代表的上层统治者注重以身作则，并不时反思，以其良好的道德行为引导广大民众。例如，隋唐推行以“民本”为核心的为政之道，唐太宗多次阐发君民一体的论断，并多次下诏要求臣下“以人为本”“以农为本”，在其倡导下，许多官员也是勤政爱民，涌现出了开通河道、引鱼盐于海的薛大鼎，还有被称为“铛脚刺史”的瀛洲刺史和冀州刺史。针对南北朝和隋代的奢华、争利之风，唐太宗倡俭约，时常告诫诸王及臣下“朕为亿兆人父母，唯欲躬务俭约，必不辄为奢侈”④，并采取一系列厉行节约、限制奢侈的措施，如停止诸方进贡珍贵异品，限制营造宫室，葬制一律从简等。隋文帝则多次严令不准地方长吏贡献“犬马器玩口味”，并在其倡导之下，隋朝初年出现了“丈夫不衣绫绮，而无金玉之饰，常服率多布帛，

---

① 《隋书》卷二《高祖纪下》。

② 〔唐〕吴兢：《贞观政要集校》卷一《君道》。

③ 〔唐〕吴兢：《贞观政要集校》卷五《诚信》。

④ 〔唐〕吴兢：《贞观政要集校》卷八《务农》。

装带不过以铜铁骨角而已”[①]的俭朴之风。另外，在对唐太宗治政经验进行总结的《贞观政要》中，涉及了其为君之道、任贤纳谏、教诫太子、正身修德等方面的施政思想与举措，对当世及后世都产生了重要的启示作用。

2.“巡省风俗”，褒奖道德。

为引领社会风尚，这一时期统治者继续对德行突出之人进行表彰褒奖，并不断扩大选拔范围。隋文帝时曾发八使“巡省方俗”，即派遣使者到各地巡视地方风尚，以“宣扬风化，荐拔淹滞，申达幽枉。孝悌力田，给以优复。鳏寡孤独不能自存者，量加振济。义夫节妇，旌表门闾。高年之老，加其版授，并依别条，赐以粟帛。笃疾之徒，给侍丁者，虽有侍养之名，曾无赒赡之实，明加检校，使得存养。若有名行显著，操履修洁，及学业才能，一艺可取，咸宜访采，将身入朝。所在州县，以礼发遣。其有蠹政害人，不便于时者，使还之日，具录奏闻”[②]，以期收到励俗敦风、使人从化的实效。唐代也采取多项措施对德行突出之人或通过选士、拜官之径进行表彰擢升，或通过旌表门闾、载入史书等方式进行精神嘉奖，或通过减免劳役赋税等进行物质奖励，并扩大了选拔范围，使许多“闾巷刺曹之民”受到了表彰奖励。

3.劝学行礼，重视教化。

隋唐时期，尊崇儒学，尤其是重视儒家重教劝学之法。隋朝针对士人流散、经籍残缺的情形，倡导劝学教化，隋文帝下诏“天下劝学行礼”[③]。唐代重视教化，“敦行礼让，使乡闾之间，少敬长，妻敬夫”[④]。隋唐时期，在延续魏晋南北朝“家训”道德教育的基础上，将家训家诫发展成为“条理清楚、意义明确的成条文的家法”[⑤]，成为仕宦之家为纠正其子弟骄纵、进行道德教化之法。唐代，韩休训子以俭德为法，柳公权告诫子侄要正直、廉洁、重学，穆宁训诫子孙“君子之事亲，养志为大，直道而已。慎无为谄，吾之志也”，要孝亲、正直。

4.以德选官。

---

① 《隋书》卷二《高祖纪下》。

② 《隋书》卷三《炀帝纪上》。

③ 《隋书》卷一《高祖纪上》。

④ 〔唐〕吴兢：《贞观政要集校》卷八《务农》。

⑤ 徐少锦：《中国传统家庭道德教育的特殊形式——唐代家法初探》，《武汉科技大学学报（社会科学版）》2000年第2期。

隋唐时朝，首创“科举取士之制”。隋炀帝时，诏令文武官员有职事者，凡“孝悌有闻”“德行敦厚”“节义可称”“操履清洁”“强毅正直”“执宪不挠”“学业优敏”“文才秀美”“才堪将略”“膂力骄壮”等，经推荐后，即可举官，开始“十科举人”。道德品行的好坏，成为科举选人的一个重要考量因素。但是，科举制发展到唐代，逐渐重文重智，在重视唯才是举的同时淡化了以德任官的观念。不过，除科举取士之外，这一时期也没有放弃荐举入仕的方式，武则天曾发布《求贤制》，希望各级官员向朝廷荐举“文可以经邦国，武可以定边疆，蕴梁栋之宏才，堪将相之重任”①的人才，另外，在对德行之人的表彰中，选士、拜官、擢升仍是重要途径。

“立身成败，在于所染”②。隋唐时期十分重视营造以谏诤、廉洁为内容的官德风气，并在这一氛围中涌现出了大量这些方面的道德典型人物。

直言谏诤之德：隋文帝提倡“开直言之路，见善必进”，唐太宗倡“公平正直”。隋唐时期尤其是唐代，涌现了一大批为国分忧、为民请命的铮铮谏臣，其中最为有名的莫过于魏征，他以敢于犯颜直谏深受唐太宗器重，与唐太宗“讨论政术，往复应对，凡数十万言”，为历代诤臣所不及，从而赢得了唐太宗“以铜为镜，可正衣冠；以古为鉴，可知兴替；以人为鉴，可明得失”的赞誉。除了魏征以外，唐太宗时期褚遂良、房玄龄、杜如晦等都是有名的谏臣。武则天时，狄仁杰刚正廉明，执法不阿，敢于犯颜直谏，对武则天的弊政多所匡正。

廉洁清正之德：隋唐时期在为政之德中着重强化了官员的道德责任，并由上而下倡导节俭之风，因此，这一时期尤其是唐代中前期吏治较为清明，出现了许多廉洁清正之官吏。唐代宣抚使崔戎以清廉感动百姓，宰相韦贯之表示“宁饿死”也不“通馈遗，故家无羡财”③。对待金钱，杜暹为不“失蕃人情”④，只好先将蕃人所馈之金埋之，后发公文令人收取充公。唐后期，官吏贪腐现象严重，而牛僧孺以身作则，拒贿赂，受到唐穆宗赞许。

知礼贞贤之妇德：隋唐时期，社会风气较为开明开化，对女性道德

---

① 〔清〕董诰等：《全唐文》卷九十五《求贤制》。

② 〔唐〕吴兢：《贞观政要集校》卷十《慎终》。

③ 《新唐书》卷一六九《韦贯之传》。

④ 《旧唐书》卷九十八《杜暹传》。

的要求并不以贞节为束缚。在实际生活中，这一时期出现了不少名扬千古的女性代表。比如在中国历史上，就有不少以公主或宗室女下嫁番邦国王和亲的事例，唐朝时期，文成公主和金城公主便是推动汉藏友好关系的典范。唐太宗时，文成公主知书达理，奉命远嫁吐蕃，唐蕃自此结为姻亲之好，唐中宗时，金城公主入蕃，在吐蕃生活近三十年，巩固了文成公主进藏后的唐蕃之盟，她们以自己的行为展现了唐代女性识大体、维护民族团结的高尚情操。当然，这一时期也对女性的贞节观念进行了大力的宣扬，史书中也记载表彰了许多贞烈女子，如用割耳方式来表示对丈夫李德武忠贞的裴氏等。

（五）宋元明清时期的道德模范建设

唐末五代的割据混战结束之后，历史进入了中央集权统治不断加强的宋元明清时期。这一时期，政治、经济、思想都发生了巨大变化。在皇权统治上，自宋初“杯酒释兵权”开始，后续朝代不断加强中央集权，至明清时期达到顶峰。在经济发展上，明中叶出现的资本主义萌芽，促进了商品经济的规模化发展。在思想领域，儒学复兴，以程朱理学和王阳明心学等为代表的宋明理学的兴起，在深化儒家道德理性精神的同时，也进一步加强了伦常等级之分。在此背景下，为加强皇权统治，应对商品经济发展带来的道德观念变化，宋元明清时期以程朱理学为核心的儒家思想作为主导，加强伦理道德建设，其中道德模范建设呈现出制度化、多样化的特点，在榜样教育、褒扬表彰等方面都有很大的发展，推崇和表彰了大量道德人物，但在加强政治统治的目的之下，道德模范建设的消极因素增多，宋明理学所主张的“存天理、灭人欲”逐步演化为对人们道德伦理遵守的束缚。

1．正礼仪美风俗。

“鱼无定止，渊深则归；鸟无定栖，林茂则赴。故以道养贤，则四方之民听声而来；以德养民，则四方之贤望风而慕”①，崇德尚德对治国理政至关重要，对美化风俗也很重要。宋元明清时期，美化道德风俗主要采取三

① 〔明〕刘基：《诚意伯文集》卷八《拟连珠》。

种措施：一是以诏令、圣谕的形式颁布道德规范规则。例如，明太祖发布了《正礼仪风俗诏》，即“天下大定，礼仪风俗不可不正。诸遭乱为人奴隶者复为民。冻馁者里中富室假贷之，孤寡残疾者官养之，毋失所。乡党论齿，相见揖拜，毋违礼。婚姻毋论财。丧事称家有无，毋惑阴阳拘忌，停柩暴露……”①，并颁布《圣训六谕》，“孝顺父母，尊敬长上，和睦乡里，教训子弟，各安生理，无作非为”，规范了各种礼俗。清康熙时颁布《圣谕十六条》，雍正时颁布《圣谕广训》，作为教化民众的基本教材，并通令地方进行宣讲。二是全面推行乡饮酒礼。明太祖“诏礼部奏定乡饮礼仪，命有司与学官率士大夫之老者，行于学校，民间里社亦行之”②。三是乡约宣讲。清代将乡约宣讲与里甲制相联结，“每里都设有乡约，正、副乡约由士人或者德高望重者兼任，由民间选举、官府备案，承担实施道德教育的责任，其主要职责在于劝善教化”③，其中重要一项职责便是乡约宣讲，“齐集附近村庄之人，各扶老携幼，在于讲约处所，照依原颁圣谕十六条，高声宣讲，期至遵行，毋许怠玩”④。

2. 榜样教化。

道德教化可以易人心美风俗，“变化人心，荡涤污俗者，莫急于劝学、奖廉二事”⑤，“夫教化可以美风俗，虽然，必久而后至于善”⑥。其中，榜样教育在道德教化中的引领示范作用尤其重要。宋元明清时期，道德教化逐渐形成了多层次多样化的特点，在学校教育和私学教育的基础上，兴起了书院教育，并使启蒙教育更为正规化、规模化。在各个层次的教育中，伦理道德教育都是主要内容，并且更加重视道德模范的榜样示范教育。在书院对祭祀的道德教化中，通常是以先圣先贤如周、程、朱、张、陆、王等理学家或汉代许慎、郑玄等经学大师为奉祀对象，以“式崇明德、佑启后

---

① 《明史》卷二《太祖本纪二》。

② 《明史》卷五十六《礼志十·乡饮酒礼》。

③ 彭定光：《论清代道德教育的两种实施方式》，《湖南师范大学教育科学学报》2010年第2期。

④ 郭成伟：《明清公牍秘本五种·纸上经纶》，中国政法大学出版社1999年版。

⑤ 〔明末清初〕顾炎武：《日知录》卷十三《名教》。

⑥ 〔北宋〕王安石：《王文公文集》卷三十四《明州慈溪县学记》。

学”①。在启蒙教育中，蒙学教材多是列举古圣先贤或德行突出之人的嘉言懿行，以进行榜样教育。例如，南宋朱熹在《小学》中专门选取古圣先贤的事迹编成《稽古》一卷，并指出“幼学之士，先要分别人品之上下。何者是圣贤所为之事，何者是下愚所为之事，向善背恶，去彼取此，此幼学所当先也。颜子、孟子，亚圣也，学之虽未至，亦可贤人。今学者若能知此，则颜孟之事，我亦可学。……若夫立志不高，则所学皆常人之事。”②约成书于宋代的《三字经》中则有“香九龄，能温席”的颂扬，宋代吕本中在《童蒙训》中，则列举了家族成员、老师中的高尚德行。这一时期流行的宋元话本、杂剧、明清小说中，也创作了一批或宣扬孝悌之德或赞美至亲真情或歌颂朋友信义的伦理道德作品，“君臣如《伊尹扶汤》、《比干剖腹》，母子如《伯瑜泣杖》、《剪发待宾》，夫妇如《杀狗劝夫》、《磨刀谏妇》，兄弟如《田真泣树》、《赵礼让肥》，朋友如《管鲍分金》、《范张鸡黍》，皆可以厚人伦，美风化”③。

3. 奖励表彰。

这一时期，为维护中央集权制度，加大了对德行突出如忠、孝、节、义、贞、烈之人的表彰褒扬力度，并在制度化的基础上成立了专门的选拔和表彰机构。一是延续传统的奖励赏赐方式，如赏衔、赐谥、恩赏子孙官爵、奖赏银两田地、免除徭役劳役等。如宋太祖曾诏令郡国将本地“孝悌力田”的百姓送往京城奖励。二是丰富了“旌其门闾”的形式，在乡里村里设旌善亭、立牌坊、建忠孝节祠等来劝恶扬善、标榜功德，对民间涌现出来的孝子顺孙、义夫节妇等道德突出人物，或标榜于亭，或刻建牌坊，或立祠，进行旌表。三是成立了专门褒扬忠节的机构，如清代设立“节义局、忠义局，修忠义录，专门委派人员采访忠义的官绅、士民、妇女，予以表彰”④，其职责主要是委派人员采访忠节之人及其亲属，将其事迹上奏请旌，同时汇集事迹编成《忠义录》《褒忠录》等。同时，为表彰德行，在官方史书中进行重点着墨，

① 周立新等：《清代书院的道德教育及其对当代思想道德教育的启示》，《中国矿业大学学报（社会科学版）》2007年第3期。

② 《小学·嘉言》。

③ 李跃忠：《元后期伦理道德剧兴盛原因新论》，《襄樊学院学报》2010年第6期。

④ 张艳：《略论咸同时期清政府的道德教化政策》，《临沂师范学院学报》2007年第2期。

例如，《明史》中对节烈妇女的记载甚多，“其著于实录及郡邑志者，不下万余人，虽间有以文艺显，要之节烈为多”①。

4. 选德任官。

“不厚其栋，不能任重。重莫如国，栋莫如德”②。选任栋梁之材，最重要的是要德行高远。因此，虽然科举制度确立了以才取士之制，但这一时期，在具体的选官任官中仍然十分重视倡导以德为先，并在实际操作中推行选德任官。金世宗将道德作为任免官吏的重要条件，“凡士民之孝弟姻睦者举而用之，其不顾廉耻无行之人则教戒之，不悛者则加惩罚”③。宋太宗提出“绅当以德行为先”，真宗也认为“德为百行之本，德行之门必有忠臣”，对有德之人十分推崇。明太祖倡设老人制度，“里设老人，选年高为众所服者，导民善，平乡里争讼”④，选拔乡里年高德劭、谨言慎行的老人对乡里村民进行教化、劝导，并以自身的道德行为引领乡里。但随着社会政治、经济的发展，老人制度逐渐显露出弊端，“本朝之老人，则听役于官，而靡事不为，故稍知廉耻之人不肯为此，而愿为之者，大抵皆奸猾之徒，欲倚势以凌百姓者也”⑤。

这一时期，尤其宋、明、清三朝均加强了以忠孝节义为主要内容的道德建设，对道德模范的宣扬褒奖无论是从形式上还是力度上都有所加强。伴随儒学复兴而兴起的宋明理学，倡导礼教，推行追求“圣贤气象”的修养功夫。在内外力量的推动下，这一时期涌现了大量道德模范，而且被赋予了浓重的时代色彩。

忠勇之德：忠于国家、忠于职守，这一时期涌现出大批忠勇之士。他们胸怀天下、公忠为国。例如北宋范仲淹以“先天下之忧而忧，后天下之乐而乐”表达“以天下为己任”的胸怀。南宋初年，宗泽招募义兵抗金，用岳飞为将，屡败金兵，多次上书请宋高宗还都，收复失地，都被投降派所阻，忧愤成疾而逝，临终连呼“过河”。他们精忠报国，奋勇杀敌。北宋名将杨业，

① 《明史》卷三百一《列女传》。
② 〔清〕梁章钜：《古格言·治术》。
③ 《金史》卷八《世宗纪下》。
④ 《明史》卷七十七《食货志一》。
⑤ 〔明末清初〕顾炎武：《日知录》卷八《乡亭之职》。

与契丹军作战，孤军力战，“身被数十创，士卒殆尽，业犹手刃数十百人。马重伤不能进，遂为契丹所擒。……不食，三日死。”①南宋名将岳飞奋勇杀敌，率军抗金。南宋末年，文天祥领兵抗元，宁死不降，并留下“人生自古谁无死，留取丹心照汗青”的千古名句为后人所称颂。

民族英雄：明清时期，不断有外国侵略者入侵，许多爱国志士、民族英雄英勇抗击外敌，赴汤蹈火，甚至壮烈捐躯。明中叶以来，面对日本倭寇对东南沿海的侵略骚扰，戚继光、俞大猷等将领率军平定倭寇。明末清初，郑成功率军英勇杀敌，将荷兰殖民者赶出台湾，收复台湾。清中叶，鸦片战争以来，面对西方帝国主义的疯狂侵略，林则徐虎门销烟、左宗棠英勇抗俄收复伊犁、邓世昌甲午抗日壮烈殉难等，其前仆后继、不屈不挠的精神，表现了中华民族抗暴御侮的爱国主义精神，为后世所敬仰。

廉正之德：宋元明清时期，成批涌现出了大量贤相名臣，其中不乏廉洁奉公、公私分明之士，在整个廉政史上都占有重要地位。北宋时有“四真”，即富弼为真宰相、欧阳修为真翰林、包拯为真中丞、胡翼之为真先生，其中，包拯清正廉明，不畏王权，铁面无私，被世人称为“包青天”，成为官员清廉的象征。同一时期，人称“铁面御史”的殿中侍御史赵抃，弹劾权贵，刚直无私；人称“殿上虎”的刘安世，刚毅耿介、不畏权势、敢于犯颜抗谏。明朝海瑞执法不阿，力惩贪污，被人誉为“海青天”。

宋元明清时期，道德建设尤其是道德模范建设制度化、规范化突出，而且随着宋代印刷术的发明与广泛应用，宋元话本、戏曲、明清小说的流行，道德模范的宣扬，也更加深入百姓。但是，随着宋明理学向着封建礼教的深度发展，其消极因素越来越多，逐渐成为人们道德观念和行为的束缚，例如，“根据清人编撰《古今图书集成》‘闺节’、‘闺烈’目下收录的节烈妇女统计，宋代有267人，明代则有3.6万人”②。

① 《宋史》卷二七二《杨业传》。

② 刘达临：《中国古代性文化》，宁夏人民出版社2003年版，第717页。

二、近现代的道德模范建设

鸦片战争以后，随着列强大举入侵，中华民族危机日益深重，许多有识之士为维护国家独立而进行顽强不屈的斗争，民族英雄辈出。而处于风雨飘摇之中的清王朝，其所进行的道德建设是无力的也是有限的。清王朝覆灭，北洋军阀时期地方割据混战不已，自然无暇进行系统长效的道德建设。①南京国民政府虽然进行了系列道德建设，但在民族危机日益深重的现实面前，以仅仅恢复"固有"之伦理道德显然是不够的，不足以引领广大国民。而与此同时，中国共产党在领导人民进行土地革命、抗日战争和解放战争的过程中，充分依靠和发挥人民群众力量，进行了卓有成效的道德建设，涌现出了一大批为当时和今天都广为颂扬、学习的道德楷模、先锋人物，并为最终取得革命胜利发挥了重要的作用。

（一）民国时期的道德模范建设

1911 年，辛亥革命的爆发，推翻了清王朝，以此为新的起点，反帝反封建斗争更加深入、更加大规模地开展起来。1912 年，随着清宣统帝下诏退位，中华民国成立，直到 1949 年，这一时期称为民国时期。期间，中华民国临时政府为北洋政府所取代，地方军阀割据混战十余年，之后南京国民政府实现了形式上的统一。民国时期是中国历史上大动荡大转变的时期，民族危机的日益深重与救亡运动的不断高涨，使这一时期涌现出了一大批为国家独立、民族自强而奋斗的先锋模范。

1. 开展道德建设。

民国时期，先后执掌政权的北洋政府和南京国民政府，为了维护统治，也开展了不同的道德建设，如国民党先后开展了"新生活运动""国民精神总动员运动"，其中将"国家至上，民族至上"列为国民精神总动员的

---

① 注：按通论一般以 1840 年鸦片战争作为中国近代史的开端，这里为了完整表述一个朝代，故将 1840 年之后的清代历史归于古代部分撰写。由此，近现代的道德模范建设从民国时期开始写起。

三大目标之一，当时对振奋将士奋起抗敌起到了一定的作用。但在民族危机日益深重的现实面前，仅仅恢复“固有”的封建伦理道德显然是不够的，不足以引领广大国民。

2. 褒奖爱国将士。

为鼓励将士奋勇杀敌，南京国民政府对一些事迹突出的抗日将领进行了嘉奖。如国民党将领张自忠在短短4个月里指挥所部接连进行了4次中小规模的战役，歼灭日寇四千余人，为此，国民政府主席林森签发命令，授予张自忠宝鼎勋章一枚后，又为其加授上将军衔。在张自忠受伤牺牲后，南京国民政府发布了国葬令，颁发“荣字第一号”荣哀状，将张自忠牌位入祀忠烈祠，并列首位，后追授其为陆军二级上将军衔，并举行了盛大隆重的祭奠仪式。

3. 爱国主义情感的强烈感召。

这一时期，面对深重的民族危机，一大批先锋模范分子挺身而出，以自己的实际行动倡导爱国主义、民族主义，在爱国主义热潮的强烈感召下，许多人立志从事可歌可泣的爱国斗争，并成为后世人们敬仰学习的楷模。辛亥革命前后，以孙中山为领袖的资产阶级民主革命派适应时代的要求，以“振兴中华”为己任开展反帝反封建的资产阶级民主革命，提出“伦理的观念之爱国心”的口号，希望以此规范人们的行为，挽救祖国的危亡。①在“爱国心”的感召下，成千上万的革命志士冲出封建家庭的樊篱，把为国捐躯视为无上荣光的事业。革命党人林觉民积极参加反清起义，被捕就义前写下《与妻书》，表达自己以“天下人为念”而牺牲的决心。女革命党人秋瑾以身报国，“吾自庚子以来，已置吾生命于不顾，即不获成功而死，亦吾所不悔也”，铮铮之言表现出了为国献身的凛然正气。这一时期，在先锋模范人物身上，逐渐汇聚成了伟大的“五四爱国精神”和“孺子牛精神”。1919年“五四”运动前后，陈独秀、李大钊、鲁迅等一批激进知识分子掀起了反对封建思想的新文化运动，高举民主和科学的大旗，反对旧思想，提倡新思想；反对旧道德，提倡新道德；反对旧文学，提倡新文学，猛烈抨击封建主义，广泛宣传

① 孙国华：《略谈近代爱国主义道德范畴》，《齐鲁学刊》1984年第4期。

民主主义，促进了人民的思想解放。陈独秀发表《敬告青年》一文，倡导民主与科学，并和李大钊创办《每周评论》，提倡新文化，宣传马克思主义。鲁迅提倡新思想、新文化、新道德，发表白话小说《狂人日记》，成为新文化运动的主力军，后领导中国左翼作家联盟，以笔代戈，奋笔疾书，战斗一生，“是在文化战线上，代表全民族的大多数，向着敌人冲锋陷阵的最正确、最勇敢、最坚决、最忠实、最热忱的空前的民族英雄”①。“五四”运动以来，广大爱国青年勇于担当，开拓创新，形成了“以天下为己任、做时代先锋的主人翁精神，孜孜以求追求真理的探索精神，呼唤科学与民主的理性精神，为新世界披荆斩棘勇猛入世的开拓精神”②。以鲁迅为代表的中国先进分子，“横眉冷对千夫指，俯首甘为孺子牛”，融汇形成了“对敌人毫不妥协、毫不宽恕的韧战精神与宁折不弯的气节，对人民大众鞠躬尽瘁死而后已的孺子牛精神”③。1931 年“九一八事变”和 1937 年“七七事变”，日本帝国主义发动侵华战争，面对严重的民族危机，以爱国主义为主流的民族主义旋律格外高亢，“广大作家艺术家纷纷深入前线、民间，举行各种演出，宣传抗日救亡；召开各种座谈会，激励人民抗战意志；积累各种素材，描写抗战现实，创作出了一大批‘表扬着抗战将士英勇杀敌的种种可歌可泣的故事’的优秀作品，如描写台儿庄战役和淞沪抗战战斗场面、表现将士们英勇杀敌的报告文学《台儿庄血战经过》、《大场之夜》，赞美人民为抗击日寇不怕牺牲的爱国精神、抒发作者对祖国对人民深沉的爱的诗歌《向太阳》、《给战斗者》，描写战时中国农民的觉醒与斗争、歌颂抗战英勇为国捐躯的小说《差半车麦秸》、《刘粹刚之死》，表现中华民族自强不息的民族精神、激励中华儿女为保家卫国与日寇作殊死斗争的歌曲《黄河大合唱》、《到敌人后方去》，等等”④。这一时期，广大官兵和人民在强烈的爱国主义情感感召下，前仆后继、舍生忘死、奋勇杀敌，涌现出一批又一批的抗日英雄，赵登禹血洒南苑、壮烈捐躯，张自忠身先士卒、与日寇拼死搏杀而殉国，其“忠

① 《毛泽东选集》第 2 卷，人民出版社 1991 年版，第 698 页。

②③徐方：《爱国主义与跨世纪的一代》，人大复印资料《思想政治教育》1994 年第 6 期。

④ 郑大华：《论民国思想史的几个特点》，《天津社会科学》2006 年第 3 期。

义之志，壮烈之气，直可以为我国抗战军人之魂”[①]等。在爱国主义的强大感召下，国共合作建立了抗日统一战线，全国人民团结一致，奋勇抗击日本侵略者和外国侵华势力，并最终取得民族抗战的伟大胜利。

（二）新民主主义革命时期的道德模范建设

中国共产党的诞生是中国近现代历史上最重大的事件。自从有了中国共产党，中国革命的面貌就焕然一新了。从1921年中国共产党成立到1949年新中国成立，中国共产党领导中国人民进行了艰苦卓绝的新民主主义革命，并取得了伟大胜利。在革命实践中，中国共产党人和广大人民群众的革命道德与崇高品格为新民主主义革命取得最终胜利提供了巨大的精神力量，无数的共产党员、爱国民主人士和先进模范为民族独立、国家富强而前仆后继、英勇献身，他们身上所体现的民族气节和道德情操，一直鼓舞着人们。“当着这伟大的民族自卫战争迅速地向前发展的时候，我们需要大批的积极分子来领导，需要大批的精炼的先锋队来开辟道路。这种先锋分子是胸怀坦白的，忠诚的，积极的与正直的；他们是不谋私利的，唯一地为着民族与社会的解放；他们不怕困难，在困难面前总是坚定的，勇往直前；他们不是狂妄分子，不是风头主义者，而是脚踏实地富于实际精神的人们。他们在革命的道路上起着向导的作用。”[②]正因为如此，中国共产党在领导全国人民进行对敌斗争的革命过程中，十分重视进行革命道德建设，尤其重视发挥先锋模范人物的向导作用。

1. 开展思想教育运动。

为了能在短时期内提高广大官兵和人民群众的思想觉悟和道德水平，实现党的奋斗目标，中国共产党在革命的不同时期，根据革命形势和革命群体的思想道德状况，以“理想主义”“为人民服务”“集体主义”“爱国主义”“实事求是”“艰苦奋斗”等为主要内容开展了一系列的思想教育运动，为不同阶段革命战争的胜利奠定了坚实的思想道德基础。1927年红军在江西永新进行了三湾改编，在道德建设方面是“用马克思主义思想道

---

① 周恩来：《追念张荩忱上将》，《新华日报》1943年5月16日。

② 《毛泽东文集》第2卷，人民出版社1993年版，第42页。

德塑造新型人民军队的重要开端"[1]，并萌芽了党的"三大纪律、八项注意"。20 世纪 30 年代，在中央苏维埃政府廉政建设过程中，广泛开展增产节约、反贪反浪费运动，形成了勤俭节约、艰苦奋斗、全心全意为人民服务的党风党纪。抗日战争中，为了团结广大群众一致对外，中国共产党深入开展了爱国主义教育活动，为克服边区困难、改善军民关系，开展了轰轰烈烈的大生产运动，广大党员、官兵和群众在"自力更生""艰苦奋斗"革命精神的感召下，更加坚强，更加团结。延安时期的整风运动，则是一次全党范围内的马克思主义思想教育运动，不仅使党性在思想与纪律上得到了极好的修养，而且形成了延安精神，成为思想道德建设史上的一次伟大创举。解放战争时期，"紧紧围绕建立独立、和平、民主的新中国这一中心工作，通过发动广大农民群众开展土地改革运动，农民的思想觉悟、政治觉悟和组织程度空前提高，掀起了巨大的参军热潮和声势浩大的支前运动；在军队内部开展的以发扬革命英雄主义精神为主要内容的杀敌立功运动、以'王克勤运动'为典范的团结互助运动和以诉苦三查为内容的新式整军运动，被称为连队政治工作的'三把钥匙'，有效地提高了广大官兵的思想觉悟和道德水平，激发了广大官兵的英雄主义和集体主义精神"[2]。

2. 勇做道德模范实践者。

新民主主义革命时期，许多革命志士不仅是革命道德的积极倡导者，更是革命道德的模范实践者。以李大钊、瞿秋白为代表的早期共产党人，不仅对马克思主义文化在中国的传播做出了重要的贡献，而且以大无畏的牺牲精神为坚持和发扬革命道德的传统做出了表率。李大钊面对反动派，高呼"共产党万岁"，英勇就义。瞿秋白拒不投降国民党，一路豪迈地唱着《国际歌》《红军歌》，高呼着"中国共产党万岁""共产主义万岁"到达刑场，慷慨就义。面对敌人的屠刀，夏明翰写下了大义凛然的就义诗"砍头不要紧，只要主义真。杀了夏明翰，还有后来人"，坚定的理想信念和英勇不屈的革命精神，激励了无数后来人。方志敏在狱中写下《可爱的中国》《清贫》等文章，其爱国主义精神和对共产主义的坚定信仰极大地感动和影响着人

① 夏伟东：《中国共产党思想道德建设史略》，山东人民出版社 2006 年版，第 67 页。

② 王东维 、沙小亮:《延安时期中国共产党思想道德建设的历史经验》,《中国井冈山干部学院学报》2010 年第 5 期。

们。刘胡兰不怕牺牲，勇于奉献，从容走向敌人的铡刀而壮烈牺牲。艰苦奋斗几十年如一日的吴玉章，“革命第一，工作第一，他人第一”①的徐特立，等等，他们用自己的实际行动对高尚的道德情操进行了诠释，他们的先锋模范精神永远激励着后人。

3. 重视选树和宣传模范典型。

在革命战争时期，我们党十分注意选树先进模范典型，以引导不同时期开展的群众性运动向前发展。在开展生产竞赛的群众运动和整顿三风的教育运动中，树立了张思德、白求恩、吴玉章等一批先进道德模范，学习国际共产主义战士白求恩“毫不利己，专门利人”的道德情操，学习张思德为人民服务、勇于为人民利益献身的崇高精神。在抗日战争中，号召学习“狼牙山五壮士”的英雄壮举。在解放战争中，刘胡兰为革命不畏牺牲、勇于献身，成为无数少年崇拜和学习的榜样。为充分发挥先进模范典型的引导教育作用，我们党也采取多种形式对模范人物进行表彰宣传。一是通过贴大字报、写文章、出书籍、发报刊等形式进行文字宣传，如毛泽东撰写了著名的《纪念白求恩》《为人民服务》《愚公移山》三篇文章，号召人们学习白求恩、张思德的崇高精神与情操，努力成为“一个高尚的人，一个纯粹的人，一个有道德的人，一个脱离了低级趣味的人，一个有益于人民的人”②。刘胡兰牺牲后，延安《解放日报》《晋绥日报》等详细报道了她的英雄事迹，号召全体共产党员和解放区军民向刘胡兰学习，毛泽东更以“生的伟大，死的光荣”的题词来赞扬刘胡兰为党的事业而勇于献身的革命精神。二是通过电影、舞台剧等艺术形式展现道德模范人物的光辉形象，如延安电影团拍摄的新闻素材《白求恩大夫》，生动地表现出了白求恩对工作的严肃认真、对中国人民的满腔热情。三是通过建立纪念碑来表彰英雄壮举。1941 年，为表彰“狼牙山五壮士”的壮举，晋察冀军区在狼牙山主峰建了“三烈士纪念塔”。

峥嵘岁月，英雄辈出。“中国共产党以自己艰苦奋斗的经历，以几十万英勇党员和几万英勇干部的流血牺牲，在全民族几万万人中间起了伟

① 《毛泽东文集》第 1 卷，人民出版社 1993 年版，第 477 页。
② 《毛泽东选集》第 2 卷，人民出版社 1991 年版，第 660 页。

大的教育作用”[1]，并汇集成伟大的长征精神、鲁迅精神、延安精神、白求恩精神、愚公移山精神等优良传统，为中华民族的独立解放斗争提供了有力的精神支撑。

英雄模范：在争取民族解放与独立的艰苦战争中，从李大钊、瞿秋白，到方志敏、夏明翰，到杨靖宇、赵一曼、狼牙山五壮士，再到刘胡兰，等等，无数先进模范用生命谱写了一曲曲震撼心灵的英雄颂歌，成为后人敬仰和崇拜的英雄模范。伟大的马克思主义者、杰出的无产阶级革命家李大钊，是中国共产党的主要创始人之一，不仅对中国共产党的创建做出了重要贡献，还以其伟大的共产主义精神和崇高的个人道德风范，为世人树立了一个崇高的楷模。在抗击日寇的斗争中，杨靖宇率领东北抗日联军与日寇血战于白山黑水之间，最后他在冰天雪地、弹尽粮绝的紧急情况下，孤身一人与大量日寇周旋战斗几昼夜后壮烈牺牲。女共产党员赵一曼在与日寇殊死搏斗中身负重伤，不幸被俘后，面对日军的酷刑宁死不屈，英勇就义。五位八路军战士在河北易县的“反扫荡”战斗中，与敌人激烈战斗，宁死不屈，纵身跳下悬崖，表现了崇高的爱国主义、革命英雄主义精神和坚贞不屈的民族气节，被人民誉为“狼牙山五壮士”。刘胡兰自小便参加了村里的抗日儿童团，机智勇敢地为八路军站岗、放哨、送情报，解放战争中，她和党员一起发动群众斗地主、送公粮、做军鞋，动员青年报名参加解放军，在1947年国民党阎锡山军队和地主武装“复仇自卫队”的疯狂进攻中，刘胡兰因叛徒出卖而被捕，面对敌人的铡刀，她大义凛然，坚贞不屈，壮烈牺牲，年仅15岁。无数英雄模范们不畏牺牲的英雄事迹，受到了党和人民的高度赞扬。

道德楷模：“人总是要死的，但死的意义有不同。……为人民利益而死，就比泰山还重；替法西斯卖力，替剥削人民和压迫人民的人去死，就比鸿毛还轻。”[2]革命战争中，许多先锋模范人物和群体始终把党和人民的利益放在首位，爱党爱人民，无私奉献，高贵的道德情操为后人传颂。吴玉章从参加同盟会到参加中国共产党，从参加孙中山先生领导的旧民主主义革

---

① 《毛泽东选集》第1卷，人民出版社1991年版，第184—185页。

② 《毛泽东选集》第3卷，人民出版社1991年版，第1004页。

命到参加中国共产党领导的新民主主义革命，为民族解放和党的事业奋斗一生，“一贯地有益于广大群众，一贯地有益于青年，一贯地有益于革命，艰苦奋斗几十年如一日”。张思德对待革命工作认真负责，全心全意地干好每一件革命工作，在大生产运动中，他作为安塞县生产农场副队长，不怕苦、不怕累，带领战士们进安塞县山中烧木炭，当炭窑在雨中发生崩塌的危急时刻，张思德一把将战士小白推出窑口，自己却被埋在坍塌的土里，战友得救了，张思德却献出了年仅29岁的生命。在抗日战争和解放战争时期，斗争形势极为残酷，物质条件极端匮乏，沂蒙红嫂缝军衣、做军鞋、烙煎饼、救伤员、传情报、抬担架、送子送郎参军、抚育革命后代，涌现出了一大批为革命事业而英勇奋斗、无私奉献的优秀妇女群体，比如：用乳汁救伤员的“红嫂”明德英；掩护首长和战士、办地下托儿所、保护党的绝密文件的“沂蒙母亲”王换于；支前模范“沂蒙六姐妹”；站在冰冷的河水中肩扛门板搭成人桥的李桂芳；“谁第一个报名参军，我就嫁给谁”，把自己的婚姻幸福交给了革命的梁怀玉等。她们为了人民革命的胜利，无私奉献出一切力量。

三、新中国的道德模范建设

“伟大时代呼唤伟大精神，崇高事业需要榜样引领”①。中华人民共和国成立后，中国历史翻开了崭新的一页。中国共产党带领全国各族人民，与时俱进，扎实有效推进具有时代特色的道德模范建设，英雄模范、劳动模范等各种道德模范纷纷涌现。当今社会，道德模范的高尚精神，释放着巨大的正能量，体现了鲜活的价值观，必将为实现中华民族伟大复兴的中国梦而发挥重要引领作用。

（一）新中国成立后至改革开放前的道德模范建设

新中国成立后，党中央在全面开展社会主义改造和建设的过程中着重

① 《习近平谈治国理政》，外文出版社2015年版，第159页。

加强了思想道德建设，重点是以马克思列宁主义、毛泽东思想为指导，继承和发扬中国共产党、中华民族在历史上形成的优势和传统，并把这种优良传统转化为大干社会主义的热情以及为共产主义而奋斗的信念和自觉行动。在这一时期的思想道德建设中，重视将思想政治教育与道德典范建设有机结合起来，使道德模范建设成为道德建设的一条主线。

1. 全面开展思想道德教育。

新中国成立后，在全面进行社会主义改造和建设的过程中，在加强社会主义道德规范普及教育的基础上，着重开展了各条战线上的思想政治教育与道德创建活动。首先，倡导以“五爱”为主要内容的社会主义道德规范。1949 年，《中国人民政治协商会议共同纲领》中规定，提倡“爱祖国、爱人民、爱劳动、爱科学、爱护公共财产为中华人民共和国全体国民的公德”，《中华人民共和国宪法》也进行了明确规定，从此，“五爱”成为我国社会公德的基本规范，并在全社会大力宣传普及。其次，针对不同战线人群，以行业模范人物为榜样，开展思想政治教育与道德创建活动。“在工业战线上，引导广大职工以大庆石油工人为榜样，开展以创建五好企业、六好职工为内容的比学赶帮超活动；在广大农村，引导农民群众以大寨精神为动力，开展‘关怀后代，培养革命接班人，建设社会主义新农村，缩小三大差别’的社会主义道德教育活动”①；在广大青年中，引导知识青年以董加耕、邢燕子为榜样，到“祖国最需要的地方去”。

2. 重视开展向英雄道德模范人物学习的活动。

在思想道德建设中，党中央高度赞扬先进模范人物的榜样示范作用，称赞他们“在消灭敌人的斗争中，在恢复和发展工农业生产的斗争中，克服了很多的艰难困苦，表现了极大的勇敢、智慧和积极性”，赞扬他们“是全中华民族的模范人物，是推动各方面人民事业胜利前进的骨干，是人民政府的可靠支柱和人民政府联系广大群众的桥梁”②，号召全国人民向英雄模范看齐，开展全国性的向英模学习的活动。例如，1963 年 3 月 5 日，《人民日报》《光明日报》《解放军报》《中国青年报》等都刊登了毛泽东“向

① 程立涛：《毛泽东与新中国道德典范建设》，《高校理论战线》2005 年第 2 期。

② 《毛泽东文集》第 6 卷，人民出版社 1999 年版，第 95 页。

雷锋同志学习”的题词，紧接着，刘少奇、周恩来、朱德、邓小平、陈云等党和国家领导人也纷纷题词，由此开展了全国性的学雷锋运动。除了学雷锋，从新中国成立之初到20世纪70年代，学习英模人物、争优创先活动成为这一时期思想道德建设的主流。建国初期，以黄继光、邱少云、杨根思、罗盛教为代表的英雄模范人物成为全国人民学习的楷模，并由此掀起了新中国成立后第一次爱国主义高潮。20世纪60—70年代广泛开展了学习雷锋、“人民好干部”焦裕禄、“铁人”王进喜、舍己为人的解放军战士王杰、欧阳海、“南京路上好八连”等道德楷模的活动，同时还展开了向行业模范人物学习的热潮，工人学王进喜、农民学陈永贵、“上山下乡”的知青学邢燕子、纺织工业学郝建秀，全国各地形成了大规模的群众性道德创建活动和争创先进运动。这场学习热潮极大地激发了广大群众建设社会主义的积极性，推动了全社会良好道德风尚的形成，以榜样的力量感召着人们发扬自力更生、艰苦奋斗的精神来建设社会主义新中国。

3. 提炼总结道德典范精神。

道德模范人物带动了大规模的群众性道德创建活动，使得这一时期的道德模范人物一批一批地涌现。在这一过程中，通过对道德典范和群众道德实践经验的总结、概括、归纳与提炼，形成特色鲜明、内涵深刻的道德典范精神，并以此引领新的道德模范建设。总结雷锋事迹，学习雷锋精神，即公而忘私、全心全意为人民服务的奉献精神；在“人民的好干部”焦裕禄身上体现的是大公无私、忘我工作的精神以及与民同忧、为民解愁的公仆意识；“铁人精神”、大庆精神和大寨精神，体现着坚强斗争精神、创造精神和艰苦创业精神，等等。在道德模范精神的感召下，“在我国劳动人民中正成长出一种新的劳动态度和道德品质，它是劳动者所表现出的坚强斗争精神、创造精神和伟大智慧，这是我国社会主义事业胜利发展的无穷力量源泉”①。

4. 深度宣传道德模范人物。

采取各项措施深度宣传道德模范人物。一是召开全国道德模范会议。1950年9月召开全国战斗英雄和劳动模范代表会议，1959年10月召开全

① 《中国革命道德》（理论卷），中共中央党校出版社1999年版。

国工业交通基建财贸社会主义建设先进集体和先进生产者代表大会（群英会），极大地鼓舞了全国的劳动者。二是组织报告团到各地宣传道德模范人物事迹。例如建国初期，组织志愿军代表团到各地作报告宣传英雄模范人物舍生忘死、保家卫国的爱国主义精神。三是媒体集中、连续报道。媒体对道德模范先进人物采取大张旗鼓的、突出连续的宣传报道，比如从1964年11月19日新华社播发了关于焦裕禄事迹的通讯稿开始，《人民日报》《河南日报》等不断刊发关于学习焦裕禄精神的文章，尤其是1966年为了深入地、连续突出地宣传报道焦裕禄的事迹，根据当时宣传形势的需要，新华社河南分社暂迁兰考现场办公，其他新闻、出版、文艺单位也纷纷派记者、作家到兰考采访、报道，最多时达300多人。①四是以道德模范人物为原型创作文艺文学作品，许多感人事迹相继被写入或改编成小说、散文、戏剧、话剧、电影、连环画、年画等，并被编入中小学语文、思想品德教科书中。例如，《志愿军战斗故事》《伟大的国际主义战士》《抗美援朝歌集》等，反映了抗美援朝的伟大斗争，尤其是作家魏巍写的《谁是最可爱的人》，对全国人民产生了巨大的影响，教育和感染了几代人；歌曲《学习雷锋好榜样》《接过雷锋的枪》《唱支山歌给党听》《欧阳海之歌》《邢燕子歌》等一直传唱，电影《雷锋》、纪录片《光辉的榜样——毛主席的好学生焦裕禄》等文艺作品都深入人心。通过宣传这些道德模范典型人物的事迹，在全国上下掀起了向英模学习的热潮，形成了关心集体、热爱劳动、助人为乐、见义勇为、勤俭节约、艰苦奋斗、大公无私的社会主义道德风尚。

这一时期是榜样楷模辈出的时代。在英雄道德典范的影响和带动下，全国人民形成了大规模的群众性道德创建活动和争创先进运动，使人民群众学习典范的活动变成一种行动上的自觉追求，并在许多领域中涌现出众多学雷锋标兵和先进典型，可分为英雄模范人物、道德模范人物和行业模范人物等，在他们身上集中体现了爱国主义、集体主义和社会主义道德精神。

英雄模范：新中国成立后，中国人民志愿军中涌现出了以杨根思、黄继光、邱少云、罗盛教等为代表的英雄模范人物。杨根思面对敌人拉响炸药包，英勇牺牲；黄继光用自己的胸膛堵住敌人正在喷射火舌的枪眼，壮

① 《宣传报道焦裕禄的前前后后(1964—1966)》，《河南日报》2001年6月22日。

烈捐躯；身上着火的邱少云为了不暴露目标，以确保全体人员的安全和攻击任务的完成，任凭烈火烧焦头发和皮肉也一动不动，直至壮烈牺牲；罗盛教勇救落入冰窟中的朝鲜少年而英勇献身，等等。他们以勇敢、坚毅、顽强、无畏的英雄事迹成为全国人民崇敬、学习的楷模。蒙古族少女龙梅与玉荣姐妹俩，为保护集体的羊群，在狂风暴雪中迂回曲折地跟着羊群跑了一天一夜而被冻伤，其英雄行为被人们誉为“草原英雄小姐妹”，她们身上所展现的崇高的集体主义精神，深深地影响了全国人民。为保护他人的生命，欧阳海舍身推惊马，王杰毅然扑向炸药包，他们的英雄行为，实践了一不怕苦、二不怕死的革命精神，展示了踏踏实实、埋头苦干、热爱祖国、热爱人民的高尚品德。

全心全意为人民服务典范：全心全意为人民服务是我们党的根本宗旨，许多模范人物都在工作和生活中坚定地实践着“把有限的生命投入到无限的为人民服务之中去”的人生价值追求，成为全国人民学习的光辉榜样。伟大的共产主义战士雷锋，以甘当“螺丝钉”的精神，干一行、爱一行、钻一行，在平凡的岗位上做出了不平凡的事迹，关心战友，关心群众，助人为乐，做了好事不留姓名，其高尚的道德情操深深地影响和激励了几代人，是全心全意为人民服务的道德模范。焦裕禄任河南省兰考县县委书记时，带领全县人民封沙、治水、改地，在一年多的时间里，跑遍了全县 140 多个大队中的 120 多个，为改变兰考的面貌而努力工作，直到病逝。焦裕禄是全心全意为人民服务的好公仆的典型代表，他的一生是为党的工作而努力奋斗的一生。清洁工人时传祥，竭尽全力带领环卫工人为北京市民服务，提出“工作无贵贱，行业无尊卑；宁愿一人脏，换来万人净”的口号，把淘粪当成十分光荣的劳动，以身作则，热爱本职工作，任劳任怨，全心全意为人民服务。

艰苦奋斗典范：艰苦奋斗是我们党的优良传统。新中国成立后，尽管我国经济条件有明显改善，人们的生活水平得到提高，然而毛泽东、周恩来、刘少奇等党和国家领导人依然带头过俭朴的生活，经常教育子女和身边的工作人员保持艰苦朴素作风。在社会主义改造和建设过程中，全国人民发扬自力更生精神，同心同德、艰苦奋斗，在各条战线上涌现出大量劳动模范人物，主要代表有王进喜、陈永贵、邢燕子、郝建秀等优秀个人，也有大庆、大寨、“南京路上好八连”等先进群体典型。王进喜作为新中国第一代钻井工人，曾带领钻井队创造了当时月钻井进尺的全国最高纪录，荣获“钢铁钻井队”称号，并率队从玉门到大庆参加石油大会战，发扬“宁可少活 20 年，拼命也要拿下大油田”的忘我拼搏精神，不顾腿伤跳进泥浆池，用身体搅拌泥浆压井喷，被誉为“铁人”，成为中国石油工人的光辉典范。王进喜所体现出来的铁人精神，成为中国工人阶级精神的重要内容。陈永贵在环境非常恶劣的大寨村带领农民艰苦创业，从山下用扁担挑土上山造田，改善了当地人民的生活。邢燕子扎根农村，发奋图强，带领“邢燕子突击队”大办农业、建设农村，激励了广大青年。纺织工人郝建秀在纺织工作中钻研技术、降低成本，增加产量，促进了企业增产增效。他们以自己的模范精神和榜样力量，影响了各条战线上的劳动者，为社会主义建设发挥了先锋带头作用。

这一时期涌现出的道德楷模，对广大群众产生了巨大的激励、鼓舞和凝聚作用，在持续不断的大规模群众性道德创建活动中，全国各条战线上涌现出大批雷锋式、焦裕禄式、铁人式的英雄模范人物，推进了社会主义道德的建设，形成了良好的社会风气，鼓舞和激励全国人民战胜了各种自然灾害，各项事业都取得了历史性的发展和进步。

（二）改革开放以来的道德模范建设

改革开放以来，在全面推进物质文明建设的同时，社会主义精神文明建设进入了全面发展的时期，社会主义精神文明理论体系逐渐形成，并在实践中不断发展完善。在这一过程中，社会主义道德建设作为精神文明建设的重要内容，不断深入发展，而充分发挥道德榜样示范的作用是道德建设的重要内容。党的十七大报告指出：“发挥道德模范榜样作用，引导人们自觉履行法定义务、社会责任、家庭责任。”党的十八大又提出：“深化群众性精神文明创建活动，广泛开展志愿服务，推动学雷锋活动、学习宣传道德模范常态化”。随着社会主义道德建设的深入推进，对道德模范的培育、选树工作更加深入更加广泛，不断掀起学习宣传道德楷模、先锋模范人物的高潮，以道德模范的影响力、感染力、召唤力带动了更多的干部群众争当榜样、赶超先进，有力地推动了社会主义道德和精神文明建设。

1. 深入推进社会主义精神文明建设。

这一时期，随着社会主义精神文明建设理论的不断成熟和日渐丰富，道德建设在精神文明建设实践中也不断发展。1979 年 9 月，党的十一届四中全会明确提出，在建设高度的物质文明的同时，要建设高度的社会主义精神文明，并把建设社会主义精神文明确定为社会主义现代化的重要目标。1986 年，党的十二届六中全会通过的《中共中央关于社会主义精神文明建设指导方针的决议》是新的历史时期加强我国社会主义精神文明建设的第一个纲领性文件，将道德建设作为社会主义精神文明建设的重要内容，大大推动了社会主义道德建设。1996 年，党的十四届六中全会通过了《中共中央关于加强社会主义精神文明建设若干重要问题的决议》，提出了今后 15 年精神文明建设的奋斗目标，要把“实现以思想道德修养、科学教育水平、民主法制观念为主要内容的公民素质的显著提高”作为精神文明建设的重要目标之一，并把道德建设作为完善社会主义市场经济体制的重大要求。2006 年，党的十六届六中全会通过的《中共中央关于构建社会主义和谐社会若干重大问题的决定》明确指出，要“坚持把社会主义核心价值体系融入国民教育和精神文明建设全过程”，“树立社会主义荣辱观，培育文明道德风尚”。2012 年，党的十八大提出，“倡导富强、民主、文明、和谐，倡导自由、平等、公正、法治，倡导爱国、敬业、诚信、友善，积极培育和践行社会主义核心价值观”。2013 年，党的十八届三中全会再次强调指出要“培育和践行社会主义核心价值观”。培育和践行社会主义核心价值观，努力建设中华民族的共有精神家园，推动形成奋发向上、崇德向善的强大力量①，这极大地推动了社会主义道德培育和建设，形成了争当时代先锋、社会楷模的良好社会风气。

2. 明确道德规范，倡导良好风尚。

在社会主义道德实践中，紧紧围绕建设有中国特色社会主义的目标，在继承中华优秀传统道德的基础上，与时俱进，对公民道德规范提出了具体要求。1982 年全国人大五届五次会议对“五爱”公德规范进行了修改，将“爱护公共财产”发展为“爱社会主义”，明确提出社会主义道德

---

① 刘云山：《着力培育和践行社会主义核心价值观》，《求是》2014 年第 2 期。

的基本要求，是“爱祖国、爱人民、爱劳动、爱科学、爱社会主义”。2001年，在颁布的《公民道德建设实施纲要》中，在强调把“五爱”作为公民道德建设的基本要求之外，还提出要在全社会大力倡导“爱国守法、明礼诚信、团结友善、勤俭节约、敬业奉献”①的“二十字”基本道德规范。2006年，我们党在继承和发展“五爱”和“二十字”基本道德规范的基础上，在全社会大力倡导以“八荣八耻”为主要内容的社会主义荣辱观，要“坚持以热爱祖国为荣、以危害祖国为耻，以服务人民为荣、以背离人民为耻，以崇尚科学为荣、以愚昧无知为耻，以辛勤劳动为荣、以好逸恶劳为耻，以团结互助为荣、以损人利己为耻，以诚实守信为荣、以见利忘义为耻，以遵纪守法为荣、以违法乱纪为耻，以艰苦奋斗为荣、以骄奢淫逸为耻”②。2012年，党的十八大提出社会主义核心价值观“三个倡导”，从国家、社会、公民三个层面对人们提出了具体的价值导向，完善了道德建设理论。从“五爱”公德规范到“二十字”基本道德规范，到以“八荣八耻”为主要内容的社会主义荣辱观，再到“二十四”字社会主义核心价值观，不但概括、提炼和发展了社会主义道德基本规范，顺应了广大人民群众对良好社会道德和风气的强烈愿望，涵括的内容越来越丰富，导向性越来越明确，大大推动了社会主义道德建设。

3. 开展道德模范学习系列活动。

这一时期，学习英模人物活动逐渐系列化，从城市到农村，学习活动高潮迭起，文明创建活动不断深入。1983年，在开展“五讲四美三热爱”活动和“全民文明礼貌月”活动的基础上，在全国普遍开展“三优一学”活动，即搞好优质服务、建立优良秩序、创造优美环境、学雷锋等先进人物活动。在此期间，全国掀起了学习张海迪、朱伯儒、蒋筑英、陈景润等模范人物、华山抢险英雄集体的高潮。20世纪90年代，为了克服新形势下出现的思想观念、价值取向等方面的消极现象，弘扬优秀民族精神及共产主义精神，全国又广泛开展了以学雷锋、王铁人、焦裕禄、赖宁等为中心内容的“学先进、讲奉献、树新风”活动。从1995年开始，全国各地

---

① 《十五大以来重要文献选编》(下)，人民出版社2003年版，第1982页。

② 《十六大以来重要文献选编》(下)，中央文献出版社2008年版，第317页。

广泛开展了“三学”活动，之后又推出“树优评先”活动，各级部门注意结合工作实际，吸引群众广泛参与，向身边的优秀先进人物学习，在党员干部中开展评选“廉洁勤政模范”“优秀共产党员”活动，在妇女中开展评选“三八红旗手”“建功立业巾帼英雄”活动，在青少年中开展争当“优秀团员”“青年突击手”活动、青年文明号活动，在农村开展评选“十星级文明户”活动，在城市开展“创优良秩序、优美环境、优质服务、争当文明市民”、评选“十佳文明单位”“十佳文明市民”活动，在行业部门中广泛开展“人人是形象”的文明创建活动等，活动中，将学习“当代保尔”朱彦夫、徐虎、李素丽、徐洪刚、山东小鸭集团的书记大姐李淑敏等英雄模范人物与张家港市、济南交警等先进典型，同学习本地区、本系统、本单位的先进人物结合起来，取得了良好的成效。近年来，学习全国道德模范活动高潮迭起，有序开展了新中国成立以来规模最大、规格最高、选拔最广、反响最强的道德模范评选活动——全国公民道德模范评选，开展了形式多样的活动如“做一个有道德的人”“迎奥运讲文明树新风”志愿服务活动等，深入开展了学习杨利伟、任长霞、丛飞、孟二冬、孟祥斌等英雄模范人物、“最美人物”、学雷锋实践活动和社会志愿服务等活动，全国上下兴起了学习道德模范、崇尚道德模范、争当道德模范的新热潮。通过系列学习活动，形成了级级抓典型、行行出典型、层层有典型、人人学典型、典型系列化的良好局面。

4. 创新道德模范评树方式。

这一时期，更加注重发现“凡人善举”，更加注重选树群众身边的道德模范。因此，在道德模范评选树立方式上更加注重群众参与。其一，评选公开进行，由群众评选。2008年以来，全国道德模范、“双百”人物评选、“中国好人”等道德模范和先进典型的评选活动，都在广泛宣传发动的基础上，由群众推荐产生候选人，在当地、全国的新闻单位和网站公示，接受群众投票，征求群众意见。例如，自2008年5月始，全国广泛组织开展“我推荐、我评议身边好人”活动，每月选出一期“中国好人榜”，对好人事迹进行为期一个月的网上集中展示、评议和投票，每月共计评选出100位“中国好人榜”好人，广大群众在查看好人事迹、参加投票的过程中，情感得到共鸣，心灵受到洗礼，从而使先进典型的评选活动成为自我学习、自我教育、自我提高的过程。其二，创设道德模范主题发现活动，让群众发现更多的“身边好人”和“最美”人物。以“我推荐、我评议身边好人”活动和“最美”系列人物为代表的主题活动，发动广大群众，在熟悉的人群中推举好人，在日常生活中发现好事，使更多的基层百姓逐渐升格为标杆式的“最美人物”和时代典型，如“最美司机”吴斌、“最美女教师”张丽莉、“最美女孩”刁娜等。这些随时随地的评选活动，为全国道德模范评选发掘出了更丰富的先进事迹，也使道德模范经历平凡中见伟大，更加可亲、可敬、可学。其三，模范典型系列化。在学习宣传日常工作、生活中涌现出来的各类先进典型的同时，在培育和选树道德模范的过程中，重视将先进性与广泛性有机结合，进一步丰富了道德模范典型。近些年来，中央有关部门先后推出了精神文明建设先进个人、道德模范、英雄少年、“榜样少年”、“双百”人物、“中国好人”、“最美人物”、“感动中国人物”等先进模范类型的评选活动，并在具体活动中又细分类别，如在全国道德模范和“中国好人”的评选中，将道德模范分为助人为乐、见义勇为、敬业奉献、孝老爱亲、诚实守信五类，使道德模范典型选树活动更加贴近群众生活。

5. 强化舆论宣传。

为扩大先进典型的社会影响，使典型的先进事迹家喻户晓、人人皆知，通过多种渠道、运用多种形式，对先进典型大张旗鼓地进行宣传，使他们在报刊、讲坛、舞台、屏幕上成为“主角”，成为众口皆碑的“名角”，成为人民群众竞相学习和仿效的榜样。各地对先进典型的宣传，主要采取了四种形式：其一是以党委、政府的名义召开学习动员大会，做出学习决定。例如，在学习孔繁森的活动中，1995 年 1 月 9 日山东省委、省政府率先做出《关于开展向孔繁森同志学习活动的决定》，号召全省干部向孔繁森同志学习，并在全国最早出版发行了《新时期党员干部的楷模——记山东省援藏干部孔繁森》一书，组织新闻采访团到西藏各地采访孔繁森事迹，各地报刊发表数十篇宣传和反映孔繁森事迹的文章，山东的宣传活动引起中央的高度重视，党和国家领导人先后在报刊题词“向孔繁森同志学习”，全国范围内自此掀起宣传学习孔繁森精神的热潮。①其二是广泛开展道德模范

① 《山东年鉴》编辑部：《山东年鉴 1996》，第 122 页。

下基层巡讲、网上巡讲、现场交流活动，举办先进事迹展览会等。例如，举办“全国道德模范与身边好人现场交流活动”，由中国文明网图文视频直播，通过面对面的现场对话、浓缩精编的事迹短片、网络连线互动等形式，生动展现全国道德模范和身边好人的感人事迹，让现场观众和网友感受好人精神。其三是新闻、出版、文化等部门紧密配合，运用多种手段，组织战役性评选和宣传。例如，中国文明网以“道德模范”频道和“身边好人”栏目为抓手，不断整合官方资源，培育出《中国好人小传》《身边好人影像馆》《中国好德行》《道德90后》《i拍德》《Ta最美》《爱心平台》等一批有影响力的道德专栏，逐步建设成正能量传播的网络主阵地。其四，将评选活动与表彰活动有机结合，使广大群众在参与道德模范评选过程中了解先进模范人物事迹、学习和传扬楷模精神。例如，2009年中央11个部门联合组织开展了“双百”人物评选，由群众评选出“100位为新中国成立作出突出贡献的英雄模范人物和100位新中国成立以来感动中国人物”，这次评选表彰活动，以英雄模范为主线，以弘扬崇高精神为导向，“不仅见人物、见历史，而且见思想、见精神，是一次英雄模范先进事迹的全面展示，是一次英雄模范崇高精神的广泛传播”①。各种形式结合运用，优势互补，形成声势，增强了宣传的效果。

6. 丰富表彰奖励形式。

对道德模范人物进行大张旗鼓地表彰。在表彰形式上，一是采用传统的党和国家领导人接见，参加国家重要节庆活动等；二是采用文艺晚会形式的颁奖典礼，通过电视、网络直播的形式，使道德模范的动人事迹走进千家万户。在奖励形式上，除了采用传统的精神鼓励如授予荣誉称号等外，还在物质上给予帮助，使好人有好报。2007年，中央文明办设立了“全国道德模范扶困专项资金”，对生活困难的道德模范给予重点帮助，各地也都在学习、就业、生活等方面给予道德模范以一定的照顾，切实解决好他们个人、家庭生活诸方面的实际困难，解除其后顾之忧。

改革开放以来，随着社会主义市场经济的发展，在人们生活富裕的同时，道德领域也出现了一些诸如诚信缺失、道德失范等问题，而群众性道德模范

---

① 李长春：《在“双百”人物代表座谈会上的讲话》，《光明日报》2009年9月15日。

建设对形成良好社会风尚具有重要的推动作用。这一时期，通过评选褒奖群众身边的“平民英雄”，推崇“凡人善举”，引导人们见贤思齐，争先创优。

英雄模范：在社会主义现代化建设中依然英雄辈出。英雄模范人物们用自己的青春和热血演绎出一个个动人事迹，他们热爱祖国、崇尚科学、勇于创新、为国奉献；当国家和人民遇到危难时，他们挺身而出，勇于担当；当个人遇到困难时，他们英勇坚韧，顽强不屈。改革开放以来，不仅涌现出张海迪、朱彦夫、徐洪刚、孟祥斌、“最美司机”吴斌、“最美女教师”张丽莉等英雄模范人物，还塑造和形成了艰苦奋斗、排除万难的“沂蒙精神”“胜利精神”“航天精神”，还在抗击低温雨雪冰冻灾害、抗震救灾重大事件中涌现出大批英雄集体，形成了伟大的“抗洪精神”“抗震精神”等。例如，山东援藏干部孔繁森在极端艰苦的条件下不畏艰险、坚忍不拔、甘于吃苦、鞠躬尽瘁的精神，体现着共产党人全心全意为人民服务的宗旨。徐洪刚、孟祥斌、“最美司机”吴斌等在他人生命遇到危险的时刻，不顾自身安危舍己救人。以杨利伟等人为代表的航天人发扬“特别能吃苦、特别能战斗、特别能攻关、特别能奉献”的航天精神，在世界尖端科技领域的艰难征程中创造了一个又一个辉煌成果。

道德模范：改革开放以来，我们党弘扬中华传统美德，培育时代新风，中华大地涌现出一大批道德模范、最美人物，“或充满爱心、助人为乐，或见义勇为、舍生忘死，或诚实守信、坚守正道，或敬业奉献、虔诚勤勉，或孝老爱亲、血脉情深”[①]。道德模范人物的高尚品德，温暖了人心，感动了中国，为全社会树立了榜样。例如，助人为乐模范、辽宁鞍钢集团的普通工人郭明义，在自己家里生活并不富裕的情况下，15 年里每天提前 2 小时上班，16 年间为失学儿童、受灾群众捐款 12 万元，20 年来 55 次无偿献血，挽救了数十人的生命，被誉为“爱心使者”“雷锋传人”。山东省青州市东夏镇双庙村农民郭庆刚真诚待人，实心做事，即使遇到困难，仍坚持信守承诺，在其合伙人带着 100 余万元货款消失、面对 120 万元的巨额债务时，毅然选择了独自扛起所有债务，并承诺所有欠款人，一定一分也不少地把钱退给大家。“微尘”作为一个不留姓名无私援助公益事业的爱心群体，在印度洋海啸、湖南水灾、

① 《习近平谈治国理政》，外文出版社 2015 年版，第 158 页。

喀什地震以及非典时期数次向灾区捐款，多次救助贫困患病儿童和福利院孤儿，在它的感召下，越来越多的人热心公益、无私奉献、关爱他人。北京公交公司职员李素丽在多年的公交乘务工作中，岗位做奉献，服务为他人，争创公交服务品牌，用真情架起了一座与乘客相互理解的桥梁。此外，郑培民、牛玉儒、许振超、王乐义、任长霞、宋鱼水等用责任、恪守、奉献，向人们展示了其作为道德模范人物的人格魅力和敬业精神。

青少年楷模："自古英雄出少年"，这一时期涌现出了许多青少年道德模范。他们中有扎根农村的创业者，有自强不息的生活强者，有不顾个人安危的勇敢少年，还有斗志昂扬、奋发有为的青年。20世纪80年代，张海迪在残酷的命运挑战面前，怀着"活着就要做个对社会有益的人"的信念，以保尔为榜样，以顽强的毅力与疾病作斗争，以非凡的毅力坚持自学成才，自强不息，并服务社会，奉献人民，被誉为"中国的保尔""八十年代新雷锋"，成为当时全国青少年学习的榜样。解放军第四军医大学学生张华因跳入化粪池营救一位不慎落入池中的老农而献出了自己宝贵的生命，成为当代青年的典范。20世纪90年代，英雄少年赖宁，英勇顽强，不顾个人安危投入保护国有林的救火战斗中而牺牲，被授予"英雄少年"和"全国十佳少年队员"荣誉称号。2003年，徐本禹从华中农业大学毕业后去生活和工作条件十分艰苦的贵州大方县为民小学义务支教两年，帮助110多名贫困家庭的孩子拿起了课本，以实际行动为改变当地贫穷落后的状况贡献力量，后又前往津巴布韦支教1年。志愿者莫锋，2003年从北京大学医学部毕业后毅然放弃到深圳工作的机会，第一个报名参加共青团中央等组织的大学生志愿服务西部计划，到内蒙古巴林右旗卫生防疫站从事志愿服务，并在服务期结束后留在了大草原工作。他们都是广大青少年学习的榜样，他们身上所展现出来的助人为乐、见义勇为、自强不息、勇于担当的高尚情操和品德，对广大青少年起到了巨大的鼓舞激励作用。

改革开放以来，我们国家对先进模范典型的宣传和学习不断掀起高潮，并产生了巨大的带动作用，尤其是具有重大感染力、说服力和凝聚力的道德模范典型充分发挥了榜样示范作用和导向作用，使崇高的时代精神得到弘扬，社会风气得到明显改善。

第三章　国外道德模范建设的经验借鉴

思想道德作为人类社会意识形态的重要组成部分，客观地存在于社会生活的各个角落，对人类社会的发展和进步产生着巨大的推动作用。世界各国都非常重视道德模范建设的社会功能和重要作用，并且形成了一系列行之有效的道德模范教育模式和实践的宝贵经验。

一、国外道德模范建设的主要做法

西方发达国家十分重视道德模范的榜样引领和教育带动作用。国外虽然没有使用“道德模范”之类的概念，但对榜样教育和道德教育同样给予了高度重视，而且形成了理论与实践的体系。正如德国古典哲学家康德认为的那样，榜样把道德法则“所规定的东西变成可行的、无可怀疑的。它们把实践规则以较一般的方式表示出来的东西，变成看得见、摸得着的”。道德榜样把道德法则的抽象规定，通过具体的形象活动展示出来，使得人们能够感受到道德法则的可行性或实践性。因此，道德榜样具有感染功能，能够激励或鼓舞人们模仿道德榜样的行为，从而去做符合道德规范的事情。

（一）道德榜样的广泛性特征明显

在国外，与中国语境中“道德模范”相对应的概念是“榜样”，而且一般而言的“榜样”，并不特指“道德榜样”。因为，一切具有正面价值的榜样都具有道德的崇高性或崇高的道德价值，因此在这个意义上可以说，“道德性”是一切榜样的共同价值。前苏联学者伊·谢·康主编的《伦理学辞典》对“榜样”的定义就是：在“道德上主动精神的一种形式，表现为一个人（一群人或集体）的举动变成其他人行为的楷模……它不仅激励别人仿效自己，而且向别人提供现成的活动方式，这种活动方式后来普及于其他人，变成许多人的行为规范”①。道德模范在国外多表现为“英雄”，但英雄之为英雄，也往往是因其具有崇高的道德价值。英雄概括来说，就是伟大人格，也即永恒价值的代表者或实现者。永恒价值乃指真善美的价值而言，能够代表或实现真善美的人就可以叫作英雄。英雄的概念在美国无孔不入，随处可见。在华盛顿的中心位置建有朝鲜战争纪念碑和越南战争纪念碑。这两个纪念碑，没有任何对战争始末做叙述和成败评价的文字，也没有任何纪念性的文字，只有国旗、雕塑、数字、黑色大理石和几个简洁的文字，这其中蕴含的是英雄的精神。站在被美国人称为“黑色伤痕”的这两个纪念碑前，每个参观者的心灵都会有所触动，如何认识历史、自由、战争和生命，一切尽在感悟之中。

（二）政府主导道德教育并强化道德榜样的作用

西方国家非常注重通过道德模范的成就教育和西方文明史等历史教育，为本国公民特别是青年人群培育民族优越感和自豪感。美国虽然只有几百年的历史，但以法律形式明文规定，各级各类学校都必须开设美国历史课程，并有意识地引导学生阅读英雄人物的事迹，在事实的叙述和故事的讲授以及幽默的语言中，受教育者很容易接受其基本的价值观。当这些英雄人物的事迹通过学校、社区和媒体等反复传播时，就会逐渐成为青少年的道德榜样并被模仿。这种宣传和模仿又会受到美国社会的赞赏和奖励，结果便是对模仿行为的直接强化。美国学生在学习的过程中还须背诵“忠于这个国家，保卫这个国家”，“愿上帝保佑这个国家”等誓词，以激发学生的爱国热情，树立为国家而奋斗的信念。②美国的许多城市、道路、林地、

① 钟明华、任剑涛、李萍：《走向开放的道德》，中山大学出版社 1994 年版，第 277 页。

② 李冬梅：《中外道德教育的比较及启示》，《河北学刊》2002 年第 4 期。

公司、机场、学校、纪念堂、节日等，都以林肯、华盛顿、杰斐逊等美国历史上的英雄人物命名，使置身其中的人无时无刻不在接受无形的“美国精神”的教育。这种方式其实不过是美国学校中广泛采用的讨论法和故事法的延伸。美国首都华盛顿，几乎就是一个巨大的思想政治教育博物馆，这里的每一个纪念性的建筑物都是爱国主义教育的活教材，全城仅纪念建筑物、纪念碑和雕像等就有100多处，都与美国的历史和文明有关。华盛顿纪念馆、林肯纪念馆、杰斐逊纪念堂、罗斯福纪念馆、独立纪念碑、国会大厦、总统官邸白宫、约翰·肯尼迪中心、福特戏院（林肯遇刺处）、国会图书馆、航空航天博物馆、印地安博物馆等，全部免费开放，[①]它们有的是政府投资建设，更多的是由各种基金会设立，这些文化空间为市民的思想道德建设起到了潜移默化的作用。

在韩国传统道德的现代转型中，韩国政府起到了积极的推动作用。随着韩国政府大力推行外向型经济发展战略，积极对外开放，促进了东西方文化的进一步融合，同时加强了学校道德教育、社会道德教育和家庭道德教育，逐步实现了传统道德的现代转型，形成了具有民族特点的新伦理道德体系。如韩国政府于1969年1月，先后颁布了《家庭礼仪准则》《公职人员伦理法》等，强调人们应用伦理精神，为国家献身和忠诚，对国家正直和侍奉，应献出创意和责任，在单位应有敬意和信赖，在生活上应做到清廉和守秩序。实施系统的道德教育，是韩国政府发挥主导作用的一个重要手段。二战结束至20世纪90年代初期，韩国政府针对各类普通学校的课程先后进行了多次改革，而每一次改革都十分重视对青少年的道德教育和“国民精神”教育。[②]新加坡政府在道德转型中，起着重要的主导性作用。1991年1月4日，新加坡内阁向国会提供了一份共同价值观的白皮书，即“国家至上，社会为先”“家庭为根，社会为本”“关怀扶持，同舟共济’“求同存异，协商共识”“种族和谐，宗教宽容”。这五大价值观是新加坡在价值观问题上的新的凝炼和新的表述，这一套价值观的制定、推行和实施，为新加坡的精神文明建设提供了伦理上的原则支持，同时又是建国后新加坡伦理思想的延伸、丰富

① 赵康太：《试论美国思想政治教育的社会化、具象化和实践化路径》，《思想理论教育导刊》2007年第4期。

② 秦英君：《东西方道德的转型与比较》，首都师范大学出版社1993年版。

和发展。

（三）深入挖掘道德榜样的社会作用机制

国外学者非常重视道德模范、道德榜样或道德楷模的作用，并将之视为开展道德教育的重要途径，深入探讨道德模范的生成机制。国外对于道德榜样的研究主要是从教育学、社会学和心理学的角度来进行的，其中班杜拉的社会学习理论对于榜样的研究最具代表性。班杜拉采用社会学习理论对道德榜样的作用机制进行研究，他认为人的行为是个人、环境和行为三者相互影响、相互决定的结果。个体在观察学习时对社会情境中某个人或团体的行为进行学习的过程，被称为模仿，模仿的对象可分为榜样和偶像，榜样多是家长、教师、伙伴、大众传媒、学校环境给学生树立的，偶像则是指学生主动寻求的模仿对象。学习者通过观察他人行为的结果是受到强化还是惩罚，不必自己直接做出反应并亲自体验其结果，也可以学习。人类的大多数行为是通过榜样的作用而习得的：个人通过观察他人行为会形成怎样从事某些新行为的观念，并在以后用这种编码信息指导行动。因此观察者获得的实质上是榜样活动的符号表征，并依此作为以后适当行为的指南。观察学习是一个连续的心理活动过程，它包括四个过程，即注意过程、保持过程、动作再现过程和动机过程。

国外有些专家以自我形象为桥梁，借助对目标实现的过程的研究，探讨个体和榜样的关系，对个体的因素进行了更细化的研究。比如，Staple & Koomen 界定了两种不同的榜样：正面和负面角色榜样。[①]James 在其一项有关人类自动性的研究中发现，一些被称为榜样的优秀人物的形象的呈现会自动地影响个体的目标获得。优秀的形象的呈现，能赋予个体新的目标，这种影响可以从工作上的坚持性和行为表现中观测出来。[②]Penelope Lockwood 认为，正面和负面的榜样对人们的激励作用有赖于当时人们所追寻的目标，只有个体所要追逐的目标和自己所面对

---

① Staple，D.A.，&Koomen，W.I.（2001）。We and the effects of others on me: How self-construal level moderates social comparison effects。Journal of personality and social psychology，80:766-786。

② James Shah.（2003）。The motional looking glass: how significant others implicitly affect goal appraisals。Journal of personality and social psychology，85（3）:424-429。

的榜样一致的时候，榜样对于个体才能够产生激励作用，推动个体完成作业，并付出更大的努力。更为有趣的是，如果个体所面临的榜样与其所需要的榜样性质不一致时，这种榜样不但不能够对个体有所激励，反而会对个体任务的完成有所阻碍，不利于个体绩效的获得。①心理学的研究表明，个体在提升和回避目标的选择上也存在着明显的个体差异，也就是说，不同的人对于不同的目标存在着选择偏向。②当然，这些目标并不仅仅是获得自己想要的结果，也可以是避免不希望的结果。当个体在追逐成功时，正面角色榜样对他们具有激励性，而当我们回避某些不好的后果时，他们则对那些负面角色最为敏感，且从那里获得最大的激励。③但是，Lookwood 和 Ziva　kunda 研究发现：当个体接近自己的目标时，个体的抱负水平却降低了，最好自我形象的呈现降低了榜样的激励力量。④当具有趋进式目标的个体遇到消极榜样时，对未来理想自我形象的想象受到了阻碍，从而使得个体对美好未来追求的渴望下降，导致个体的动机水平同时下降。当具有回避式目标的个体遇到积极榜样时，也会因为两者关注目标上的不一致，也就是积极榜样所展示的未来的自我形象与个体的现实自我形象之间的差距太大，这样的自我对于自己来说是很难实现和达到的，因此产生挫败感而降低个体的动机水平。⑤具有趋进式目标的个体，总是努力追求理想结果的出现，这一点与积极榜样是一致的，因此积极榜样对具有趋进式目标的个体具有激励作用。具有回避式目标的个体，总是努力回避消极结果的发生，这一点与消极榜样也是一致的，因此具有回避式目标的个体的动机水平也得到提升。但是，

---

① Penelope Lockwood，&Christian H.Jordan and Ziva Kunda.（2002）。Motivation by Positive or Negative Role Models: Regulatory Focus Determines Who Will Best Inspire Us，Journal of personality and social psychology，83（4）:854–864。

② Lee,A.Y.，Aaker，J.L.，&Gardner，W.L.（2000）。The pleasures and pains of distinct self-construal: The role of interdependence in regulatory focus。Journal of personality and social psychology，78:1122–1134。

③ Mcmullen，M.N.，&Markman，K.D.（2001）。Downward counterfactuals and motivation: The wake-up call and the Pangloss effect。Personality and social psychology bullentin，21:1151–1160。

④ Locklood，P.，&Kunda，Z.（1999）。Salience of best selves undermines inspiration by outstanding role models。Journal of personality and social psychology，76:214–228。

⑤ Locklood，P.，&Kunda，Z.（1997）。Superstars and me: Predicting the impact of role models on the self。Journal of personality and social psychology，73:91–103。

当榜样所鼓励的策略与个体所关注的目标不一致时，会降低个体的动机水平。不匹配的榜样会扰乱个体习惯上使用的策略，而不能够让榜样采纳自己喜欢的策略。[①]美国波士顿大学教授凯文·瑞安（Kevin Ryan）在总结了二战后美国道德教育的得失后，提出了五个“E”的多元道德教育模式，即“榜样”(example)、“解释”(explaination)、“劝诫”(exhortation)、“环境”（environment）和“体验”（experience）五个方面，认为通过树立道德榜样对青少年进行道德教育至关重要。

二、国外道德模范建设的措施经验

（一）以道德模范引领合格的公民培养

当今世界的很多国家把道德教育与法制建设结合起来，认为道德教育的目的就是要培养青少年自觉遵纪守法的观念和行为，青少年道德建设的最低限度就是培养符合本国政治法律制度需求的合格公民。美、英、法、德、瑞士、新加坡等国都设置了公民教育课，为青少年的公民教育打下基础。美国大力宣扬所谓“美国精神”，以“美国精神”作为衡量合格公民的重要标准，处处宣扬作为美国公民的自豪感和荣耀感。法国的德育教育以“人权”为核心，从育儿学校开始就进行公民民主权利的启蒙教育，道德教育的最终目标是把青少年培养成理想的社会公民。日本学校的德育建设始终贯穿“大和魂”的民族精神，道德教育中强调忠孝，目的是培养具有纯正爱国心、优良国民性的日本国民。新加坡教育部课程发展署成立了《好公民》教材组，强调东方价值观的培养，小学各年级均使用此教材，中学也依据《新公民道德课程的草拟大纲》推行公民道德教育。立足民族精神进行道德模范教育，国外一些国家已经取得良好的社会效果，值得我们借鉴。

① Norem.J.K.，&Cantors N.（1986）。Defensive pessimism: Harnessing anxiety as motivation the wake-up call and the pangloss effect。Personality and social personality psychology，51:1208-1217。

（二）道德教育以健全的人格力量为内容

21 世纪人才的主要特征是有理想和责任感、自立精神、坚强意志和良好的环境适应能力、心理承受能力。道德、伦理、价值观被列为 21 世纪人类面临的第一个挑战，因此当今世界各国除普遍重视爱国主义教育、法制教育和价值观教育外，更重视健全的人格教育。美国重视健康人格的塑造，个人的独立、平等、自由意识、乐观进取精神、良好的人际关系和心理品质被认为是健康人格的重要表现。德国特别重视人格教育，教育家鲍勒夫提倡进行负责任、坦诚、正直、同情他人、乐于助人、尊重他人的个人品德交友。贝尔认为，“名副其实的教育，在本质上就是品格教育”，塑造人格远比传授知识和技能重要。韩国政府提出要通过道德教育真正改变国民消极、落后的恶习，唤醒人们“实现自我”“完善人格”的意识，培养 21 世纪社会的具有主体精神、创造精神和有道德的韩国人。日本提出完善的评价人格的要素，在《所期望的人》报告中，系统阐明了 16 项人格特征，其中包含道德、伦理、心理等，认为人要自由地发展个性，锐意振作，有坚强的意志力，有小心、谨慎的意识。

（三）道德教育采用科学有效模式

国外的道德教育形式灵活，方法多样，内容丰富，渗入生活学习的各个环节。譬如，通过开展各项学术活动对学生进行渗透性道德教育，在这种一般由学生、教授、社会知名人士、政府官员、企业家等共同主持的学术活动中，使彼此对人生观、价值观、道德观产生交流互动，从而产生影响和变化。不拘泥于呆板的德育教育系统，通过与日常教学、管理、服务的有机结合，发挥学校文化传统等软环境对人们的道德熏陶。美国学校虽没有专职的德育工作队伍，但在学校设有各种管理、服务中心为学生的学习、生活提供指导和服务，学生也有较多机会参与各项管理和服务性工作，而德育教育就在这个过程中悄然进行了。在社会生活中，道德教育也以不同形式进行。美国有专门的宗教电台，一天 24 小时不停地播放，宣扬普适性的道德教义和规范，不断在人们内心中强化道德的作用。在德育方式上注重层次性，针对不同年龄阶段的学习特征，探索了很多有效的教育模式，在中小学开设“公民学”课程，课程采用谈话法，进行课堂讨论，组织学生旁听判决大会、政论咨询会、模拟竞选总统讲演及联合国大会等，在大学阶段则开设大量相关的人文社会科学课程，融德育于整个教育过程中，帮助学生理解和把握社会提倡的价值观。

（四）与宗教教育相结合，创新道德榜样教育的新路径

随着社会的发展和个体意识与能力的不断增强，教育也应该更加重视人自身的价值，这为道德榜样教育影响力的发挥开辟了更深层次和更广阔的领域和空间。德国学界普遍认同道德教育的“显性”方式似乎已走到尽头了。[①]在这种形势下，世界各国纷纷尝试发挥榜样在道德教育中的力量。榜样具有引导性、渗透性等特点，它以悄无声息、潜移默化的力量逐渐深入人心，对人的日常行为产生不可估量的作用，英国著名道德教育家彼得·麦克菲尔认为，“品德是感染出来的，而非教出来的”。宗教教育和榜样教育的创新结合是榜样道德教育的一个成功案例。宗教是在西方世界建立的基础，因此在西方社会具有广泛的影响力，许多公立学校都是天主教学校，宗教中的哲学、伦理、美学成为很多学校的必修课。在当代生活中，宗教善于与时代精神相结合，通过志愿者活动、礼拜活动以及慈善活动等方式融入人们的社会生活之中。当代的各种名人、英雄、楷模也在各种宗教活动中得到宗教的认可，他们的道德标准得以神圣化，道德教育与宗教教义得到统一，道德教育的目的也在宗教活动中得以实现。英国具有悠久的基督教传统，它通过开展宗教教育、宗教活动的方式传播现代英雄模范的道德情操和优良品质，这些道德情操和优良品质因此被民族认同，并成为新的基本道德规范。美国具有多元文化的背景，因此注重在总统就职典礼、独立日、感恩节、国葬等神圣的宗教仪式活动中，唤起民众的民族感情，传递英雄榜样的精神，进而强化美国精神。

（五）利用大众媒体广泛深入地进行道德教育

信息社会中大众媒体不但为人们获取信息提供了更加新颖和快捷的渠道，在提供信息的同时也以某种含蓄、隐性的方式对人们的世界观和价值

---

① 王小飞：《当代德国道德教育理论和实践的选择与定位》，《比较教育研究》2004年第2期。

观产生巨大的影响，这也为道德模范教育提供了新的媒介和路径。美国虽然只有几百年的历史，但却是文化产业大国，拥有世界上最强大的电影产业，美国借助电影产业的力量把道德教育渗透到电视、电影、文学作品甚至广告中，让观众在欣赏的愉悦中，接受美国的意识形态、精神理念。据统计，每年好莱坞 70% 以上的片子都在暗示美国的强大、美国精神和美国英雄的伟大，如我们所熟悉的《乱世佳人》《阿甘正传》《珍珠港》《阿凡达》等，随着这些影片在全球的公映，美国的精神，英雄榜样的事迹、品质等，也随之传播开来。德国拥有世界上高度发达的大众传媒，德国利用网络、报纸、广播电台等媒体，每时每刻向国民传递本国的民主和以个人主义为核心的资产阶级自由价值观，以尊严、责任感、诚实等为中心的道德规范和原则。

（六）创造社会环境，放大道德模范的影响力

杜威说，“在野蛮的未开化的社会，这种直接的参与（即我们所讲过的间接的或偶然的教育），几乎成为教育青年的唯一影响，使他们获得群体的习俗和信仰，甚至在目前的社会，即使对于最坚持受学校教育的青年，这种直接参与也提供他们基本的教养”。①人们的生存和发展无时不刻不在社会环境中，社会环境虽然不能直接对人的思想观念产生作用，但社会环境中的物质和精神条件，通过各种方式不仅影响着人的思想道德认知，而且影响着人的行为和价值取向。因此很多国家都非常重视对社会环境的营造，从而最大限度地发挥榜样的教育作用。美国花巨资建设了华盛顿纪念堂、林肯纪念堂、博物馆、纪念馆等各种参观点，各级联邦政府也重点建设了各类历史遗迹、名人故居和公园，如此的社会公共环境中渗透着国家要表达的榜样教育的重要信息，使置身其间的人潜移默化地受到榜样所传递的思想道德规范、价值观念的影响。韩国政府在很多公共场所树立英雄塑像，修建各类宣扬英雄事迹的纪念碑等，大力宣传韩国历史上的英雄的事迹和精神品质，进一步发挥榜样的渗透影响作用。

① [美]约翰·杜威著、王承绪译：《民主主义与教育》，人民教育出版社 2001 年版，第 23 页。

三、国外道德模范建设的主要启示

（一）综合发挥家庭、社会和学校在思德建设中的作用

马克思在《关于费尔巴哈的提纲》一文中对人的本质做了如下概括：人的本质不是单个人所固有的抽象物，在其现实性上，它是一切社会关系的总和[①]，可见，思想道德品质是人本质的重要组成部分，它的形成和发展是各种社会关系综合作用的结果。在思想道德建设中应该统筹发挥家庭、社会和学校的综合作用，过分依靠或强调单一方面的力量，必然会导致榜样教育陷入孤军奋战、各自为政的泥潭，只有建立综合榜样教育模式，才能保证对个体进行全方位的价值引导。在这方面，美国著名的人类学家和生态心理学家尤·布朗芬布伦纳（U.Bronfenbrenner）的发展生态学理论为如何实现学校、家庭、社会榜样教育相结合的立体教育模式提供了重要的理论指导。这一理论认为，学校、家庭、社会、自然等因素是人类发展所涉及的几个关键性的环境因素，对于个体行为及心理发展有重要的影响，这些因素相互作用才能使个体得到充分发展。要想综合发挥家庭、社会和学校在思想道德建设中的作用，就要在尊重各自地位和作用的基础上发挥三者整体合作的优势，从而实现最优效果。寻找出三者的合作点，揭示三者的内在联系合作点，是三者相互联系、相互作用的基础，从而实现三者的各自优势，形成整体合作。社会和自然环境是人类生存发展的大环境，要形成人与自然、人与人和谐相处的环境。在幼儿思想道德品质萌芽时期，家庭是幼儿生长的第一环境，家长要注重言行举止，言传身教，发挥自己的榜样作用。儿童进入学校即进入思想道德品质塑造时期，应该发挥学校榜样教育的主导力量，同时家庭与社会积极配合，共同形成榜样教育的合力。在成年人时期，重点发挥社会榜样教育的引导作用，使个体现有的思想道德品质水平得以巩固，并自觉提升个体思想道德品质，实现其动态发展。[②]

---

① 《马克思恩格斯全集》第6卷，人民出版社1961年版，第487页。

② 杨婷：《探求与创新——榜样教育的现实模式》，《思想政治教育研究》2012年第6期。

（二）以情动人，增强道德模范力量

道德模范如果能真正对人起到教育作用，就要以感情为媒介，使模范的力量直抵人的心灵。因为道德模范本质上是一定思想理念、价值观念的人格化和具体化，情感上的接受是道德模范发挥作用的前提和基础。教育对象对榜样人格的认同是理解和接受榜样教育内容的前提。情感在人类精神生活中占据最重要的位置，如列宁所说："激情、热情是人强烈地追求自己的对象的本质力。"①从教育心理学角度讲，情感在教育过程中扮演重要的角色，但是长期以来由于理性主义的强势，人们忽略了情感需求和作用。直至20世纪90年代，随着哈佛大学心理学教授丹尼尔·戈尔曼《情绪智力》一书的出版和英国PSHE情感教育模式的兴起，情感教育逐渐被人所重视，并成为道德教育的重要抓手。没有情感的道德教育往往会演变成强势的道德绑架，道德模范也不过沦为纯粹的形式和工具，不能在人的具体行为中产生善的引导作用。因此，在道德模范教育的环境中必须有对教育对象的情感体验，通过把道德模范教育的内容带入受教育者的真实生活中，使其在个人的生活体验中与道德模范所传递的精神发生共鸣，以情感为动力，唤醒个人对道德价值的内心尊崇。

（三）利用各类媒介，积极创新道德模范教育形式

现代社会出现了各类媒介，除了传统的电视、新闻、报纸等传统媒体和网络、手机等新兴媒体以外，各类演出、民俗活动也可以成为道德模范教育的载体。特别是后两者具有传递信息的速度优势和渗透力度优势，成为与教育对象之间的沟通桥梁。因此，道德模范教育应该顺应现代社会发展的需要积极创新形式和内容，开拓新的教育模式，实现传统教育和现代教育的优势互补。首先，突破道德模范教育的理念局限。传统道德模范教育一般注重说教和灌输，教育形式呆板，教育对象的自主性和能动性得不到发挥。应该充分利用网络资源，增加情感体验和情感教育。其次，完善道德模范教育的新形式。充分利用网站、微博、微信等新兴媒体，建设一批具有深刻内容的新媒体，用高尚的道德情操、鲜活的时代榜样、先进的

---

① 《马克思恩格斯全集》第42卷，人民出版社1979年版，第169页。

思想理念占领新媒体阵地，发挥新媒体的感召力和渗透力。同时加强网络监管，保证道德教育有序进行，避免各种对道德模范教育不利因素的影响和干扰。

（四）关注时代，增强道德榜样教育的时效性

不同的时代不同的榜样，能引起不同的共鸣。在树立道德模范时，应注意顺应时代精神与时代需要，突出时代性，使榜样符合时代发展的要求。①一个国家、一个民族在不同的历史时期、历史阶段都需要榜样。榜样是时代的产物，其价值在于彰显时代的精神、符合时代的需要。社会在不断进步，时代在不断发展，榜样的出现无疑代表了一个时代、一个社会的先进风貌。新世纪新阶段，在经济全球化、政治多极化的大背景下，随着社会主义市场经济体制的发展和完善，以及社会主义和谐社会的构建和科学发展观的深入贯彻，榜样成长的环境已经发生了深刻变化，需要在适应时代环境的前提下，塑造彰显时代精神、符合主流价值的榜样。一个时代有一个时代的榜样，榜样的选择要紧跟时代发展的步伐，不能迷恋于昔日那些振奋人心、感人肺腑的榜样人物，应该跟上时代的步伐，树立新时代新形势下的榜样。②突出道德模范的多元化和多层次性，增强真实性和亲和力，为榜样感染力和激励力的发挥、道德模范教育实效性的增强创造条件。③

---

① 花瑞锋：《推选学习道德模范对青少年榜样教育的启示》，《学校党建与思想教育》2012年第10期。

② 周楠：《榜样塑造的审美关照与榜样教育的审美回归》，《邵阳学院学报（社会科学版）》2013年第5期。

③ 杨婷：《探求与创新——榜样教育的现实模式》，《思想政治教育研究》2012年第6期。

第四章 山东道德模范建设的价值意义

一、山东道德模范的精神内涵

山东是儒家的诞生地，具有“厚德载物”“仁爱”“和为贵”的优良文化传统，自古以来就是道德模范辈出的热土。

在漫长的中国封建时期，单一的社会经济结构和专制型的政治结构，使人们易于在价值观上趋于同一或基本一致。在小农经济的生产方式下，民众的交往范围相对狭窄，加之传统文化中家族本位的特点，使得人与人之间伦理关系的调节成为社会生活的基本课题，家族伦理成为个体安身立命的重要基础。因此，对道德要求的遵从符合人的个体需要，道德榜样的事迹大都贴近生活，着眼于为人处世方面的规范，具有鲜明的伦理性。张岱年先生在《中国文化概论》中所概括的中华民族十大传统美德——仁爱孝悌、谦和好礼、诚信知报、精忠爱国、克己奉公、修己慎独、见利思义、勤俭廉正、笃实宽厚、勇毅力行，就较好地概括了中国传统道德榜样所具有的伦理化倾向。①由于在这一阶段的大部分时期，儒家思想一直是作为正统思想而存在的，因此儒家所宣扬的道德榜样一直被各个王朝所继承而不断发展。②如儒家的创始人孔子被尊为“千古圣人”。除孔子外，封建时代的齐鲁大地的道德模范人物还有思想家、经学家孟子、庄子、墨子、荀子、

① 张岱年：《中国文化概论》，北京师范大学出版社 1994 年版，第 281—291 页。

② 黄文明：《试论我国道德榜样的时代变迁及其启示》，《中山大学研究生学刊（社会科学版）》2008 年第 3 期。

伏生、郑玄、何休，兵学家姜尚、吴起、鬼谷子、孙武、孙膑、司马穰苴、戚继光，贤臣良辅伊尹、管仲、晏婴、东方朔、诸葛亮、房玄龄，科学家鲁班、墨翟、甘德、刘洪、何承天，医学家扁鹊、王叔和，中国古代三大农书的作者农学家氾胜之、贾思勰、王祯，文化艺术家刘勰、王羲之、颜真卿、张择端、李清照、辛弃疾、张养浩、李攀龙、王士禛、蒲松龄、孔尚任等一大批为齐鲁文化，乃至中华文化、世界文化的发展做出重大贡献的文化名人。他们倡导和追求的天下为公的群体精神、厚德仁民的民本精神、讲信修睦的和谐精神、经世致用的救世精神、刚健务实的创造精神、因时而变的改革精神、崇德尚法的治国精神、崇尚气节的爱国精神等，构筑了中华民族精神的基本内涵。①

（一）天下为公的群体精神

“天下为公”一语，最先出自《礼记·礼运篇》，“大道之行也，天下为公，选贤与能，讲信修睦。故人不独亲其亲，不独子其子，使老有所终，壮有所用，幼有所长，矜、寡、孤、独、废疾者皆有所养，男有分，女有归。货恶其弃于地也，不必藏于己；力恶其不出于身也，不必为己。是故谋闭而不兴，盗窃乱贼而不作，故外户而不闭，是谓大同”，孔子形象地绘制了“大同社会”的生活图景，并将其作为毕生的追求。②孔子之后，孟子提倡“乐以天下，忧以天下”③，荀子强调“公生明，偏生暗”④、“公道达而私门塞矣，公义明而私事息矣”⑤，要求人们做到“公义胜私欲”⑥。这些论述，表达了儒家贤哲“尚公去私”的无私奉献精神。也正是在这种天下为公精神的影响下，出现了“先天下之忧而忧，后天下之乐而乐”“天下兴亡，匹夫有责”的爱国情怀。天下为公的实质在于提倡公德胜私欲，这种根本道德价值取向，

---

① 刘德龙、李海萍等：《齐鲁十二圣》，齐鲁书社2010年版。

② 杨宗杰、贾斌昌、刘若斌：《齐鲁十二圣文化现象的客观基础、文化条件和精神特质》，《管子学刊》2009年第8期。

③ 《孟子·梁惠王下》。

④ 《荀子·不苟》。

⑤ 《荀子·君道》。

⑥ 《荀子·修身》。

对中华民族的发展进步产生了十分积极的影响。①

（二）仁者爱人的博爱精神

“仁”是儒家思想道德体系的核心范畴。“仁”的内涵十分丰富，其中“爱人”是其最重要、最基本的内涵。《论语·颜渊》记载“樊迟问仁。子曰：‘爱人’”。孔子在这里创造性地提出“仁”即“爱人”的思想内涵，并且明确赋予“仁”以“泛爱众”的思想品格和准则，是具有进步意义的。仁爱首先表现为人与人之间的关系。儒家以“仁”为核心，强调了人际关系的重要性。“仁爱”是与家庭内的血亲之爱联系在一起的，子曰：“孝悌也者，其为仁之本与。”在仁的最初意义上，家庭里的孝悌是其根本体现，血亲之爱是实施仁爱的起点。孝体现父母与儿女之间的亲情，悌表现为兄弟之间的关爱，但儒家把血亲之爱加以延伸和扩展，孔子认为“四海之内皆兄弟也”，不以血缘论兄弟，爱人的范围更为广泛。②

（三）厚德仁民的民本精神

“民本思想”是中国传统的治国思想。孔子论及民本思想的地方很多，他把富民和教民作为国家治理中最基本的事项。在《论语·宪问》中他认为，为政的首要任务是“足食”“足民”，然后再“庶之”“富之”“贫而无怨难”。孔子提出统治者应“节用而爱人”③。在民穷财尽的情况下，要使老百姓安分守己是不可能的。只有使人民富裕起来再教之，才能收到预防犯罪和稳定社会秩序的预期效果。荀子也认为节用是人民富裕、国家富足的必要条件，“足国之道，节用裕民，而善藏其余”，“不知节用裕民则民贫，民贫则田瘠以秽，田瘠以秽则出实不丰，上虽好取侵夺，犹将寡获也”④。国家富足的根本在于统治者节制用度，使人民富裕起来，从而国家也会财政充足。

孟子民本思想的核心是提倡王道政治和井田经济。孟子主张统治者在政治上实行王道政治，其王道政治主要是讲的尧、舜等先王治理国家的方

①②崔华前：《儒家思想中蕴涵的优秀道德精神及其现代价值》，《唯实》2007年第3期。

③ 《论语·学而》。

④ 《荀子·富国》。

法，主张用“仁义”来治理天下。孟子认为统治者实行王道的途径是要在心理上重视民众的力量，关心人心的向背。为此他提出“得道者多助，失道者寡助”的命题，同时又提出“民为贵，君为轻，社稷次之”的民本理念。孟子的民本思想比孔子更进一步，他认识到民众中蕴涵的力量，从而在治国理念上给予民众重要地位。

孟子民本思想的另一核心是“井田经济”，虽然“井田经济”是一种包含封建生产关系的经济，但孟子在当时提出是有其实际意义的。孟子的“井田经济”主要讲的是要“制民之产”。“是故，明君制民之产，必使仰足以事父母，俯足以蓄妻子；乐岁终身饱，凶年免于死亡，然后驱而之善，故民之从之也轻”①。孟子认为百姓有了“恒产”，才能安居乐业，社会和谐。当前世界各国都在发展经济，发展经济是实现各国“民本理念”的物质基础。两千多年前的孟子就认识到“制恒产”的重要性，他无疑是具有非凡的战略眼光的。孟子的民本思想与当今完善社会保障体系，实现“老有所养，幼有所教，难有所帮，病有所医”的民生思想是一致的。

管仲在《管子·牧民》中说：“政之所行在顺民心。”“下令如流水之源者，令顺民心也。”意即政令的推行，主要靠顺民心、从民欲。管仲还从“去民恶”“从民欲”方面加以论述。他说：“民恶忧劳，我佚乐之；民恶贫贱，我富贵之；民恶危坠，我存安之；民恶灭绝，我生育之。”“故从其四欲，则远者自亲；行其四恶，则近者叛之。”“俗之所欲，因而予之；俗之所恶，因而去之。”②管仲把这一思想归结为一点——“知予之为取者，政之宝也”，即“予之于民就是取之于民”是治国的法宝。

（四）经世致用的救世精神

齐鲁诸子各家崇尚经世致用，主张积极入世。经世致用就是关注社会现实，面对社会矛盾，并用所学解决社会问题，以求达到国治民安的实效。这一思想体现了中国传统知识分子讲求功利、求实、务实的思想特点以及“以天下为己任”的情怀。儒家思想从其产生之时，就具有强烈的经世传统。

---

① 《孟子·梁惠王上》。

② 《管子·牧民》。

孔子不遗余力地宣传他的思想，目的就是要改变春秋末年社会动乱、礼崩乐坏的局面，恢复他理想中的社会秩序。孔子开创私人办学之先河，后来为了使自己的学说“见用于统治者”，曾周游宋、卫、陈、蔡、齐、楚等国，沿途鞍马劳顿，颠沛流离，受尽苦难，自称“如有用我者，吾其为东周乎”。孔子晚年致力于教育，其学说虽然没有被当时的统治者采纳，但在社会上却产生了广泛的影响，以至于有门徒三千，贤者七十二人。儒家学说之所以延续几千年，无疑与孔子当时这种无奈的“四处演说”“开馆授徒”有很大的关系。

管仲、晏子、孙子既是政治家、军事家，又是思想家，学用紧密结合。墨家主张兼爱、非攻、节用等等，而且身体力行，“摩顶放踵，利天下而为之”。为实现国家的安定富强，他们不惜劳动身躯，奔走列国，处处游说，开馆授徒，这对中国传统社会的知识分子产生了重大影响。他们吸收了这种经世致用精神，自觉地担负起关心时政、关注国事、针砭时弊甚至救国于危难之中的使命。

（五）刚健有为的自强进取精神

在孔子所作的《易传》中，刚健和自强的观念十分清晰。象传曰：“天行健，君子以自强不息”。刚健有为和自强进取是齐鲁诸子各家的共同特征。无论是鲁国的孔孟儒家、墨家，还是齐国的管仲、晏婴或者稷下各家，他们大都积极入世，致力于治国安邦的事业。他们洞察列国大势，分析世态发展，从而积极进取，自强不息。齐鲁诸子各家各自所创立的学术、思想、科技、文学、艺术体系，所取得的重大成就，都是刚健有为和自强进取的结晶。

孔子积极进取，学之不厌，好古敏求，发愤忘食，乐以忘忧，不知老之将至。孟子认为“必先苦其心志，劳其筋骨，饿其体肤，空乏其身，行拂乱其所为也，所以动心忍性，增益其所不能”。

管仲出身低下，但他却具有“不羞小节而耻功名不显于天下”的胸襟和抱负，他重功名，尚有为，不拘小节，力行改革，富国强兵，成就了齐桓的首霸事业。

鲁班出身于世代工匠的家庭，在长期的工作实践中，发明了锯、钻、刨子、铲子、曲尺、画线用的墨斗、生活中使用的石磨、军事上使用的云梯等。而每一件发明，都是鲁班在生产实践中得到启发，经过反复研究、试验出来的。木工工具的发明，使当时的工匠们从原始、繁重的劳动中解放出来，劳动效率成倍提高，土木工艺出现了崭新的面貌，这里面都包含着原始的物理科学知识。① 刘洪经过精心研究，发现前代屡屡发生的节气后天现象（指由历法推算的冬至时刻滞后于实际冬至时刻的现象）是由于历法中所采用的回归年长度值偏大造成的，最终在《乾象历》取回归年长度为 365 + 145/589 日，从而提高了二十四节气的推算精度，为后世对回归年度的进一步测算开辟了道路。由于他曾担任过“上计掾”和“检校东观”等技术性、学术性的官职，经常需要进行庞大、复杂数字计算的会计、统计工作，而且天文历算中推算日食、月食、朔望日也需要进行大量的运算，刘洪又在学习、继承前人运算技法的基础上发明了珠算法。

贾思勰尤其重视农业生产技术知识的学习和研究，他一生足迹遍及山东、河北、河南等许多地方，亲自参加农业生产劳动和放牧活动，掌握了多种农业生产技术。他将自己积累的许多古书上的农业技术资料、询问老农获得的丰富经验以及他自己的亲身实践，加以分析、整理、总结，写成农业科学技术巨作《齐民要术》一书。墨子在哲学、力学、数学方面的重大发明，扁鹊熟练地运用望、闻、问、切四诊法和外科麻醉术，革新医疗器具，对针灸疗法基础的奠定，都是刚健有为的自强进取精神使然。②

（六）因时而变的改革精神

管仲是两千多年前中国改革的先行者，他担任齐国宰相四十年间，进行了一系列改革，取得了显著成效。这与他因时而变的改革精神是分不开的。创新政治体制，管仲建立了丞相责任制与国鄙双轨制。管仲相齐之后，对齐国的政治体制做了重大改革。在中央体制中，最具创建性的是丞相责任制。《管子·君臣上》曰：“制令传于相，事业程于官”，即国家重大决策均出自丞相，下级长官直接对丞相负责，丞相则对国君负责。这使得过

①②杨宗杰、贾斌昌、刘若斌：《齐鲁十二圣文化现象的客观基础、文化条件和精神特质》，《管子学刊》2008 年第 8 期。

去集各种大权于国君一身的君主专制体制一变而为丞相负责制。与此相应，管仲在地方行政体制上亦以国鄙双轨制取代卿大夫采邑制。过去卿大夫在采邑内具有的各种独立的大权被取消，地方政府被置于中央政府的直接管辖之下，这种体制不只是对传统旧体制的变革，同时也开启了战国以后官僚体制之先河。“国”“鄙”二轨制通过“国分为三”“鄙划为五”的办法，使全国建立起层层负责、分级管理、服从中央的体制，为推行中央集权政治奠定了组织基础。这种“以家为家，以乡为乡，以国为国，以天下为天下”①的社会组织结构，既能加强人们的同乡意识、同国意识，又能以宗法意识巩固社会的基本单位——家，以乡土意识维系国，从而达到安国之目的，保证社会各项事业的发展。②同时，实行四民分业定居，促进了士农工商的专向性发展，“工之子恒为工，农之子恒为农，商之子恒为商，士之子恒为士”③。职业父死子继，世代相传。士、农、工、商各自“群萃而州处……处士就闲燕，处工就官府，官商就市井，处农就田野”，以便于对不同职业的社会成员集中于不同地区进行专业化管理。

改革选拔制度，通过乡选、官选、君选三个环节选拔各级官吏。主张“论材，量能，谋德而举之”，并规定对初选的人员，必须到其所在的乡里进行考察，“退问之其乡，以观其所能而无大厉”，若考察合格，任为赞，这是早期的实习和助理制。重视对人才的正确使用，一是量才使用。“有闻道而好为家者，一家之人也；有闻道而好为乡者，一乡之人也；有闻道而好为国者，一国之人也；有闻道而好为天下者，天下之人也；有闻道而好定万物者，天下之配也。”④二是破格录用。三是排斥献媚取宠者。齐国的改革很快取得了国富民足的效果。因时而变是事物发展变化的客观要求，一切事物都是在变异中衍生的，变则通，通则久，久则变，从而循环无穷，向前发展。齐鲁先贤们反对故步自封，他们招贤纳士，任用贤才，尽职尽责，这种因时而变的精神为国家发展注入了活力。

---

① 《管子·牧民》。

② 孟凡涛：《管仲治国思想的突出特点》，《管子学刊》2009年第8期。

③ 《国语·齐语》。

④ 《管子·形势》。

（七）崇德尚法的治国精神

“崇德”出自《尚书·武成》：“惇信明义，崇德报功，垂拱而天下治”，这是儒家思想的集中体现，其基本含义是遵从道德，做一个高尚的人。汉代以后，儒家文化成为皇家正统，影响着中国的政治、经济和生活的方方面面。

以孔子为代表的儒家认为：“古之欲明明德于天下者，先治其国；欲治其国者，先齐其家；欲齐其家者，先修其身；欲修其身者，先正其心；……心正而后身修，身修而后国治，国治而后天下平”，强调管理者必须先端正思想，加强自我修养，具备高尚的道德情操，才有可能治国、平天下。儒家向来强调统治者的道德表率作用，孔子曾告诫弟子：“其身正，不令而行；其身不正，虽令不从”，即当管理者自身端正，作出表率时，不用下命令，被管理者就会跟着行动起来；相反，如果管理者自身不端正，纵然三令五申，被管理者也不会服从。

儒家主张“德主刑辅，教化为先”，认为“道之以政，齐之以刑，民免而无耻；道之以德，齐之以礼，有耻且格”，强调用道德的力量来管理、同化百姓，让他们有荣辱之感和廉耻之心，从而自觉地循规蹈矩，实现社会的长治久安。在儒家看来，道德教化虽然需要花费很长的时间和很大的精力，但“教化一成，人心已正，只要心术不变，便可永不为恶”。

在儒家文化的影响下，我国自古以来强调管理者要加强自身修养，做道德典范，并借助自身的德行教化百姓，让他们知荣辱、明廉耻，自觉遵从道义，互谅互让，实现国泰民安。

“尚法”即崇尚法律。“尚法”思想并非西方独有，我国早在春秋战国时期就将法列为“国之重器”，并坚持严明执法、赏罚分明，以法律的严格实施实现国家的有效治理。法家认为，人都有“好利恶害”或者“就利避害”的本性，因此，必须制定出一套衡量人言行是非、功过、曲直的客观标准，并严格实施，才能维持稳定的秩序。法家将法列为“国之重器”，认为“令重则君尊，君尊则国安；令轻则君卑，君卑则国危。故国安在于尊君，尊君在于行令”。在法家看来，离开了法律的约束，纵使贤明的管理者，也难以把国家治理得井井有条。他们指出，“不能废法而治国”，如果“废法而治国”，即使“明智高行”，也是“废规矩而正方圆也”。法家主张严格依法办事，不以个人的好恶、亲疏、远近随意执法。对此，法家学者管子从正反两方面加以论述：“当于法者赏之，危于法者诛之。故以法诛罪，则民就死而不怨；以法量功，则民受赏而无德也”；“赏禄加于无功，则民轻其赏禄；民轻其赏禄，则上无以劝民；上无以劝民，则令不行矣”。

尽管儒家思想在中国长期占有重要地位，以德治国成为主流思想，但历朝历代都不轻视法律制度的运用。事实上，不管是儒家还是法家，都不主张仅仅依靠道德或者法律治理国家。如：儒家学者荀子虽然秉承了孔子的“德治”思想，但他并不反对“德治”之下的刑罚，他认为这是对于“礼治”的有益补充。因此，荀子主张“德治”与“法治”统一，最终达到一种“至平”社会。又如法家的管子，虽然强调以法治天下，但同样主张重德尚仁、举贤任能，认为只有选拔、培养贤良之士，才能使法律得到较好的实施，才能使国家兴旺发达。

（八）修己慎独的严以律己精神

“修己慎独”是中华传统文化道德中的精髓，是我国古代儒学创造出来的具有中华民族传统特色的自我修身方法。“慎独”源于儒家的《大学》《中庸》。《大学》有云：“所谓诚其意者：毋自欺也，如恶恶臭，如好好色，此之谓自谦，故君子必慎其独也！小人闲居为不善，无所不至，见君子而后厌然，舍其不善，而著其善。人之视己，如见其肺肝然，则何益矣。此谓诚于中，形于外，故君子必慎其独也。”修己慎独是儒家贤哲严以律己精神的集中体现，从孔子的“君子求诸己，小人求诸人”“躬自厚而薄责于人”①“见贤思齐焉，见不贤而内自省也”②“内自讼”③，孟子的“反求诸己”④“反身而诚”⑤，荀子的“见善，修然必以自存也；见不善，愀然必以自省也。善在身，介然必以自好也；不善在身，菑然必以自恶也”⑥“博

① 《论语·卫灵公》。
② 《论语·里仁》。
③ 《论语·公冶长》。
④ 《孟子·离娄上》。
⑤ 《孟子·尽心上》。
⑥ 《荀子·修身》。

学而日参省乎己"[①]"慎其独者"[②]，《礼记·中庸》中的"道也者，不可须臾离也，可离非道也。是故君子戒慎乎其所不睹，恐惧乎其所不闻。莫见乎隐，莫显乎微，故君子慎其独也"等，都反映了儒家贤哲"反省内求"的严以律己精神。[③]

"修己慎独"是一种人生境界、一种修养，也是一种自我的挑战与监督，更是一种情操，一种自律精神，一种表里如一的坦荡。在中国历史上，"修己慎独"是君子倡导的一种重要的自我约束的方法，是一种难能可贵的人格品质在社会生活中的显现，是一种趋近完美的道德修养境界。

（九）崇尚气节的人格独立精神

中国传统道德中有一种非常可贵的道德精神，那就是追求崇高的精神境界，"富贵不能淫，贫贱不能移，威武不能屈"的大丈夫气概和舍生取义的君子人格。不论是"天下有道，以道殉身；天下无道，以身殉道"的执著精神，还是"为天地立心，为生民立命，为往圣继绝学，为万世开太平"的高尚理想，都是儒家贤哲追求高风亮节、保持独立人格的集中体现。孟子提出"居天下之广居，立天下之正位，行天下之大道；得志，与民由之；不得志，独行其道"[④]，荀子提出"是故权利不能倾也，群众不能移也，天下不能荡也。生乎由是，死乎由是，夫是之谓德操"[⑤]，《礼记·儒行》中的"儒有可亲而不可劫也，可近而不可迫也，可杀而不可辱也"，李清照的"生当作人杰，死亦为鬼雄"的千古绝唱，历来为仁人志士所推崇。辛弃疾出生时北方就已沦陷于金人之手。在他身上，有一种燕赵奇士的侠义之气。他二十一岁参加抗金义军，一生坚决主张抗击金兵，收复失地。他的词作豪壮苍凉，始终洋溢着爱国主义精神。明代著名抗倭将领戚继光，率军之日于浙、闽、粤沿海诸地抗击来犯倭寇，历十余年，大小八十余战，终于扫平倭寇之患，实现了"但愿海波平"的愿望。

---

① 《荀子·劝学》。
② 《荀子·不苟》。
③ 崔华前：《儒家思想中蕴涵的优秀道德精神及现代价值》，《唯实》2007年第3期。
④ 《孟子·滕文公下》。
⑤ 《荀子·劝学》。

二、山东道德模范的精神特质

山东是中华民族文明的重要发祥地之一，深受博大精深的儒家文化影响，人民大多“知礼逊，习俗节俭，人多读书，士风彬彬，贤良宏博”。长期以来，山东各地道德模范不断涌现，在他们身上既体现了在儒家文化的熏陶下，山东人崇德尚义、淳朴厚道、与人为善、任劳任怨、无私奉献的独特地域文化精神，承载了崇尚道德、恪守诚信、孝老爱亲、舍生取义的中华民族优良道德传统，又展示了爱党爱国、改革创新、开拓奋进、敬业奉献的时代精神。随着道德模范选树活动的深入推进，山东道德模范不仅规模数量不断扩大，而且女性、群体性道德模范显著增多，社会影响力、社会带动作用显著增强。广大道德模范以最质朴、最真诚、最踏实的方式，弘扬着中华民族优秀的道德传统，践行着社会主义核心价值观的要求，引领着现代文明风尚，在全社会凝聚起向上向善的道德力量，成为山东文化强省建设的宝贵精神财富。

（一）山东道德模范具有遵道守德的崇高品格

中华传统文化崇尚道德，齐鲁文化中尚仁重德、知礼好学、宽厚大度、豁达坦诚的道德情操和精神品格，千百年来深深地滋润着齐鲁百姓。“山东好人”评选活动，引导人们向往和追求讲道德、尊道德、守道德的生活，形成向上向善的力量，进一步提升了山东人的道德素养。恪守诚信辛苦10年替夫偿还百万欠债的农妇姜恩兰、52年伺候6位亲人的王炳兰、照顾瘫痪孤寡邻居36年的房泽秋等“山东好人”，将中华传统美德、优秀时代品格传播到千家万户，彰显了人间的真善美，是美德山东、厚道齐鲁的重要体现。

（二）山东道德模范怀有仁心仁爱的博大情怀

“仁爱”一直是齐鲁文化的传统价值观和道德修养目标，与我党倡导的集体主义价值观不谋而合，在“山东好人”身上有集中体现。吕明玉在半年时间内，两次赴济南捐献骨髓，用无私的大爱，换回一条鲜活的生命和一个家庭的团圆；亓飞先后资助了196个孤贫中小学生和若干个贫困家庭，累计捐赠超过800万元；文登村民宋爱玲毅然担起照料丈夫家里5个弟妹的重担，用无私大爱撑起苦难家庭，还有大批爱心团队、义工团队等志愿服务队伍，他们尊重他人、同情他人、帮助他人，用仁爱之心、友善之举，关爱朋友邻居、关爱社会大众，给人以希望与力量，不断感染温暖着社会。

（三）山东道德模范具备见义勇为的无畏精神

山东人向来重情尚义。孔子说“君子义以为上”，孟子讲“不义而富且贵，于我如浮云”；梁山好汉路见不平拔刀相助，义薄云天；鲁商“义取”“义散”，乐善好施。这一优秀品质一直被齐鲁儿女薪火传承。“山东好人”薛长赳、薛长虎兄弟勇救老人，被誉为“现代活雷锋”；小学校长李本涛为挽救人民生命、财产，奋不顾身蹈入火海，用自己的气节和情操展现了见义勇为、舍己为人的忘我精神，将舍生取义的崇高气节道义、革命先辈的无私奉献精神发扬光大。

（四）山东道德模范具有一诺千金的诚信品质

讲信修睦、真诚做人、诚信成己一直是山东人代代相传的道德信念，“曾子杀彘”“尾生抱柱”“鸡黍之约”“管鲍之交”等动人事迹，塑造着后世山东人的诚信品格。当代山东人民秉承诚信信念，“山东好人”李海红面对丈夫离世留下的巨额欠款，用诚信和努力坚守着自己“人病了，良心不能病”的承诺，“信义兄弟”王长义、王长信做了30多年粮食买卖从不短斤少两。他们的诚信事迹感动了无数大众，引导人们在市场经济潮流中自觉养成爱岗敬业、诚信经营的职业操守，将以诚立业、以信立身的信条光耀后世。

（五）山东道德模范凸显无私奉献的高尚品格

不管是战争年代还是和平建设时期，无论是援疆援藏还是抗震救灾，山东人民总是积极响应党的号召，时刻以党和国家的利益为重，主动承担义务和责任，胸怀天下，为国分忧，勇于牺牲、甘于奉献。战争年代，山东人民“最后一个儿子送战场、最后一口粮当军粮、最后一块布做军装”，涌现出了与日本侵略者血战到底的全国抗日楷模村渊子崖、用乳汁救伤员的沂蒙红嫂、支前模范沂蒙六姐妹、陈毅担架队等许多可歌可泣的英模人物。改革开放后，山东人民积极贯彻中央方针，转变思想观念，快速形成与时俱进、勇于创新、锐意进取的精神风貌，涌现出了孔繁森、张瑞敏、许振超、王乐义等一大批先进集体和个人典型，舍小家顾大家，先富带动后富。广大道德模范不忘初心，全力奉献国家、集体和他人，“山东好人”秦绍奎，发挥党员模范带头作用，摸索创新农业种植模式，成为敬业奉献的现代农民榜样；吕书栋善于学习钻研，成为社区里的“工人发明家”；“愚公书记”吴长洲，甘于辛劳牺牲，带领群众开出致富路，充分展现了顾全大局、甘于牺牲、无私奉献的精神品质和价值取向。

（六）山东女性道德模范撑起“半边天”

中国传统社会男主外女主内，男性是社会活动的主体，道德模范、英模人物必然是男性居多。随着社会的发展进步，越来越多的女性从家庭走向社会，以其至真、至善、至美的事迹，自觉充当了时代道德的“瞭望员”，感动、影响了千万人。据统计，在评选的“山东好人”中，女性比例已经接近40%，既有孝老爱亲的道德楷模，也有危险来临时舍生取义的巾帼英雄；既有爱岗敬业的商界精英，也有来自最基层的普通百姓，共同汇聚成时代“最美”的洪流。在协调推进“四个全面”战略布局、大力弘扬社会主义核心价值观的过程中，女性以特有的情怀演绎人间大爱，舍己一条腿救人一条命的全国道德模范刁娜、无限延伸母爱的“兵妈妈”齐亚珍、九年如一日背着同学求学感动山东的孙园娜、献出的血比自己的体重还重的刘苏，树立起一座座道德的丰碑。孝老爱亲之心，不分年龄、不分民族、不分性别，但是女性仍然是照顾家庭的主体，在山东道德模范中占到七成的比例，田秀英、张雨霄、邢连凤等孝老爱亲事迹感人至深，数不胜数。广大女性活跃在社会工作的各条战线上，默默奉献，上下求索，“虽九死其犹未悔”。刘振华在麻风防治第一线工作30多年，用自己的爱心为麻风病人解除身体的疾痛，抚平心灵的创伤，铸就爱心护理之路；中国科学院院士郑守仪50个春秋如一日，把全部精力倾注在我国海洋科学事业上，使中国有孔虫研究跻身于国际先进行列，实现了“把青春献给祖国”的心愿。女性道德模范一个个敬业奉献的感人故事，不仅凝聚着新时代巾帼女性的智慧和汗水，更突显了她们高尚的职业道德和美好情操。

（七）山东道德模范群体渐呈星火燎原之势

随着道德模范评选活动的广泛持续开展，见难伸手、助人为乐、奉献社会、诚实守信在山东大地和全社会蔚然成风，道德模范也由过去一个个的个体道德模范正在更多地向团队、群体和组织转变，团体的能量对社会的影响成倍地增长，对全社会道德水平的提高和文明新风的形成起到了积极的推动作用。在泉城济南，活跃着这样一群人：每个周末，他们都走向社区、街道和广场，为济南市民义务提供各类贴心的义务服务，他们有一个共同的名字，叫“泉城义工”。如今，“泉城义工”注册人数已超过 12 万人，成立了 120 支泉城义工服务团队，建立了 90 个社区活动站，服务逾百万人次。在青岛，“微尘”成了一道亮丽的风景线，“微尘”精神不仅感动了青岛，且当选全国“十大社会公益之星”、“感动中国”2006 年度人物，感动了全中国。微尘已经超越了一个名字的称谓，它是一个不留姓名无私援助公益事业的群体，一种诠释爱心的精神符号，一个青岛公益事业的固定品牌。宋桂华以其网名“笑姐”组建了“笑姐”爱心助残志愿者团队，十余年来暖了无数残疾人的心。在淄博，淄博供电公司组织开展了以“善小”为主题的道德教育与实践活动，倡导员工只要是“善”的事、美好的事，哪怕再小都积极努力地去做，引导员工从小事做起，小善常为，修身立德，实现了美德的品牌的延伸。在日照，十位莒县农民志愿者组成的农民救援队，历时 4 天 4 夜，行程 3000 公里，开着农用三轮到四川抗震救灾，在路上和灾区历尽艰险，感动了全中国。在临沂，七位“五老志愿者”十几年如一日，义务护送学生过马路，用爱筑起学生的安全线，得到了社会的广泛好评和赞誉，成为新时期沂蒙精神的代表。在齐鲁大地上，各种爱心团体、义工组织、志愿队伍如雨后春笋争相迸发，如涟漪一般向全民扩散，其团队效应、乘数效应远超个体道德模范，正在引领着新时期山东道德模范的风向标。

三、山东道德模范建设的意义

习近平总书记在会见第四届全国道德模范及提名奖获得者时的讲话中强调指出："道德模范是社会道德建设的重要旗帜，要深入开展学习宣传道德模范活动，弘扬真善美，传播正能量，激励人民群众崇德向善、见贤思齐，鼓励全社会积善成德、明德惟馨，为实现中华民族伟大复兴的中国梦凝聚起强大的精神力量和有力的道德支撑。"①当前，山东改革开放已进入关键时期，必须进一步加强山东道德模范工程建设，充分发挥在巩固共同思想基础、形成坚定理想信念、凝聚强大精神力量、培育良好道德风尚、促进社会和谐稳定发展等方面的重要作用。

（一）加强道德模范建设是加强社会主义核心价值体系建设的重要举措

道德模范建设是社会主义核心价值体系建设的内在要求。社会主义核心价值体系作为广大人民群众在共同实践和认识活动中形成的整体价值观，涵盖了社会的理想信念、精神风貌和价值规范，推动道德模范建设必须以社会主义核心价值体系为引导和统摄。道德模范建设在本质上反映和体现着社会核心价值体系的内在要求。可以说，在全省大力实施山东道德模范工程，宣传普及"公民基本道德行为40则"，是把党中央有关"四德"建设、树立社会主义荣辱观和加强社会主义核心价值体系建设的重大决策加以具体化、制度化和大众化的有效举措。

道德模范建设是社会主义核心价值体系落地生根的基本条件。只有不断结合社会实践，紧密联系基层和群众的实际，发挥群众的智慧和主体力量，把正确的价值取向转化为人们普遍遵循的行为规范，引导人们在实践中自觉养成并切实践行道德行为，才能够保障核心价值体系建设落到实处，才能让核心价值体系建设深入人心、取得实效。山东只有大力加强以道德模范建设为重心的文化强省建设，才能在全社会形成统一的指导思想、共

① 《习近平会见第四届全国道德模范及提名奖获得者》，新华网2013年9月26日。

同的理想信念、强大的精神支柱和基本的道德规范，形成推动和谐社会建设的良好人文环境和文化生态环境。2012年5月28—29日，山东省在济南、莱州、淄川召开了社会主义核心价值体系建设“四德”工程现场观摩会，提出今后要加快建设“美德山东”，创建山东道德模范工程示范县，把山东建成道德高地的战略目标。

（二）加强道德模范建设是坚持科学发展、全面建设小康社会的有力支撑

近年来，道德问题成为我国社会广泛关注的焦点，社会生活中失范行为屡见不鲜，诸如道德失范、诚信缺失、人心冷漠、缺乏信仰等问题在一定程度上影响科学发展和全面小康社会建设的顺利进行。道德模范建设既是坚持科学发展、全面建设小康社会的重要目标和内容，又是其重要保证和手段。没有道德模范素质的提高，就没有社会主义的科学发展和全面小康；不加强道德模范建设，也就实现不了科学发展、建设不成全面小康社会。加强道德模范建设，事关全面建设小康社会宏伟目标的实现，事关山东富民强鲁事业的成败。

从提高全民族的整体素质来看，加强道德模范建设能为山东科学发展、全面建设小康社会提供强大支持。物质文明、政治文明、精神文明的相互促进，经济振兴、科技发达、社会进步、生态良好的协调发展，归根到底取决于全民族整体素质的提高。这就要求国民全面发展，不仅要有知识和技能，更要具备热爱祖国、热爱人民、奋发有为建设社会主义事业的政治思想和奉献精神，具有高尚的道德情操和职业操守，具有优秀的个人品质和完善人格。从弘扬民族精神和时代精神的方面看，加强道德模范建设，能够为山东科学发展、全面建设小康社会提供强大精神动力。道德是文化软实力的核心，努力建设“美德山东”“诚信山东”“文明山东”，将为山东省小康社会建设提供共同的道德规范和道德支撑。加强道德模范建设，不断培养和弘扬以爱国主义为核心的民族精神，培养和弘扬代表时代发展潮流、对改革开放和经济社会发展具有积极影响的时代精神，增强公民的社会责任感和使命感，才能具体地为全省人民在从事小康社会建设征程中努力做到趋荣避耻、扬善抑恶提供可供遵守的行为规范。

（三）加强道德模范建设是满足人民群众精神文化需求和建设文化强省的迫切需要

当今时代，文化已经融入经济社会发展的各个领域、渗透到全过程，随着信息化、全球化的日益深入，文化的特殊地位和作用越来越凸显。文化关乎政治、关乎经济，更关乎民生，文化可以育民、惠民、富民、强民，关系到民生的幸福指数，人民群众对文化需求的增长越来越成为热切愿望。历经改革开放初期社会道德迷茫的阵痛，人民群众重又开始呼唤和寻求道德力量的援助，期盼道德回归，积极寻求引导精神生活和维系社会公正的力量。

山东省委、省政府一直高度重视文化建设，2008 年提出了深入实施经济文化强省战略，要求在建设经济强省的同时加快建设文化强省。2012 年初，山东省委九届十三次全体会议深入学习贯彻六中全会精神，审议通过了《中共山东省委关于认真贯彻党的十七届六中全会精神加快建设文化强省的意见》，明确提出“坚持中国特色社会主义文化发展道路，紧密结合山东实际，加快建设文化强省，努力把山东建设成为全国重要的区域性文化中心”的战略任务。

道德建设是山东文化强省建设的重要组成部分，建设社会主义文化强省，道德文化是基础性的支撑力量。以思想道德文化温润人的心灵，帮助培育和提升人民群众理性平和、开放包容的社会心态，是文化强省建设的迫切需要。山东文化大发展大繁荣的目标之一，就是弘扬优秀齐鲁道德文化，提高全民文明素质。

在山东文化强省建设过程中突出道德建设，不仅是对齐鲁优秀传统文化和传统美德的弘扬和光大，还有助于提升全省人民的文化自觉和文化自信，以立足自己的实际、依靠自己的力量、突出自己的特色，走出一条具有强大影响力、创造力和竞争力的山东文化自强之路。进一步突出道德建设，形成全社会统一指导思想、共同理想信念、强大精神力量和基本道德规范，有助于解放思想、更新观念，形成文化改革创新发展的良好氛围，激活文化发展的动力源泉，总体上“努力做到社会主义先进文化的引领力强，社会主义核心价值体系的凝聚力强，文化改革发展的创新力强，公益性文化事业的保障力强”。

在山东文化强省建设过程中突出道德模范建设，能够为文化大发展大繁荣提供丰富多彩的平台和载体。道德建设活动呈现出公益性、多样性和利民性，最能体现文化建设贴近实际、贴近生活、贴近群众的特点，切实贯彻以人为本的科学发展方针。道德建设以满足人民群众精神文化需求为出发点和落脚点，可以做到文化发展为了人民、文化发展依靠人民、文化发展成果由人民共享，更好地保障人民群众的基本文化权益，促进山东省文化持续发展、快速发展、健康发展。

（四）加强道德模范建设是推进社会管理创新的根本要求

随着山东经济社会的迅猛发展、社会结构的深刻变动以及利益格局的多方变化，由社会成员的多元利益诉求、强烈维权意识引发的社会公平正义等深层次问题日益成为社会的焦点，我省统筹城乡经济社会发展已进入加强和改善社会管理的历史阶段。社会管理，说到底是对人的管理和服务，涉及广大人民群众的切身利益。它的基本任务是通过政府公共行政活动来协调社会关系、规范社会行为、解决社会问题、化解社会矛盾、促进社会公正、应对社会风险、保持社会稳定。

社会管理创新是新形势下做好群众工作的新思路和新举措，目的是实现从“被动式管理”到“主动式服务”的转变，实现从硬性行政手段的单项约束到重视运用经济、行政、道德、文化、科技等手段综合管理的转变。这种转变不仅要力求技术层面的完善，更需要价值层面的深度把握和人性化管理理念的彰显。在这里，人性化管理手段，正是基于为人民群众服务观念而实施社会管理的道德内涵的具体体现。社会管理作为一项以人为本的事业，蕴含着多方面的道德内容。以道德模范建设为突破口，提升社会管理者以及人民群众的道德素质，塑造优良的社会道德风气，培育和谐的道德文化环境，必将有力地推动社会管理水平的显著提高。

社会管理工作与道德模范建设在目标和内涵上有着高度的契合。社会管理工作包含着诸多的道德要素，社会管理的最终目标是构建和谐的社会秩序，而和谐社会秩序的形成与完善，仅仅依靠法律的强制是不够的，还需要诉诸人民群众的道德自觉，当人们能够自由地、自愿地遵守社会规范时，真正的和谐秩序才能最终产生。社会管理的成效不仅取决于百姓的素质，更体现在社会管理者的管理水平上。社会管理者遵守职业道德规范的程度与其个人的道德素质密切相关，社会管理者只有不断地加强自身道德修养，才能够更好地履行管理职责。无论是人民群众参与构建和谐社会秩序的需要，还是社会管理者恪尽职业道德的要求，都与道德模范建设的目标相一致。从道德模范建设的视角来探索社会管理的新途径、新办法，既是社会管理的创新之举，也是在道德模范建设中由人民群众创造出来的生动而多样的道德实践模式。如山东省德州、淄博等地的社区、乡镇采取的“道德评议会”就是人民群众参与道德模范建设的创新模式。“道德评议会”抓住涉及居民切身利益的公共事务，采取民主讨论、耐心疏导、平等交流的方法，解决邻里纠纷，化解社区矛盾，有效地促进了辖区的道德水平提高和社会风气好转。这一自我服务、自我教育、自我约束、自我管理的道德模范建设模式，在构建良好社区与乡村文明环境的同时，有效弥补了政府依法行政与群众自治双向互动机制的失衡，是促进社会和谐、创新社会管理的有效措施。

第五章　山东道德模范建设的实践经验

山东作为孔孟之乡、礼仪之邦，具有深厚的道德文化底蕴，并在此基础上坚持典型带动，将选树道德模范典型作为推进公民道德建设的有力抓手。“长期以来，各地区各部门按照中央要求，不断推进公民道德建设，弘扬中华传统美德，培育时代新风，中华大地涌现出一大批道德模范、最美人物”。①自20世纪90年代以来，山东先后开展了学习孔繁森、王廷江、韩素云的“三学”活动，推出了程广泉、刘运库、王乐义、许振超、李登海、刁娜等一批模范人物，形成了济南交警、泉城义工、青岛“微尘”、淄博“善小”等一批道德建设品牌，不仅体现了时代的精神高度、道德高度，展示了当代山东人的良好精神风貌，更使广大群众学有榜样、赶有目标、见贤思齐。

一、山东道德模范建设的创新经验

近年来，山东全省各地结合自身发展实际，大力实施道德模范建设工程，取得了显著的实践成效。道德模范的光辉事迹温暖了人心，让人们感叹人性之美好、道德之崇高。这些创新思路和举措概括起来，主要包括：

（一）体系化

① 习近平：《为实现中国梦凝聚有力道德支撑》，见《习近平谈治国理政》，外文出版社2014年版，第158页。

山东积极开展道德模范评树活动，目前已经形成了村、镇、县、市、省五级联动、自下而上、梯次推进的工作格局，形成了山东好人、好人之星、年度人物、中国好人、全省至全国道德模范逐级提升的选树链条，形成了选树、宣传、激励和困难帮扶等系列科学配套体系。

山东省自下而上层层选树典型，广泛开展先进典型、道德模范、“山东好人·每周之星”推荐评选活动，在全社会形成了重视道德建设、践行道德规范的良好氛围。通过每两年评选表彰全省道德模范、年评“山东好人年度人物”与月评“山东好人·每周之星”，建立了村、乡、县、市、省五级典型群体，形成了明星闪耀、群星灿烂的典型引领效应。道德建设呈现出群众参与性强、常态化、梯次推进的局面。

2007年以来，山东省已经开展了四届道德模范评选表彰活动，截至2016年底，共评选出“山东好人”3464人，“山东好人之星”247人，入选“中国好人榜”807人，全省道德模范263人，全国道德模范13人，总数居全国前列。2012年3月7日，山东省启动了“山东好人·每周之星”推荐评选活动，由省委宣传部、省文明办、省总工会、团省委、省妇联、大众报业集团和山东广播电视台联合举办。2014年4月，“山东好人·每周之星”调整为“山东好人之星”。活动开展两年多来，评选活动更加规范、完善。现在，以“山东好人之星”评选为平台的道德模范选树机制进一步完善，形成了推荐、评选、表彰、宣传、学习、帮扶环环相扣的工作链条；建立了考核推动机制。全省各地将推荐评选活动列入精神文明建设重点工作任务，将各市各单位推荐“山东好人榜”候选人、入选“山东好人榜”和当选“山东好人之星”数量作为精神文明创建测评指标，纳入测评体系并增加权重；宣传力度进一步加大。“山东好人之星”宣传形式进一步丰富，媒体宣传与设立好人广场、广告宣传等相结合，建立了网上“山东好人”档案库，进一步扩大山东好人的社会影响，营造了崇德向善的社会氛围。目前，“山东好人”评选活动基本覆盖全省各领域，成为山东道德模范选树的主渠道，入选“山东好人之星”的典型事迹基本上代表了山东道德典型的最高水平，“山东好人”的品牌效应日益显现，形成了特色鲜明的“山东好人”群体，取得了显著的社会影响，发挥了重要的文化价值观引领作用。

（二）机制化

科学有效的体制机制是道德模范工程建设的重要保障，自2013年，山东省文明办在建立体系、形成机制、规范程序上下了很大功夫，改进评选办法，建立评委专家库，目前全省17市各县（市、区）全部建立起道德模范推荐评选常态工作机制，实现了道德模范工程建设的全覆盖。

一是组织领导体制。纵向上，一统到底，县（市、区）、乡镇、村居、企业层层一把手挂帅；横向上，携手联动，宣传、工青妇、公检法、教育、民政、工商等相关部门主要领导牵头，形成了党委统一领导、宣传部门组织协调、有关部门各负其责、全社会积极参与的组织领导体制。

二是工作推进机制。县（市、区）主要领导同志挂帅，宣传部门主导，纵向的层级和横向的部门，村居、企业、机关、学校，动员部署、签约公示、检查评比，一步一个脚印，扎实推进。到目前为止，全省34个示范县（市、区）中，与农村居民、社区群众、企业职工、机关干部等的“四德”责任状签订率在80%以上，公示普及率达到73%以上，善行义举“四德”榜已成为正能量传递的有效平台。

三是典型引领机制。围绕道德模范工程建设内容，自下而上层层选树助人为乐、见义勇为、诚实守信、敬业奉献、孝老爱亲五类典型。每年每个村庄、社区、企业选树3～6名先模道德典型，每个乡镇、街道选树30～60名先模道德典型，每个县（市、区）选树100名以上先模道德典型，每个市选树200名以上先模道德典型。在全省建立“善行义举四德榜”，为千万群众树碑立传。在农村、社区、企业、机关和学校等普遍建立“善行义举四德榜”，围绕四德内容建立公民道德档案，探索建立社会单位个人征信机制。将老百姓的为人处事，小到孝敬老人给多少钱、多少粮、回家多少次，中到爱岗敬业不偷懒、诚实劳动守诺言，大到热爱祖国、助人为乐、奉献社会的好人好事都公示出来，激浊扬清，弘扬正气，形成“人人做好人、好人做好事、好事就上榜、好人有好报”的浓厚氛围。

四是考核奖惩机制。德才兼备，以德为先，已成为全省社会管理和干部使用的共识，并付诸实施，建立健全了干部德能勤绩廉考核体系。聊城市通过对全市乡镇宣传委员进行培训，详细讲解好人推荐的途径及重要性，并将好人推荐纳入文明县城、文明单位、文明村镇的考核中，并优先入选聊城市道德模范。广泛发动基层群众参与到发现、推荐身边好人活动中。德州武城县把述德与述职述廉结合起来，在每季度对干部的写实评议工作中，另加道德写实评议票，对于表现差的干部不予评为优秀和称职，对于道德缺失的干部予以诫勉；干部考察任用时，首先看道德评议，对道德评议低的实行一票否决，不得提拔重用。县综合考核办公室把道德模范工程建设作为全县的重点工作，纳入经济社会综合考核指标体系，加重分值，年终对各单位进行考核奖惩。对于开展好的单位和个人大张旗鼓地进行表彰奖励。县文明委把道德模范工程建设作为各级文明单位、文明机关、文明村镇评选、复查、评议的首要内容。

（三）项目化

山东省及各地将推荐评选活动列入精神文明建设重点工作任务，纳入部门年度目标考核范畴，实行目标责任管理，印发考核办法，使道德建设工程具体化、项目化。各市各单位推荐道德模范候选人、入选道德模范和当选道德模范数量作为精神文明创建测评指标，纳入测评体系并增加权重。

山东省大力推进“四德”工程建设创新发展，在全省范围内进行统一规划，分类指导。山东省“四德”工程建设工作始于2007年11月，在总结推广莱州市“三德”工程建设经验基础上，全省启动了“四德”工程建设。2013年7月，启动了“四德”工程建设示范市创建活动，得到全省上下广泛响应。9月，制定下发了《四德工程示范市建设标准》，对四个方面21类39项内容作出详细规定。全省上下把“四德”工程建设纳入科学发展的总体安排，摆上重要议事日程。全省各地以示范县创建为抓手，统一规划，分类指导，建立机制，深入推进，倡树典型，营造氛围，把道德建设融入群众生活，贯穿于经济建设，使悬浮于人们思想中的“道德”有了可操作的抓手，使心灵工程看得见、摸得着、做得到、见实效，初步实现了核心价值体系道德建设大众化、具体化、生动化。2013年11月24日至28日，习近平总书记在山东视察调研时，对山东省推进美德山东、文明山东、诚信山东建设，开展“学雷锋、做山东好人”活动给予肯定。2013年11月4

日，中央政治局常委、书记处书记刘云山同志对山东省“四德”工程建设作出重要批示，指出：“让善行义举上榜，为凡人善举立传，对山东的经验要很好地总结，道德建设一定要有好的载体和机制，要多总结各地创造的、老百姓喜闻乐见的、接地气的、有实效的好经验。”刘奇葆同志作出批示：“要贯彻落实云山同志批示要求，总结经验，打造载体，把道德建设抓实。”中宣部、中央文明办在全国推广山东省“四德”工程建设经验，成为全省核心价值体系建设的有效载体和品牌。

除了“四德”工程，各地结合自身实际，积极探索项目化运作，制定具体的工作标准，把经济社会发展成果、群众满意度高低、社会稳定指数升降等硬性指标纳入文化建设重点任务，使公民道德建设与经济社会发展、群众生产生活融为一体，同频共振，有力支撑了经济社会健康发展。潍坊注重项目化运作，积极开展以关爱空巢老人、流动儿童、残疾人为重点，以“邻里守望”“洁净家园”“爱护山川河流”“文明引导”“文化传播”等为主要内容的各项活动。探索建立以社区党委统领、社工支撑、社会组织和社区志愿者共同参与的“四社联动”社区志愿服务新模式。

（四）载体化

全省各地坚持从构建和谐社会的大处着眼，从弘扬传统美德的深处着力，从群众需求的现实入手，以民俗和重大节庆活动为接点，创新载体，深化主题。精心组织，搭建活动平台，创新活动方式。建设活动涵盖了市民个人、生活、工作和社会四个活动空间，为群众的社会道德实践搭建起了一个直观、坚实的平台和吸引群众广泛、自觉参与的广阔舞台。

融入民俗节庆，深化道德建设主题。全省上下以践行社会主义核心价值体系为主题，以“感恩”“诚信”“敬业”“友善”“爱国”“责任”为重点，结合重大活动、重要纪念日、节庆日，在全省广泛组织开展了“美德山东、诚信齐鲁”主题教育实践活动。1月至2月，结合春节、元宵节等节日，以“感恩”为主题，大力培育知恩之心，倡导报恩之举，教育和引导人们感恩父母、感恩师长、感恩社会。3月至4月，结合“3•15”消费者权益日、清明节等节日，以“诚信”为主题，大力弘扬诚信之风，倡导践诺之举，教育和引导人们忠诚事业、诚实劳动、诚信待人。5月至6月，结合“五一”劳动节、“六一”儿童节、端午节等节日，以“敬业”为主题，大力弘扬劳动光荣之风，倡导创造创新之举，教育和引导人们勤奋劳动、努力创造、无私奉献。7月至8月，结合“七一”党的生日、七夕节、“八一”建军节等节日，以“友善”为主题，大力弘扬友爱之心，倡导行善之举，教育和引导人们爱护家庭、友爱待人、扶危济困、守望相助。9月至10月，结合“十一”国庆节、中秋节、重阳节等节日，以“爱国”为主题，大力培育爱国之情，倡导爱国之举，教育和引导人们热爱祖国、热爱人民、热爱社会主义。11月至12月，结合元旦等节日，以“责任”为主题，大力培育明责之心，倡导负责之举，教育和引导人们守法尽责、见义勇为、敢于担当。各级单位普遍结合这些节日主题，广泛开展丰富多彩的宣传教育活动，做到了融入民俗，贴近工作，寓教于乐，群众参与程度高，教育效果良好。

整合系统内外资源，广筑道德建设平台。一方面，充分发挥道德讲堂、爱国主义教育基地、图书馆、博物馆、艺术馆、美术馆、文化站等宣传文化阵地的作用；另一方面，整合利用教育、城建、交通、旅游等社会资源，在村居、企业、机关、学校、广场公园、车站码头、旅游景点广泛开展道德教育实践活动。

打造道德建设品牌。临沂市在多年推荐好人的基础上，建立了两个好人品牌——2011年开始的“大义临沂人”评选活动和2014年开始的“临沂好人”评选活动。目前，两个品牌评选规范、运行有序，“好人”品牌的影响力、知名度不断提高。临沂在市中心城区人民广场建设临沂市“道德广场”。道德广场共设置120块宣传栏，包括全市道德模范、“大义临沂人”、“山东好人”等几大板块，把典型宣传到群众身边，得到了市民的普遍欢迎。制作道德模范形象公益广告，把先进典型制作成大型广告牌，在市内主要交通路口、LED大显示屏进行宣传。各县区也结合实际，通过建设好人墙、主题广场、道德长廊、四德总榜、先模人物展示墙等宣传模范事迹。烟台市每两年一届举办“烟台十佳好人”的评选表彰，充分调动市民群众参与其中，真正把推荐评选的过程转化为广大干部群众修身正德、见贤思齐的自觉，并举办规格隆重的颁奖典礼，把这些平民楷模请上前台，聚焦他们平凡而又伟大的事迹，使更多的市民群众受到感染和教育。目前，双年度“十佳烟台好人”评选已开展7届，累计推出各类好人90多位。通过好人评选活动的持续开展，崇德向善已经成为广大市民的基本认同，群众评、评群众，群众学、学群众的“好人文化”，也已成为烟台文明城市建设最闪光的亮点。

（五）舆论化

为切实开展好道德模范工程建设，营造人人关注道德建设的舆论氛围，山东各地加强舆论宣传引导，通过全方位、大密度的宣传，弘扬了崇德向善的道德力量，形成了各级、各类媒体交相辉映的立体化宣传模式。

一是强化媒体宣传。《大众日报》、《齐鲁晚报》、《生活日报》和山东电台、山东电视台等新闻媒体，安排专人对道德模范进行深入采访，坚持每周在重要版面、重点时段集中宣传道德模范，形成了新闻宣传联动效应。山东省文明办开辟了“美德山东”网宣传平台，山东省委《山东通讯》开办了《美德山东》专栏，山东省外宣办“政务微博”设置了《山东好人》栏目，山东卫视《时代先锋》栏目长期宣传道德模范，提高了宣传层次。大众网开发建设了“美德山东群英榜”网络宣传平台，集中宣传展示全省道德建设先进典型事迹。人民网、新华网、中国网络电视台、新浪网、搜狐网、网易等多家全国知名网站也对山东道德模范的事迹进行了大量的刊发、转载和评述。

二是强化社会宣传。济南市在泉城公园设立的好人广场，在济南国际机场大厅设立的“山东好人”年度人物展板，定期更换内容，集中宣传展示。坚持每年汇集整理“山东好人”事迹，编辑出版《山东好人之星》系列丛书，作为公民道德建设教材免费发放各地。各地广泛组织“山东好人”到基层巡讲，与群众互动交流。以“山东好人”为原型，组织创作地方特色文艺作品，用讲故事、演节目的方式传递了道德观念。一系列宣传手段各展所长、相互支撑、共同发力，打响了山东道德模范的品牌。

三是广泛发动各界参与。公开推荐和投票方式，广泛发动社会各界参与活动，除组织各地、各部门推荐外，还接受群众通过电话、信件、电子邮件、手机短信自发推荐候选人。目前推荐的候选人中，囊括了干部、工人、农民、学生、个体经营户等各个人群，有力地调动了群众参与的积极性。在大众网、齐鲁网、山东文明网等设立道德模范推荐评选活动专栏，接受广大网民投票和监督，使广大群众积极参与到推荐、评选、评议的全过程。

二、山东道德模范建设的主要成就

多年来，山东省深入贯彻落实《公民道德建设实施纲要》，以建设社会主义核心价值体系为根本，以增强诚信意识、责任意识为重点，大力推进道德模范工程建设，广大干部群众积极参与道德建设，努力践行社会主义荣辱观，坚持以实际行动倡树新风、弘扬美德；积极开展形式多样的文明养成活动，涌现出济南“泉城义工”、青岛“微尘”、淄博“善小”等爱心公益品牌，家庭和睦、尊老爱幼、邻里团结、乡风文明等文明新风吹拂着齐鲁大地，推出了王乐义、许振超、孟祥斌、刁娜等一批在全国有重大影响的先进典型，有力地弘扬了社会正气，提高了广大人民群众的文明道德素质，提升了社会文明程度，为促进山东省经济社会又好又快发展提供了强大的精神动力和思想保证。

（一）提高了全省广大公民的道德素质

在道德模范工程建设中，山东各地准确把握广大群众的价值需求、发展需求，着力进行价值引导、思想培育、典型带动，逐步形成文明、和谐、向上的良好社会风尚。在全省各地，热心公益、孝敬亲长、勤俭节约、崇善尚德等成为道德主流，公民道德素质显著提高。

1. 崇尚道德楷模的社会风尚逐步形成。

山东省通过道德选树活动，有力地弘扬了社会正气，大大提高了广大人民群众的文明道德素质，在全省范围内形成了崇尚道德楷模、学做道德模范的社会风尚，见难伸手、助人为乐、奉献社会、诚实守信蔚然成风。与此同时，全省各地通过多种渠道、运用多种形式大力宣传体现传统美德和时代精神的先进典型，使典型的先进事迹家喻户晓、人人皆知，使广大群众学有榜样、赶有目标、见贤思齐。全省各地以道德模范评选为契机，组织“道德模范”“身边好人”“爱心家庭”推荐评选活动，举办先进事迹巡回报告会，扎实推进“文明模范引领行动”；启动“道德模范基层巡讲”活动，认真组织道德模范进机关、进学校、进企业、进社区、进村镇，深入开展基层巡讲活动；通过新闻媒体与广大群众开展互动交流活动，如“道德的传承”活动、“学雷锋在行动——道德模范和身边好人现场交流会”等，形成了道德模范宣传教育的常态化，宣传了道德模范和身边好人的高尚品德，对全社会道德水平的提高和文明新风的形成起到了积极的推动作用。

2. 社会民众的公益意识进一步增强。

山东着力创造慈善公益环境，充分利用传媒开展宣传，动员群众、民间及社会力量，鼓励企业和社会各界参与社会慈善公益事业和活动，强化公众的慈善意识，唤起民众弘扬传统美德、发扬人道主义精神和积德行善、助人为乐、扶危济困的社会责任感，以实际行动不断丰富社会主义核心价值体系践行活动的内涵。荣膺“中国十大杰出青年志愿服务集体”的“泉城义工”注册人数已达10万余人，近百万人次接受了“泉城义工”的服务。威海市自2007年以来，每年6月开展“慈善月”活动，广大市民和企业踊跃参与捐款，4年来，全市捐款总额达到3亿多元，企业认捐慈善基金14亿元，全市50%以上的出租车挂上了“雷锋车”“敬老助残车”“爱心车”“拥军车”的牌子，成为展示“文明威海”的流动风景线。青岛市着力进行社会责任主题教育，引导企业在加快发展的同时，自觉履行社会责任，争做合格“企业公民”。青岛港集团、海尔、海信、青建集团等企业拿出资金用于社会公益事业，即墨妙府老酒提出了“孝敬不能等待”的理念，累计捐出600多万元，支持老龄事业发展。

3. 社会志愿服务活动迅速发展。

志愿服务体现着公民的社会责任意识，志愿服务发展水平反映着社会文明程度。山东各地各单位围绕中央、省委的重大部署，紧紧围绕基层群众的实际需要，大力弘扬志愿服务文化，积极倡导“奉献他人、提升自己”的志愿服务理念，广泛开展关爱空巢老人、留守儿童、农民工、残疾人志愿服务活动，开展创优美环境、优良秩序、优质服务志愿服务活动，推广青岛“笑姐”爱心助残团队、济南市“泉城义工”等志愿服务活动的先进经验。特别是在迎接和举办北京奥运会、残奥会，抗震救灾等重大活动和重大事件中，志愿服务发挥了突出作用，产生了广泛的社会影响。目前，青岛志愿服务网已注册服务基地 1750 个，志愿服务项目 1499 个。荣膺“中国十大杰出青年志愿服务集体”的“泉城义工”注册人数已达 10 万余人，近百万人次接受了“泉城义工”的服务。潍坊市志愿者注册数量在全国志愿者队伍建设管理信息系统登记注册志愿者人数占总人口数量达到 10% 以上。

（二）全面提高了城乡文明水平

山东各地在精神文明创建活动中，以建设社会主义核心价值体系为根本，以公民道德建设为重点，贴近实际、贴近生活、贴近群众，提高了全省城乡文明水平。

在创建文明城市活动中，山东各地以提高市民素质和城市文明度为目标，以创建文明社区、文明小区、文明行业为主要载体，以增强诚信意识、责任意识为重点，扎实推进公民道德建设，精心组织实施社会公德、职业道德、家庭美德、个人品德“四德”建设，紧紧围绕创优美环境、优良秩序、优质服务和做文明市民来开展，在市民素质、社会秩序、社会服务、文化建设等方面全面展开，广泛开展形式多样的创建活动，城乡文明水平显著提高。2015 年 2 月 28 日，中央文明委授予 34 个城市全国文明城市（区）称号，威海市、潍坊市、东营市分别以地级市测评总分第一名、第二名、第五名的优异成绩，当选第四批全国文明城市。诚信守法、文明健康已成为孔孟之乡、礼仪之邦独特的品牌。

随着山东道德模范评选活动的推进，山东各地未成年人社会文化环境明显改善，面向未成年人的精神文化产品和文化服务更加丰富，学校、家庭、社会“三结合”的教育网络初步形成。全省未成年人思想道德建设工作整体水平显著提高。临沂市、潍坊市等先后被授予“全国未成年人思想道德建设工作先进城市”，其经验做法被山东省文明委在全省推广，被中央文明办转发。

（三）促进了社会和谐与经济发展

道德构筑幸福，道德促进和谐，道德发展经济。山东各地以公民道德建设为重点加快“文明山东”建设，为山东经济全面发展与“和谐山东”

构建提供了重要支撑。

1. 全面促进社会和谐稳定。

我国的生产经营方式、利益格局、社会结构、组织形式、人口构成等正在发生深刻变化，这种空前的社会变革，给我国经济社会发展带来巨大活力，同时也必然带来这样那样的矛盾和问题。针对一些地方出现诚信缺失、道德失范，山东各地通过大力加强公民道德建设，推进诚信建设，促进了社会和谐稳定。荣成市致力于打造以“诚信”为内核的城市精神，推进以政务诚信为先导、企业诚信为重点、社会诚信为基础、司法诚信为保障的四位一体诚信体系建设，走出了一条构建社会主义核心价值体系与推进区域发展互促共进的新路子。其中，打造政务诚信，提升政府公信力是重中之重。通过推行以“提效能”为目标的行政审批改革和以“重规范”为目标的审批流程再造，使荣成的事项办理时限平均缩短了 70%。如今，荣成事项办理实现了“三零”：零投诉、零逾期、零差错，群众满意率 99.8%。2013 年荣成各项工作群众满意度达 96.78%，在威海各市区排名跃升至榜首。

2. 营造良好经济发展环境。

社会信用体系建设不仅是城市精神文明建设的内容之一，同时也是推动城市经济社会全面协调健康发展的重要基础。在“山东好人”评选活动中，山东省围绕构建“诚信守信”这个中心，通过打造诚实、守信、自律、互信的社会信用环境，推动全省经济社会实现全面协调健康发展。荣成市以社会治理创新为重点，把诚信建设作为立市创业之本，在全省率先建立了社会征信体系，以政务诚信带动企业诚信、社会诚信、司法公信，促进干群互信，为经济发展营造了良好环境。“十二五”时期，全市综合实力大幅提升。市内生产总值达到 1022.3 亿元，年均增长 10.6%，人均生产总值达到 15.3 万元；城镇和农村居民人均可支配收入分别达到 35164 元和 17856 元，年均增长 11% 和 12.8%，被确定为县域经济科学发展试点市。5 年间荣成累计利用外资 5.4 亿美元，年均增长 14.6%；一般贸易出口比重由 27.5% 提高到 55.3%，境外投资 3.5 亿美元，增长 1.2 倍，7 家企业入选省重点培育国际知名品牌。诚信更成为荣成吸引人才智力的“强磁场”。政府和企业不折不扣兑现引才引智引资政策，科技孵化器从无到有，总数达到5家，新增省级以上创新平台25个、产业技术创新战略联盟4个，海洋职业学院建成招生，全市引进各类人才6600多人，培养高技能人才9200多人，大批高端人才在荣成安家落户。诚信使荣成企业信誉声名远播，成为助推经济社会发展的强劲动力。

（四）形成了好人有好报的价值导向

在山东道德模范评树的过程中，山东省健全完善褒扬激励机制，通过对道德模范进行表彰奖励，在政治上、工作上、生活上关怀道德模范，用各种美好形式礼遇和善待道德模范，设立基金帮扶生活困难的道德模范，加大主流媒体对好人事迹的宣传力度，组织各界群众走进“道德讲堂”聆听他们的感人故事，使这些平常默默奉献的“普通人”成了人人尊重的道德明星，树立好人有好报的价值导向。

青岛、济南、菏泽等地制定出台《帮扶生活困难道德模范实施办法》，帮助模范解决工作和生活中的实际困难，让好人“有德”也“有得”，为护佑良善提供持久有力支撑。一是隆重进行表彰和奖励。近年来，青岛全市上下共计发放帮扶资金400多万元。临沂市对获得荣誉的先进个人，市里每年召开表彰大会进行隆重表彰，颁发证书和奖杯，并给予一定物质奖励（2000元~3000元不等）。郯城县每年召开“最美郯城人”颁奖典礼，把道德模范和身边好人奖励资金列入财政预算，目前已发放奖励资金12.5万元。兰陵县对评选出的“十佳兰陵好人”每人奖励2000元。二是提供物质关怀。自2011年开始，青岛市财政设置专门资金，每年为全市“好人”等近千名先进典型进行健康查体。同时，在全市范围内普遍实施了免费县内旅游、免费健康查体、免费读报、免费收看数字电视、免费乘坐县城公交及年底走访慰问“五免一送”关怀政策。三是给予道德模范崇高社会礼遇，坚持市领导走访道德模范制度，邀请道德模范出席全市春节联欢会、茶话会以及国庆节、啤酒节等重要节庆和社会活动，形成礼敬模范、关爱模范的良好社会风气。

三、山东道德模范建设的选树规律

山东各地以培育和践行社会主义核心价值观为根本，大力加强公民道德建设，扎实开展道德模范选树工作，各地各级相关部门、单位，持之以恒、常抓不懈，努力深化拓展延伸，逐步实现了规范化、长效化，道德模范选树活动步入了新常态，其社会影响力、公众认可度不断提升。

（一）培育道德土壤

精神的力量是无穷的，道德的力量也是无穷的。中华文明孕育的宝贵道德财富，今天依然是我们推进改革开放和社会主义现代化建设的强大精神力量。山东是孔孟故乡，在弘扬中华民族传统美德方面资源丰富，各地都着力挖掘齐鲁传统道德精髓，开展道德实践活动，培育道德土壤，以引导人们向往和追求崇德向善的生活。首先，创新性推进公民道德建设。山东一贯重视公民道德建设，不断创新思路，开拓新的道德建设路径，大力推进“四德”工程，广泛开展“公民基本道德行为40则”普及行动，推出了莱州“4+1”工程、招远九曲蒋家村村民素质教育、淄博“乡村少年宫”、东营市文明信用工程等全省乃至全国道德建设典型，从而大大提高了广大群众的文明道德素质。其次，将“道德培育”与“公共文化”进行多效互推，以实现共同提升，一方面，将传统经典融入公共设施之中，打造公共课堂、流动课堂，例如莱阳、莱州等地在公园、广场、围墙等建设道德典型宣传长廊，在立柱、石凳、围墙上镌刻着道德箴言，济南在公交车上推出《公交车厢论语》，将“十米车厢”打造成为流动的道德讲堂；另一方面，推动传扬美德与其他文化业态互相借力，曲阜市开展背《论语》免费游三孔活动，山东省文联以“崇德尚义”“孔子故乡”等主题开展包括小品、舞蹈、微电影等在内的文化活动，达到了道德培育与文化旅游、文艺演出共赢的效果。第三，将“传统美德”与“时代新风”进行高效融合，探索出丰富的道德培育表达方式。山东各地或依托儒家优秀道德资源建设道德教育园区基地，例如，济宁借助儒家优秀传统文化，着力提升干部为政之德，依托孔庙孔府、孟庙孟府，以孔府《戒贪图》、孟庙官箴碑等为载体，积极探索打造干部政德教育基地；或借鉴传统方式，并辅之以现代媒介，例如，为规范女性行为规范，引导广大女性传递美德践行文明，烟台借鉴《三字经》《弟子规》等传统蒙学编排形式，创作了《新女性文明三字经》，通过编排说唱、快板、腰鼓等多个版本的传唱，张贴宣传画，公交车上播放传唱视频等多种形式进行推广，在烟台乃至全省引起强烈反响。

（二）重视社会挖掘

“道德模范是社会道德建设的重要旗帜”①，因此，山东各地各级部门在选树道德模范时，注意站在时代的高度向全社会挖掘、推树道德模范人物，使道德模范既承载着中华民族崇德向善的优良道德传统，又展现着新时期山东精神，从而引领着现代文明风尚；使道德模范扎根于生活，扎根于群众，并为群众所推荐、认可和接受，从而起着用身边道德模范影响引导身边人的教育效果。一是找准定位。道德模范选树活动坚持将视角对准普通群众，把重点放在基层一线，注重发动群众在日常生活中挖掘身边的“平民英雄”，推崇“凡人善举”，突出群众评、评群众，抓基层、抓村居、抓家庭，发动群众推典型，主推群众身边的典型，层层推、层层树、层层学，形成了让广大群众、全社会都积极参与的好办法，提高了群众参与的积极性，夯实了活动的群众基础和影响力感召力，也让广大群众在推荐评选道德模范过程中受到精神感染。二是健全体系。山东在道德模范选树活动方面建立体系、形成机制、规范程序上下了很大功夫，已经形成了村、镇、县、市、省五级联动、自下而上、梯次推进的工作格局，形成了山东好人、好人之星、年度人物、中国好人、全省至全国道德模范逐级提升的选树链条。三是规范流程。各有关部门积极参与、认真对待，对选树的道德模范事迹进行严格把关、遴选和评审，对候选人事迹进行调查核实，确保真实准确，并公开接受群众评议，例

① 习近平：《为实现中国梦凝聚有力道德支撑》，见《习近平谈治国理政》，外文出版社2014年版，第158页。

如淄博市在各基层机关、村镇、社区、学校、企业建立道德评议会，道德评议会由群众威望高的老党员、老干部、单位职工、村民代表等组成，重点围绕在道德建设中出现的典型人和事开展评议活动，评选推荐身边出现的好人好事。

（三）形成立体宣传

在道德模范选树活动中，山东注重舆论宣传引导，通过全方位、大密度的宣传，弘扬了崇德向善的道德力量，形成了各级、各类媒体交相辉映的立体化宣传模式。一是促媒体联动。传统媒体和新媒体共同发力，坚持在重要版面、重点时段集中宣传道德模范，相关部门相继在网络、微博上开辟了《美德山东》《山东好人》专栏，形成了新闻宣传联动效应。二是与群众互动。各地广泛组织道德模范典型到基层巡讲，通过开展报告会、互动交流等活动，让道德模范人物进社区、企业、机关、学校、村镇和道德讲堂，与群众互动交流；同时，以山东的道德模范人物为原型，拍摄制作《道德给人力量》等宣传片，编辑出版《山东好人之星》系列丛书，拍摄《寻找微尘》《山东好人》《孔繁森》（2013 年）等电影，组织创作《梨花雨》等地方特色文艺作品，用讲故事、演节目的方式传递道德观念。三是及时如实宣传。山东各地各部门注重对道德模范典型的及时如实宣传，对日常涌现的新的典型人物和事迹，坚持第一时间介入，抓住热点，开展主题宣传活动，从而放大榜样力量，提升示范效果；同时，注重对道德模范一桩桩、一件件的感人事迹作如实报道，用事实说话，不溢美、不拔高、不添枝加叶，使模范人物可亲而又可信、可学。四是集中宣传展示。在广场、公园、车站、机场建设好人墙、主题广场、道德长廊、四德总榜、展示墙、展览馆，对道德模范事迹进行集中宣传展示。例如，德州市在减河湿地公园、长河公园建设道德模范和核心价值观主题公园，以“德源”为主题，设立公益宣传板，宣传展示了从大禹、董仲舒到德州市的历届道德模范。临沂市在人民广场建设“道德广场”，设置宣传栏，包括全市道德模范、“大义临沂人”、“山东好人”等几大板块，把典型宣传到群众身边，得到了市民的普遍欢迎。一系列宣传手段各展所长、相互支撑，共同打响了山东道德模范和“山东好人”品牌。

（四）注重表彰奖励

在道德模范选树工作中，山东各地逐渐构建起精神鼓励与物质奖励相结合的激励机制，树立好人有好报的价值导向。一是健全完善褒扬激励机制，在政治上、工作上、生活上关怀道德模范，用各种美好形式礼遇和善待道德模范、山东好人。通过举办年度“道德模范”“山东好人”颁奖典礼，加大主流媒体对道德模范事迹的宣传力度，组织各界群众走进“道德讲堂”聆听他们的感人故事，使这些平常默默奉献的身边“普通人”成为人人尊重的道德明星。二是把精神鼓励与物质奖励统一起来。青岛、济南、菏泽等地制定出台了《帮扶生活困难道德模范实施办法》，设立见义勇为基金和慈善基金，用于道德模范、身边好人的奖励和资助，帮助模范解决工作和生活中的实际困难，例如，临沂市对获得荣誉的先进个人，每年召开表彰大会进行隆重表彰，并给予一定物质奖励，青岛市每年都发放一定数额的帮扶资金，济宁市则对每位困难好人进行补助。同时，各地开展免费为道德模范组织健康体检、免费乘坐公交车、提供技术培训、就业推荐等活动，滨州市则动员精神文明建设先进集体与生活困难的道德模范和“滨州好人”形成“一对一”结对帮扶，既解决了道德模范的实际困难，也在全社会掀起了关爱道德模范、关爱“好人”的道德风尚。通过一系列奖励补助举措，不仅切实解决道德模范遇到的困难，并为护佑良善提供持久有力支撑，从而推动形成了持续的道德模范建设热潮。

（五）做好跟踪服务

山东在道德模范选树工作中，不仅注重层层树典型、人人学典型，更注重时时护典型，以持久地保持道德模范典型的先进性。对待道德模范典型人物，山东各地各级部门时刻注意在鼓励支持的基础上，做好跟踪服务，以负责的态度爱护好典型。一是在选树过程中，公开接受群众评议。对道德模范候选人事迹进行调查核实，确保真实准确，并征求候选人任职单位、居住地群众的意见，并通过报纸、网络进行社会公示，接受群众评议，确保选树工作的公信力。二是在抓好新道德模范典型宣传的同时，注意对道德模范老典型的跟踪报道，促使老典型不断自我提升。三是组织成立道德模范群众性团体。近年来，为了将道德模范、身边好人组织起来，在自我管理、自我教育、自我服务、自我提升的同时，进一步抱团行善、合力积德，持续发挥榜样示范作用，山东一些地区组织成立了道德模范群众性团体，例如，2014年青岛市成立了青岛好人联合会，即由“感动青岛”先进人物、道德模范、慈善之星、微尘公益之星和身边好人倡议，自愿成立的联合性、非盈利性、民间公益性群众团体，好人联合会成立后，道德模范相互感召相互提升，向社会积极传递正能量。

“一花引来百花开”。山东省各地通过选树道德模范，展示好人事迹，在社会上形成一个良好的舆论氛围，并使典型效应不断扩大为社会效应，最大化地放大“好人效应”。在道德模范、好人精神引领下，越来越多的人崇德向善，“争做好事、争当好人”蔚然成风，社会影响力更加广泛。

第六章　山东道德模范建设的对策措施

道德模范建设是一个长期渐进的过程，更是一项复杂的系统工程。山东具有深厚的中华优秀传统文化底蕴，山东人享有良好的口碑和声誉，山东道德模范建设具有良好的工作基础，在全国道德模范建设中走在了前列。全面推进山东道德模范建设工作，不仅要在评选表彰中做到“四个坚持”，在建设内容上强调“两个突出”，在载体方式上实现“五个结合”，还要通过“三化”进行制度建设，构建“四位一体”的教育体系，增强理论研究的力度，提高舆论宣传的强度，形成保障措施的合力，努力在各行各业、各个层面都树起道德榜样，在全社会形成学习道德模范的浓厚氛围、有效机制和文明习惯，推动全省公民思想道德素质和社会文明程度的显著提高，成为“经济文化强省”建设的重要载体和有力支撑。

一、建立道德模范建设长效工作机制

一个典型就是一面旗帜，千万个典型汇聚起来就是社会的主流。评选表彰道德模范，是引导人民群众大规模参与道德实践的成功探索，是新形势下推进公民道德建设和精神文明建设的创新之举，对于在全社会弘扬中华民族传统美德、自觉践行社会主义核心价值观起到了极大的榜样引领作用。山东道德模范的评选表彰要始终做到“四个坚持”。

（一）坚持探索创新道德模范的选树方式

道德模范建设要充分尊重人民群众的主体地位，充分尊重广大群众的首创精神。在道德模范评选中，要坚持自上而下和自下而上两种方式的结合。道德模范评选要注重坚持群众路线，突出群众评、评群众，抓基层、抓村居、抓家庭，发动群众推典型，主推群众身边的典型，层层推、层层树、层层学。进一步探索让广大群众、全社会都积极参与的好办法，大力开展“孝老爱亲”“感动年度人物”“好婆婆”“好媳妇”等评选活动，夯实活动的群众基础和感召力。要普遍成立“道德评议会”，设立“道德讲堂”，用“身边人讲身边事，身边人讲自己事，身边人荐身边人”的形式进行广泛宣讲，提高广大群众参与的积极性，确保基层推荐的效率和质量，吸引越来越多的人积极参与道德模范建设，形成道德规范建设在更大范围内与群众共鸣共振的生动局面。

（二）坚持严格规范的道德模范选树程序

德模范建设的主管部门要提前向全社会公布评选标准、办法和程序，通过广泛开展“我推荐、我评议身边好人”等活动吸引群众参与，开通报纸、网络、热线电话、电子邮箱等多种渠道，方便群众推荐、投票、监督。坚持公平公正公开，提高公信力和权威性。评选过程中要严格遵照规定程序规范操作，坚持开门评选，积极引入第三方力量验证有效选票，把群众性、广泛性与专业性、科学性更好地结合起来，增强透明度、公信度，使评选活动本身成为提高公民素质、推动“四德工程”建设的生动实践。目前，道德模范正在由过去的一个个的个体道德模范更多地向好人团队、群体和组织转变，所以评选中应该增加“道德模范群体（团队）”。其次，当前各地都把通过互联网、微信等投票作为道德模范评选的主要依据，但是由于这些现代信息手段受众地区、年龄、阶层的不均衡性带来新的不平等，所以应该把网络投票主要作为一种宣传方式，只作为评选参考，不按比例权衡。再者，在评选名额上不应该各地一刀切，数量不能限制过死，对人口较多的地市，评选时应增加数量权重。最后，对时效性较强的道德模范事迹，在评选时要优先考虑。

（三）坚持形成强大合力的工作推进机制

加强山东道德模范建设，要充分发挥党的政治优势和组织优势，切实加强组织领导，加强统筹协调，有效凝聚各方力量，形成强大合力，把道德模范建设作为“一把手”工程，一抓到底，抓出成效。进一步完善组织领导体制，在纵向上县、乡、村、企层层一把手挂帅，在横向上经济管理、社会服务、行政执法、政法机关、基层党建齐抓共管，形成党委统一领导、宣传部门组织协调、全社会积极参与的格局。特别是要进一步健全道德模范建设的工作推进机制、典型引领机制、考核奖惩机制、法建保障机制和道德评议制度，要靠机制推动和制度保障，全面形成山东道德模范建设的常态化工作机制和有效途径。

（四）坚持增强道德模范选树宣传工作的成效

山东道德模范建设必须摒弃形式主义，避免“运动式”道德教育，要让广大群众在参与评选道德模范过程中内心受到感染、思想受到教育、道德得到提升。道德力量的养成更多的是来自于道德榜样的引领，来自于心灵的相互感染，来自于爱心的传递接力。要建立道德模范典型库，把典型引路和面上推进结合起来，组织开展先进人物系列宣传教育活动，用典型的成功经验指导工作，用典型的示范作用促进工作，确保引领示范效应的有效落实。特别是要广泛开展“评模范、学模范、当模范”等活动，使评选表彰过程成为广大群众学习道德模范、弘扬真善美的过程，成为普及基本道德规范、推动道德建设的过程。对评树的道德模范先进典型，要引导各级层层设立“光荣榜”，通过挂牌匾、表彰会、事迹报告会、物质奖励、媒体宣传等形式，大张旗鼓地进行宣传报道、持续报道，让人们学有榜样、赶有目标，带动整个社会良好风气的形成。

二、丰富道德模范建设活动内容

山东道德模范建设的内容，要根据山东经济社会发展的新形势、新任务、新要求和广大群众对社会道德秩序、文明生活的新期待，不断进行丰富和充实。在具体推进和建设实践中，要着重做好“两个突出”。

（一）突出齐鲁文化特色，大力弘扬民族精神、时代精神和新时期山

东精神

山东是中华传统文化的重要源头，是革命老区和改革开放的前沿省份，具有丰富深厚的历史文化底蕴、革命文化传统、当代文化精神。齐鲁传统文化博大精深、源远流长，其中的仁爱思想、诚信意识、民本观念、孝文化以及勤劳勇敢、自强不息、厚德载物、明礼处世、和为贵等价值理念，是我们进行道德模范建设的宝贵资源。在多年来的实践中形成的爱党、爱国、爱军，勇于奉献的革命文化和锐意进取、开放创新的时代精神，具有广泛的群众基础，是推进各项事业发展的重要动力。全面推动道德模范建设，要深入挖掘整合山东丰富的文化资源，赋予新的时代内涵，培育体现齐鲁文化特点、在全国有重要影响的道德文化品牌，将社会主义核心价值体系与优秀传统文化、齐鲁文化相结合进行宣传教育，不断增强广大群众的认同感、归属感，把弘扬民族精神与培育新时期“山东精神”有机结合起来，大力弘扬“改革创新、开放包容、忠诚守信、务实拼搏、敢为人先”的新时期山东精神，树立“文化齐鲁”“文明山东”的良好形象，进一步扩大齐鲁文化的影响力，确立山东道德模范建设的领先地位，为山东实现在小康社会建设进程中走在前列提供强大的道德文化支撑，让齐鲁文化在中华文化走向世界进程中做出更大贡献。

（二）突出工作重点，找准道德模范建设的形势、情况和主要问题

道德模范建设是一个系统工程，涵盖的内容非常丰富，主要包括：社会公德建设，要重点解决公民不良行为习惯，力争在日常礼仪、公共秩序、社会服务、城乡环境等方面取得实质性进展，使公民文明素养得到明显提高。职业道德建设，要突出诚信意识，广泛深入开展共铸诚信活动，加强政务诚信、商务诚信建设，培养诚信观念和规则意识，推动健全社会信用体系。家庭美德建设，要突出履行家庭责任，重点解决不孝敬老人的问题，继续开展“五好家庭”“好媳妇”“好婆婆”等评选活动，建和谐家庭，树文明家风。个人品德建设，要以提高道德素养、增强责任意识为重点，加强公民意识教育，树立社会主义民主法制、自由平等、公平正义理念，培养“爱国、敬业、诚信、友善”道德品质，引导广大群众把道德追求作为自身内在需要，做具有文明素养、高尚道德、社会责任的现代公民。

三、创新道德模范建设载体途径

推动道德模范形象深入人心，先进事迹被自觉学习践行，是山东道德模范建设的关键。为此要顺应时代的发展，根据广大群众的需要，进一步创新工作方式方法，通过“五个结合”做到在实践中强化养成。

（一）推动道德模范建设与群众广泛参与相结合

道德模范建设要注重发挥人民群众的主体作用，充分激发道德模范建设的生机活力。努力形成人人参与、人人有责、全社会共同参与建设的生动局面，每个人既是道德模范建设的参与者，也是道德模范感染的受益者，参与的人数越多，社会群体的受益面就越大。特别是在道德模范建设过程中，要充分利用公共博物馆、纪念馆、音乐厅、科技馆等社会公共文化设施场所，开展学习道德模范的体验活动。要充分运用网络媒体，积极搭建网络参与平台，利用网络互动性强的优势，设计开展各种形式的宣传教育活动，吸引广大群众积极参与，在参与中受到教育和启示，得到道德思想精神的全面升华和提高。

（二）推动道德模范建设与解决现实问题相结合

各行各业的道德模范实践活动和模范人物，要带头践行群众路线，直接面向社会热点问题和突出矛盾，反映群众呼声，急群众所急，为群众服务，让人们切身感受到道德模范建设的实际成效，增强群众广泛参与道德建设的自觉性和积极性。特别是政府各级各部门要积极利用通信、报纸专栏、电视、网络媒体等载体搭建政府与百姓互动交流平台，倾听民生，了解民意，解决市民村民关注的热点难点问题，积极为群众排忧解难，赢得社会认可，提高群众满意率。

（三）把道德模范建设与道德实践养成活动相结合

把道德模范建设融入“学雷锋，做山东好人”活动、全省青年文明号

“学雷锋树新风、志愿青春耀齐鲁”集中行动等长期日常的学雷锋活动之中，在推进学雷锋活动常态化引导下推动道德模范实践活动的广泛开展。与实施“公民基本道德行为40则”普及行动相结合，构建符合“文明山东”内涵、适应社会主义市场经济的道德和行为规范，广泛开展群众性道德实践主题活动，完善道德模范评选表彰机制，建立健全道德建设监督和评估体系，加强未成年人思想道德建设和大学生思想政治教育。

（四）把道德模范建设与文明城市、文明村镇、文明单位等各类创建活动相结合

道德模范建设要与全国群众性精神文明创建活动统筹谋划布局，相互支撑、相互促进，在传播文明、引领风尚中发挥表率作用。一方面将道德模范建设作为文明村镇、文明单位等各类创建活动的重要内容和评选标准，不断深化文明创建活动，切实推动道德模范建设进机关、进企事业单位、进社区、进农村、进校园、进家庭；另一方面充分发挥文明村镇、文明行业、文明社区、文明单位、文明家庭的示范带动和引领作用，推动人们加强道德修养、提升精神境界、培育文明风尚。

（五）把道德模范建设与人们的日常工作生活相结合

按照道德模范的行为要求，健全各行各业的规章制度，完善市民公约、乡规民约、学生守则等行为准则，使道德模范行为标准成为人们日常工作生活的基本遵循。推动道德模范建设贴近实际，立足于实践，及时发现我们身边平凡生活中的“小美”“微笑”“最美”，善于用平凡生活中的美好精神，用群众身边的生动事例教育人、引导人。积极运用社会管理措施，强化道德行为约束，建立公民个人诚信道德档案，健全志愿者和义工服务管理体系，对道德信誉优良的个人，在升学、就业、信贷、社保等方面给予优惠待遇，使道德模范成为广大人民群众普遍认同和自觉遵守的行为准则与信仰追求。

四、构建道德模范建设养成体系

道德教育是道德模范建设的重要环节，是社会道德发挥作用的重要杠

杆之一，是形成良好社会道德风尚的重要手段，是个人道德品质形成的重要推动力。由于道德建设涉及人的全部行为和关系，可以说与人的一生相伴相随，因此道德教育构成了一个人终身教育和继续教育的重要内容。当代社会鼓励个性发展、个人的成就感，容易使个人失去道德约束，这就需要构建家庭、学校、单位、社会“四位一体”的道德模范教育体系。

（一）让家庭成为人们接受道德教育的重要起点

高尚品德必须从小开始培养，从娃娃抓起。要在孩子懂事的时候，深入浅出地进行道德启蒙教育；在孩子成长的过程中，循循善诱，以事明理，引导其分清是非、辨别善恶；在家庭生活中，通过每个成员良好的言行举止，相互影响，共同提高，形成好的家风。①深入推进善行义举“四德”榜建设，强化和规范“四德”榜的建立、使用和管理，鼓励和倡导围绕“四德”内容建立公民道德档案。积极探索善行义举四德榜由家庭、农村、社区向大中城市、机关、企事业单位和公共场所拓展延伸，逐步实现区域、行业、单位、家庭的全覆盖。

（二）把学校打造成进行系统道德教育的主要阵地

全省各级各类学校必须全面推进素质教育，把教书与育人紧密结合起来，把学习道德模范融入教育教学全过程，落实到课堂教学、社会实践、校园文化建设、志愿服务等各环节，不断增强思想道德建设的针对性、实效性。要科学规划不同年龄学生及各学习阶段道德教育的具体内容，针对不同年龄段青少年的身心特点和认知水平，在德育课程设计、学生品德考核、师资力量配备和校外实践活动等方面作出分层次、有区别的安排，由浅入深、由感性到理性，有机衔接，培养学生养成良好的基本道德规范。深入发掘各类课程的德育资源，发挥教师为人师表、教书育人的作用，使广大教师在传授专业知识的过程中注重加强思想品德和政治理论教育，使学生在学习科学文化知识的过程中自觉加强思想道德修养。要进一步完善和落实学生守则和师德规范，推进校纪校风建设和文

① 《公民道德建设实施纲要》，人民网，http：//www.people.com.cn/。

明校园建设，有针对性地组织学生开展各类道德实践活动，增强青少年的道德体验。各级教育部门要指导各地各校以多种形式广泛宣传道德模范的感人事迹和高尚品德，发挥道德模范的辐射引领作用，努力使师生思想道德建设走在公民道德建设的前列。继承发扬中华优秀传统文化和传统美德，在中小学广泛开展“少年传承中华传统美德”活动，在高校深入开展“礼敬中华优秀传统文化”活动，把美德教育有机融入文明校园的创建活动中。

（三）把机关、企事业单位建设成为道德教育的重要场所

各类机关、企事业单位应当有计划、有重点地抓好道德教育。要把道德特别是职业道德作为岗前和岗位培训的重要内容，帮助从业人员熟悉和了解与本职工作相关的道德规范，培养敬业精神。要把遵守职业道德的情况作为考核、奖惩的重要指标，促使从业人员养成良好的职业习惯，树立行业新风。社会是进行公民道德教育的大课堂。党政各部门、社会各方面以及城市社区、农村基层组织在公民道德教育中要结合各自的工作职能，运用多种形式和手段，大力宣传基本道德知识、道德规范和必要礼仪。要积极开发优秀民族道德教育资源，利用各种爱国主义教育基地，进行历史和革命传统教育。要不断充实富有时代特色的道德教育内容，推广群众易于接受的各种教育方式。通过建立各种教育机构，如开办各类市民学校、职工学校、民工学校、农民夜校、家政学校等，编写和运用通俗易懂的简明教材，对公民进行道德教育，①使公民道德教育成为全社会齐抓共管的崇高事业，渗透在公民社会生活的方方面面、各行各业，使公民在道德教育环境中，遵循道德规范，形成良好的道德风尚。

五、加强道德模范建设学术理论研究

理论研究能为道德模范建设提供理性认识、内在规律、经验总结和实

① 《公民道德建设实施纲要》，人民网，http：//www.people.com.cn/。

证探索，是进行道德模范建设的理论基础和支撑力量，必须切实提高对道德模范建设理论研究重要性的认识。

（一）积极推动道德模范理论研究

道德模范建设的各级各部门要提高对道德理论研究的重视程度，积极与高校、科研机构紧密合作，针对道德模范建设中存在的突出问题、热点问题，甄选具备针对性的课题，积极开展理论研究，澄清模糊认识、批判错误思想，为指导山东道德模范建设提供理论支持和决策依据。要结合社会实践发展阶段特点和广大人民群众在现实生活中的迫切道德思想精神需求，把道德模范建设研究作为一项重大理论工程、民生工程，积极组织高校、科研机构、第一线工作的理论学者和实际工作者，联合多学科共同攻关，力争每年推出一批有价值、操作性强、具有指导意义的理论研究成果，为推进山东道德模范建设提供重要的思想理论支持和学术力量支撑。

（二）深入开展基层实践调查研究

深入开展基层调查和舆情调研是道德模范建设不可或缺的重要环节。广大理论工作者要全面贯彻“三贴近”原则，要真正深入基层开展舆情调查研究，全面了解基层群众的思想认识和在生产生活中的思想动态、精神需求，特别要充分了解广大群众对道德模范建设内容和形式的反映，要对调查结果进行科学的定量定性分析，为意识形态部门更好地了解社会思想行为变化，制定科学的道德教育工作方针，提供可靠的科学依据和决策参考，从而使道德模范建设的选树和宣传推广工作更具有针对性、感召力和社会影响力。

（三）加强道德模范建设法律化研究

道德规范一旦得到法律的支持，其扬善、制恶的效果就会得到极大的强化。要全面加强道德立法工作研究，尽快将那些关系重大的一些道德规范要求法制化，把道德领域中一些带有根本性和普遍性的道德规范上升为法律，进一步研究在道德模范建设中，如何在政策导向、救助措施、荣誉奖励以及利益分配上，充分体现对道德模范的关心和关爱，加快建立道德模范的奖励和保障机制。通过研究和修订完善相关法律法规、出台生活困难道德模范帮扶办法、鼓励和支持各类好人后援组织的建立发展等措施，形成有利于好人涌现、好人好报的良好制度环境，让好人及其家人生活有保障、有依靠，使更多的人敢当好人、愿当好人、甘当好人。对在道德模范建设中做出突出贡献的单位和个人，给予一定的物质和精神奖励，把思想引导与利益调节、精神鼓励与物质奖励统一起来。

六、营造道德模范建设良好社会氛围

宣传推介和舆论烘托在道德模范建设中发挥着巨大作用。要全面增强对道德模范宣传报道的主动性，以权威的平台、主流的声音牢牢占据道德“高地”，在道德模范宣传报道上持续发力，营造崇德向善、见贤思齐的浓厚社会氛围。

（一）推动全媒体融合宣传报道

在道德模范建设中，要充分发挥各种新闻媒体的正面宣传和舆论监督作用，深层次、多角度、全方位地宣传活动开展情况，扩大工作影响力。全面结合贯彻落实中央《关于培育和践行社会主义核心价值观的意见》，充分借助互联网传播平台，用好报纸、网站、客户端、网络电视等10多种传播载体，与超过3亿的全媒体用户开展互动。充分发挥文联、社联、社科院等研创和演职人员的作用，调动乡镇文化站、电影放映队、庄户剧团的积极性，深入生活，创作、演播各地涌现出的道德模范先进事迹，宣扬最美人物，弘扬最美精神，用身边事教育身边人，用小故事阐发大道理，在全省形成持续的道德模范建设热潮。加大外媒定制推送、境外社交媒体传播力度，让更多的道德模范走进民众、走上网络、走向海外，更好地传播中华精神、齐鲁道德文明。

（二）注重讲好道德模范故事

道德模范典型不应一评了之，要选择有代表性的道德模范先进典型，进行感人事迹的深挖掘和精包装，通过新闻媒体广泛深入持久地进行宣传报道，使先进事迹成为街头巷尾的百姓之美谈。要进一步丰富媒体和网站道德模范的专题、专栏，加大对山东道德模范报道的力度和密度，浓墨重彩宣传他们的先进事迹和崇高精神。在人物刻画上，媒体要注意挖精髓、挖亮点，注重思想性、感染力、关注度，讲好故事、撼动人心。要创新报道形式，拓宽渠道平台，注重传播技巧，讲求报道艺术，借故事感化，用事实教化，靠真情催化，使报道产生直抵人心的力量，帮助人们提升道德意愿、道德追求。要整合传统媒体和新兴媒体力量，形成道德模范宣传的正面舆论强势，积极适应互联网时代的新要求，充分运用网络、微博、微信等开展道德模范评选宣传。要聘请专业人士设计制作具有山东特色的公益广告、好人展播等视频作品，吸收流行元素，吸引更多的年轻人参与到道德模范建设的宣传推广实践工作中。

（三）促进宣传与社会实践的紧密结合

道德模范先进典型的宣传推介，要注重综合利用各种社会资源，既要充分发挥好现有的各类传统媒体和新兴媒体舆论的作用，更要大力发挥好道德讲堂、爱国主义教育基地、图书馆、博物馆、艺术馆、美术馆、剧场、影院、文化站等宣传文化阵地的作用，又要整合利用好学校、村居、企业、机关、广场公园、机场车站码头、旅游景点等社会资源，广泛开展山东道德模范的教育实践活动，实现道德模范建设与经济、政治、文化、社会、生态文明建设同频同率、协调发展，同促共进。特别是要充分发挥好基层组织的引导作用、先进典型的带动作用、创建活动的载体作用，广泛发动，因势利导，精心设计载体，吸引越来越多的人参与道德模范建设，确保建设成效的最大化。

第七章　当代山东道德模范典型事迹

公民的道德水平，体现着一个民族的基本素质，反映着一个社会的文明程度。加强公民道德建设，是提高全民族文明素质的一项基础性工程。2007年以来，国家已经评选了5届全国道德模范。在推选全国道德模范的工作中，山东省始终走在前列。2007年，山东省推荐15名全国道德模范候选人，2人入选；2009年，山东省推荐10名全国道德模范候选人，4人入选；2011年，山东省推荐10名全国道德模范候选人，2人入选；2013年，山东省推荐10名全国道德模范候选人，3人入选；2015年，山东省推荐10名全国道德模范候选人，2人入选。山东省道德模范推选工作同步进行，5届共推选山东省道德模范260人。这些来自基层的道德模范，用他们的先进事迹感召群众，对于在全社会大力弘扬社会公德、职业道德、家庭美德，营造知荣辱、树正气、促和谐的社会风尚，促进社会主义核心价值体系建设，为经济社会发展提供强有力的思想道德保障，具有十分重要的意义和作用。

一、山东省第一届全国道德模范典型事迹

（一）许振超：当代产业工人的杰出代表

许振超所在的青岛港前湾集装箱码头是由青岛港集团、英国铁行集团、中远集团、丹麦马士基集团总投资8.87亿美元合资经营的目前世界上最大的集装箱码头企业之一。许振超参加工作三十多年来，以“干就干一流，争就争第一”的精神，立足本职，爱岗奉献，刻苦钻研，务实创新，干一行，

爱一行，精一行，先后荣获了全国劳动模范、全国优秀党员、全国五一劳动奖章、全国中华技能大奖等一系列的荣誉，在平凡的岗位上作出了不平凡的业绩。他自学成才，苦练技术，练就了“一钩准”“一钩净”“无声响操作”等绝活，并模范地带出了“王啸飞燕”“显新穿针”“刘洋神绳”等一大批具有社会影响的工作品牌。

许振超带领团队按照“泊位、船时、单机”三大效率的标准要求，深入开展“比安全质量、比效率、比管理、比作风”的四比活动，围绕“人员零差错、流程零缝隙、设备零故障、桥吊零待时”的作业方案，精心打造“效率快港、实力强港、平安福港”的工作成效，先后六次打破集装箱装卸世界纪录，使“振超效率”令世人赞叹，将“振超精神”名扬四海。“10小时保班”服务品牌为顾客提供了超值服务，吸引了全球各大船公司纷纷在青岛港上航线、换大船，2006年青岛港集装箱达到770.2万标准箱，位列世界第11强。

2005年他积极响应建设节约型社会的号召，按照青岛港“管理挖潜年”的要求，多方试验在冷藏集装箱上加装节电器，一年节约电费600万元，投资回报率达到60%。自2006年以来，他积极响应国家节能减排的号召，领衔组织实施了轮胎吊“油改电”技术改造，填补了这一技术的国际空白，在全部77台轮胎吊投入使用后，年节约资金3000万元以上，噪音和尾气污染降低至近零。

工作中，许振超坚持青岛港“一心为民，造福职工”的好政策，把员工当成自己的兄弟姐妹，倍加关心爱护，他始终把自己下属员工的安全作为自己第一位的责任，为员工制作了“安全卡”，发放“爱心卡”。他根据员工的身体状况，合理安排配工。他坚持深入员工中，了解他们工作的详细状况，走入员工家庭，嘘寒问暖，营造了一个亲情浓郁的大家庭。他还积极参与社会公益事业，带领同事们为身患骨癌的16岁的沂蒙山小姑娘捐款3万元，保证了手术的顺利进行，使小姑娘得以康复。

许振超被选树为当代产业工人的杰出代表，先后受到胡锦涛、温家宝、曾庆红、黄菊、吴官正、李长春、王乐泉、王兆国、刘云山、贺国强等党和国家领导人的亲切接见，温总理还两次给许振超亲笔回信。2004年他应邀出席了中国首届公民道德论坛并作了典型发言。2004年以来在中宣部、交通部、全国总工会的统一安排下，许振超先进事迹报告团先后赴26个省市和16所高校宣讲，在社会上引起了广泛反响。

（二）王乐义：大家都富才算富

王乐义，1941年生，1965年加入中国共产党，1978年担任村党支部书记至今。王乐义始终把诚信作为立身之本，认真践行公民道德规范，积极争做道德建设的楷模。

王乐义认为，无论从事什么职业，都要自觉做老实人，说老实话，办老实事，用诚实劳动获取财富。1989年，他率先发明了冬暖式大棚蔬菜生产技术。1992年，无公害蔬菜首次在三元朱村开发成功，取得了国家质检总局发放的无公害农产品标志证书，被农业部授予国内首批“无农药残毒放心菜生产基地”。2001年，他在村里组织开展了以创建文明信用蔬菜基地、文明信用蔬菜村、文明信用菜农、文明信用农业龙头企业、文明信用经营业户为主要内容的“五信”创建活动。三元朱村生产的蔬菜质量全部达到国际标准，畅销全国各地，并出口到十几个国家和地区。诚信打造了三元朱村的蔬菜品牌，也给村民们带来了实实在在的效益。2006年，该村年集体收入达3560万元，人均纯收入达10300元。

王乐义常说，“天下农民是一家，自己富了不算富，大家都富才算富”。他是这么说的，也是这么做的。十几年来，他带领全村将大棚技术毫无保留地无偿对外推广。从1990年到现在，三元朱村的技术员先后到过20个省（市、自治区）的300多个县、市、区，在当地成功地推广了冬暖大棚技术。王乐义同志本人也拖着癌症之躯，先后到全国11个省、市、自治区无偿传授大棚蔬菜技术，行程达几十万千米。如今，冬暖式蔬菜大棚已经遍布大江南北，不仅丰富了城乡居民的菜篮子，而且为亿万农民开辟了一条致富之路。

王乐义认为，当干部就要一心一意为群众谋利益。这几年，他用自己的名字注册了“乐义”牌商标，现在，一个绿色食品蔬菜项目、一个过亿元的复合肥产品项目，还有一个塑料薄膜项目，全都是用的“乐义”品牌。据专家估算，仅这三大块，这个品牌的价值就过亿元。如果拿分红，他个人用不了几年就成了大富翁。但他对乡亲们明确表态，这个分红的钱他一分不拿，全是乡亲们的。

在王乐义的带动下，诚实守信在三元朱村蔚然成风，三元朱村被中央文明委评为全国文明村镇建设工作先进村。王乐义先后被评为全国优秀共产党员、全国劳动模范，被确定为全国保持共产党员先进性、建设社会主义新农村的重大典型，并先后当选为中国共产党第十五、第十六、第十七次全国代表大会代表。2004 年，王乐义作为全国“农民增收致富奔小康”先进事迹报告团成员，在全国 7 个省市作了巡回报告。2006 年 2 月，中宣部、农业部、山东省委在北京人民大会堂隆重举行王乐义同志先进事迹报告会，并赴辽宁、河南、陕西等地作了巡回报告。2006 年 6 月 30 日，在中共中央召开的庆祝中国共产党成立 85 周年暨总结保持共产党员先进性教育活动大会上，王乐义同志又作了典型发言。

二、山东省第二届全国道德模范典型事迹

（一）杨正权：诚信人生 大胜靠德

杨正权，男，57 岁，中共党员，威海杨正权实业有限公司总经理。1984 年杨正权开始从事个体私营经济以来，始终诚实守信，一直坚持“做人以德为本，守恒以诚为源”，其美德被人们所传颂。

守信是牢固的经商之基。杨正权坚信：吃亏是福，生意场上风云难料，不讲诚信，早晚要吃大亏。只有根基牢，声誉好，才是生财之道。

1972 年，杨正权从安徽六安参军来到威海，由于学雷锋做好事，在部队里表现出色，复员后党组织安排他到威海市远遥村任党支部书记。杨正权带领村民治山牧海，广拓富路，不久即远近闻名。上级领导发现他有经商才能，于是调他到濒临倒闭的社办企业任厂长。就在他背着干粮为新产品南跑北奔联系销路之际，急于致富的职工却掺杂使假并加快进度促产量，结果造成新产品大量积压，资金链就此断裂。万般懊恼的杨正权主动要求辞职“下海”，同时带走了公家企业的 9 万元债务。

因为这 9 万元债务，许多亲戚朋友骂他“犯傻”，杨正权不作解释，咬紧牙关义无反顾考察市场去了。转过年来，杨正权在自己的老部队租借了一间平房，支起了专营干海产品的小店铺。

“乡办企业”诚信缺失而陷入破产境地的经历，在杨正权心中留下了深深的烙印。自家开店，他视“诚信”重如生命。依他自己的话说，“我是吃过大亏，才知‘诚信’二字弥足珍贵”。

1998年秋天，供货商丛献滋家中失火，往来账本被烧毁。亟需资金的丛献滋记忆里觉得杨正权赊欠的货款有2万元，但又拿不出供货单据，就小心翼翼拨通了杨正权的电话。杨正权马上回答：“恐怕不止这个数，我这就对账，一会儿给你回话！”当晚，杨正权就送去了4.8万元货款。从此，在生意场上、朋友圈里，丛献滋常把杨正权挂在嘴上。

2007年4月，杨正权批发给石家庄的一位同行一批干鱿鱼丝，但没过保质期，这位同行打来电话，说鱿鱼丝变质了要求退款。杨正权千里奔赴石家庄，才知这位同行是个新手，压根不知干海产品需冷藏保存。搞清了问题的责任后，杨正权并没有一走了之，先是不露声色地办理退款，然后又传授了干海产品保存办法。从此，“好人杨正权”在石家庄传开来。

2008年秋冬之交，全球金融危机席卷而来，杨正权的生意也受到了很大冲击，不少原来商定的海产品零售和批发价格大幅下跌，然而杨正权宁可随市压价出售，交给客户的货款却依原价兑付，仅与烟台一位客商的一次海参交易，老杨就损失了6万元，但他赢得的却是异地同行的由衷赞誉和此后的真诚相交。期间，杨正权公司的员工都担心杨正权会因生意上的损失而减薪裁员，没料到在2009年春节返乡时，老杨发给员工的红包比以前更厚重了一些。老杨还给大家吃了“定心丸”：好好过个年，铆足劲大家一起共渡难关。老杨的真诚换到了员工的热忱工作，他们珍惜自己的工作，用诚实的劳动体现自身的价值，用热情的服务和诚实之心赢得了更多客户的信赖。好人不仅成为杨正权的一个人格品牌，而且成为他所在公司的一块金字招牌。2002年，杨正权任经理的威海市庆威水产购销部获评“全国优秀无假货示范店”。

由难而顺，从“小”到“大”，杨正权始终持守大诚大信，一刻不忘回报社会。用杨正权自己的话说，致富思源，感恩图报，本是诚实守信的题中应有之义。作为一名老共产党员，杨正权从事个体经营后，始终不忘发挥党员的作用。“下海”初期，杨正权主动联络几名老党员一起，跑成了山东省第一个由个体户党员组成的党支部——环翠区个体劳协党支部，并向社会承诺：每年帮扶带动10名以上下岗职工摆摊设铺重新就业；所有党员都要带头诚信经营，带头主动纳税；积极参加各类捐献活动。

20余年来，杨正权始终坚守着这些承诺，他所在的公司首先安置下岗再就业人员30多名，并先后捐资20万余元，同时又靠上去献智献力，拉动40多名下岗职工开店摆摊。20余年来，他一直坚持主动、足额纳税，累计上交各类税费已逾600万元。20余年来，杨正权济贫扶危，赈灾救急，抚老助残，帮农扶弱，拥军兴学，共捐赠善款善物总值逾600多万元。据不完全统计，杨正权在全国各地资助的特困在校生数额已发展到800名，并常年联系帮扶着三所学校；在全国各地常年资助着100多个孤寡、特困户，并常年联系帮扶2所敬老院；资助了11个欠发达村修路、建桥、改造校舍等等。2007年，在获得全省“道德模范”称号和全国“道德模范提名奖”之后，他决定：诚信经营，勤俭节用，留下流动资金，余钱全部捐献。2008年，我国南方地区突遭冰雪灾害，杨正权分两次捐出11万元。汶川大地震发生之后，杨正权把能够挪动的资金一挪再挪，捐资18万元，又通过媒体联系上2名灾区孤儿，郑重承诺常年资助直至成年。20余年来，在杨正权的带动下，环翠区个体劳协党支部的所有党员都信守规矩，从没发生违“规”现象。

诚信，使杨正权获得了社会各界的广泛认可，他先后获得“全国学习雷锋、志愿服务先进个人”、“山东省十大慈善之星”、山东省“诚实守信道德模范”、“全国文明诚信个体工商户”、“改革开放30年山东十大青年楷模”、山东省首届慈善奖（个人奖）等荣誉称号。

（二）孟祥斌：救轻生女子献出生命

孟祥斌，男，1979年4月9日出生，中共党员，生前系解放军96164部队副连职机要参谋，中尉军衔。

2007年12月7日下午，山东齐河县城万人空巷，无数群众胸佩白花、手持黄菊，自发地从四面八方聚集到烈士陵园，参加孟祥斌烈士的骨灰安放仪式。自11月30日孟祥斌救人牺牲以来，浙江金华市全城都在传颂他的事迹，共鸣着一种声音：“向英雄学习！向英雄致敬！”数万金华市民自发到殡仪馆吊唁孟祥斌，在声声赞美和无限怀念中，人们泪飞如雨。

2007年11月30日11点20分左右，金华通济桥上人来人往，一片祥和。驻金华某部队中尉孟祥斌身着便装，陪刚来部队探亲的妻子叶庆华和女儿游玩，经过通济桥。忽然，意外发生了——一名年轻女子狠狠地摔掉正在通话的手机，转身跳入江中。

“不好，有人轻生了！”孟祥斌见状放下怀中3岁的女儿，朝女青年落水的桥边飞奔过去。他飞快地甩掉外套和鞋子，正在桥上路过的朱大姐拉住了他：“别跳！桥下乱石多，绕到河堤下去吧。”“来不及了。不救人，我对不起自己的一身军装。”孟祥斌急急地说。他回望了一眼赶上来的妻子，留下最后一句话：“我去救人了！”就从10米高的通济桥上纵身跳下。

他拼命游近落水女子，托起她奋力向岸边游去。穿着毛衣和牛仔裤入水的孟祥斌，全身很快被冰冷的江水浸透，游起来非常吃力。五六分钟后，他托着女青年游出50余米。这时，江面上驶来一艘前来救援的快艇，救生员七手八脚将落水女子拉上快艇。可一转眼，体力严重耗尽的孟祥斌已沉入江中。

直到下午1点40分，孟祥斌才被找到。早已等候在岸边的救护车，火速将孟祥斌送到金华市中医院抢救。但终因溺水时间过长，英雄不再醒来。在江中发现孟祥斌时，部队首长和战友们哗啦啦跳入冰凉的江水中，脱下衣服裹住他、抱起他：“祥斌，醒醒啊！”他们实在不愿意失去这个好战友。

瞬间的爆发，是偶然，更是必然，积极上进一直是孟祥斌生活的主旋律。“真正的共产党员，必须甘愿为党和人民的利益牺牲一切。”入党志愿书上，他这样写道。

1997年，孟祥斌高中毕业参军到兰州军区。入伍后，他发奋学习，刻苦训练，当兵第一年就受到2次嘉奖，并被评为优秀士兵。1999年，他以优异成绩考入解放军信息工程大学电子技术学院。大学毕业时，他主动要求到任务最繁重的作战部队工作。在入党志愿书中，他写道：“真正的共产党员，必须甘愿为党和人民的利益牺牲一切。”2002年，他加入中国共产党，并被分配到驻金华某部司令部机要科。2005年，他被选送到第二炮兵工程学院继续深造。由于表现突出，他被评为优秀学员，并被任命为班长、区队长，还以学员代表的身份参加了学校的党代会。2007年他从军校毕业后，正赶上部队进行高科技演练。演练中，他担负的通讯联络工作准确及时，多次受到领导表扬。

在战友眼中，孟祥斌是个典型的山东汉子，性格豪爽，为人真诚，热心肠。虽然父母常年有病，妻子也下了岗，但为失学儿童、困难群众捐款捐物，以及部队组织的献血行动，他从来都不落下。战友们在整理他的遗物时，就发现了3本献血证。

孟祥斌牺牲的消息传到家乡，乡亲们无不为之悲痛惋惜。英雄的壮举震撼了人们的心灵，人们争相传颂他的事迹，“向英雄学习，向英雄致敬”成了全社会的共鸣。

孟祥斌先后被所在部队追认为革命烈士，被授予“金华市见义勇为勇士”和“浙江省十大见义勇为勇士”，被浙江省追授五四青年奖章，成为“2007浙江骄傲最具影响力人物”。山东省和德州市分别追授他为“全省道德模范”和“德州市道德模范”，并成为“2007感动德州人物”“2007山东年度新闻人物特别奖”，2008年1月，他成为“感动中国2007年度人物”，2009年5月，孟祥斌被中央军委追授“舍己救人模范军官”荣誉称号。

（三）李学海：特大风暴潮中下海救人

李学海，男，中共党员，本科学历，现任寿光市沿海经济开发办工农科科长、寿光市北海滩涂养殖有限公司董事长，先后被授予潍坊市十大道德模范、希望工程爱心奖，山东省道德模范、山东省富民兴鲁劳动奖章，全国工商个私协系统抗震救灾先进个人。2007年，他当选为山东省第十一届人大代表。

2003年10月11号，寿光北部沿海发生11级特大风暴潮，伴随着倾盆大雨，气温骤然下降10多度。傍晚，潮水越来越高，浪头越来越大，拦海坝挡不住潮水的冲击，很快就给冲开了几个口子，汹涌的海水呼啸着冲上岸来，转眼之间淹没了养殖场。闻讯赶来的各级领导和救援人员，虽然紧急组织疏散，但因事出紧急，当天完全黑下来的时候，还有几十个人没有撤出！李学海急了，天黑进去救人危险大，只听他大喊一声：“我来！”

那年李学海50岁，腿患有严重的风湿性关节炎，晚上睡觉常常疼得醒过来，特别怕凉。这时赶来防潮坝上的干部会水的少，又不熟悉地形，下去救人很可能连自己也搭进去！他领着两个水性好的职工，手里攥着长竹竿，一点一点试探着向前蹚。谁都明白，在这样的大潮里，一个浪头打过来，就有可能永远站不起来了。5000 米的路，他们蹚了近 2 个小时！第一个找到的是李玉明一家，夫妻俩正抱着两岁的孩子站在屋子外头，海水已没过他们的膝盖。李学海急忙过去接过孩子，棉被里裹着的孩子早就湿透了，连冻带吓，张着嘴，哭不出声来。李学海抱着孩子又去找其他人，没走多远，李玉明家的那间屋就被海水冲塌了。这一次，他们救回来 25 个人。

这时又接到报告，还有人被困在里面。海潮已涨了 4 米多，海面上腾起一个个吓人的开花浪，形势万分危急，每一秒钟都人命关天！这时候，再想蹚着海水去救人已经不可能了，驻潍部队的战士们运来的冲锋舟，也从未在风力超过 8 级的海水里使用过，在 11 级台风和暴雨呼啸声中，他穿上救生衣就和一名驾驶冲锋舟的战士又一次下了海。

从 11 日深夜到 12 日下午五点多，他们在海里十几个小时，往返 5 趟，救出 46 人。当他们把最后一名被困人员救上岸时，大家情不自禁地鼓起掌来。这时他又冷又饿，筋疲力尽，一下子瘫倒在了泥浆里。潍坊市委书记张新起同志扶着他，紧紧攥着他的手说："学海，我代表潍坊人民感谢你！"

那场大潮，李学海经营的 1 万多亩虾场由于没来得及抢救，全部冲毁，损失了 3000 多万元。事后很多人不理解地对他说：你冒着生命危险去救人，放着自己的财产不管，赔进去那么多钱，值得吗？李学海淡然地说："那是一条条人命啊，我经济上损失了，可救了那么多条人命，换回那么多家庭的幸福，值！咱是党员，关键时刻就应该站出来、冲上去，那才像个党员的样子！"

为表彰李学海下海救人，寿光市政府给他记了三等功，奖励现金 1 万元，他捐给了羊口镇幼儿园和敬老院。

改革开放使李学海拥有了自己的企业，他不忘自己肩负的社会责任，坚持真诚回报社会，每年都资助若干困难群众、特困学生。2002 年，企业刚刚起步，他和潍坊市希望工程办公室联系，资助 4 名贫困大学生大学毕业，4 年资助 9 万多元。为 800 多名下岗职工、困难户、五保户和残疾人，每人办理了一份医疗保险，为羊口小学捐资 6 万元，维修房屋门窗。2005 年以来，每年为羊口镇弱势群体救助基金会捐资 6 ～ 10 万元。寿光市成立慈善基金，他捐出 5 万元，个人捐款最多。羊口镇修路，他两次捐出 21 万元，2008 年以来，每年拿出 10 万元，资助羊口镇 168 个 65 岁以上、无依无靠、生活困难的孤寡老人。抗震救灾个人捐款 10 万元，缴纳特别党费 5000 元，近年累计为社会公益事业捐款 296 多万元。

李学海，一个急公好义、见义勇为、扶危济困、舍己救人，事迹在当地方圆百里的百姓中广为传颂的现代好人；一个视社会公义高于个人性命，勇于铁肩担道义、爱心献社会的新时期道德模范。

（四）李登海：玉米新品种创造千亿效益

李登海，男，汉族，1949 年 9 月出生，中共党员，山东登海种业股份有限公司董事长、国家玉米工程技术研究中心（山东）主任。中共十四大、十七大代表，第八、第九、第十届全国人大代表和第八、第九届全国人大常务委员会委员，第九、第十届全国人大农业与农村委员会委员，第八届全国青联副主席，第八、第九届中共山东省委委员。曾荣获“全国先进工作者”、“中国十大杰出青年”、山东省道德模范等荣誉称号，并获得“亚洲农业研究发展基金奖”“山东科学技术最高奖”等重要奖项，荣立国家人事部一等功。李登海长期从事玉米育种研究，被誉为“中国紧凑型玉米之父”，在社会上流传着“南有袁隆平，北有李登海”的说法。他培育的玉米新品种已累计推广 10 亿亩，增产粮食 930 亿公斤，增加社会效益 1000 多亿元，创造了世界玉米育种的神话。登海种业也跻身中国种业前三强，成为拥有总资产 8.3 亿元的全国农业产业化龙头企业。

李登海从 20 世纪 70 年代初期开始致力于玉米育种和高产栽培研究，30 多年如一日，刻苦攻关，先后选育了 30 多个高配合力玉米自交系，组配了 60 多个紧凑型玉米杂交种，为国家玉米高产做出了突出贡献。

玉米高产是技术成果，产业化发展才是出路，实现农民增产增收才是目标。在这方面，李登海大胆突破，不断改革创新，走进了种子经营推广的大市场，挑起了科学家和科技实业家两副重担。

2003 年，登海种业与世界上最大的种子公司美国先锋合作，成立我国《种子法》实施后第一家由中方控股的中外合资种业公司——山东登海先锋种业有限公司。通过合作，登海种业得以接触到先进的经验与技术，并借鉴先锋模式，在全国范围内进行生产和销售网络布局。截至目前，登海种业先后斥资 2 亿元在新疆、宁夏、内蒙古、甘肃等“玉米制种黄金带”建立制种基地，在25个省、市、自治区建立了营销网点1万多个。

在发展产业的同时，李登海一直不忘技术推广。多年来，他一直无偿将试验示范种子发送全国几百个科研单位，还将自己的“478”等自交系无私提供给其他育种专家。近年来，他抽调300多名专业人员，在全国各地设立了800多个示范点，实行讲座、栽培、管理、观摩和种子征订等全程示范服务，全面提高了我国玉米种植水平。据国家农业部统计，“八五”“九五”期间，“掖单”“登海”玉米在28个省（市、区）累计推广8.8亿亩，增产粮食930亿公斤，直接增加社会经济效益930亿元。

李登海还积极为广大农民和企业职工谋利益，广泛开展以党员干部为骨干的大规模科技培训，建设了玉米良种、蔬菜良种、小麦良种、花卉栽培等六大培训基地，每年培训农村党员干部群众2万多人次，直接带动5万多农户增收。近几年来，先后投资100多万元，建立了篮球场、乒乓球室等文体活动场所，活跃了职工的业余文化生活。为支持地方教育事业发展，企业投资修建了一所希望小学，为周围3个村庄的孩子上学提供了一流的教学环境。

三、山东省第三届全国道德模范典型事迹

（一）冯思广：生死五秒惊天一坠　危难时刻显英雄本色

冯思广，男，山东省茌平县人，中共党员，1982年1月出生，生前系空军航空兵某师飞行二大队原正连职飞行员。2005年6月入伍，2007年10月入党，空军上尉军衔，三级飞行员，双学士飞行员。

2010年5月6日，空军航空兵某师在济南组织跨昼夜飞行训练。21时30分，冯思广和中队长张德山驾驶飞机组织跨昼夜飞行训练任务。第二次着陆后连续起飞，爬升至高度约50米处时，发动机突然停车。后舱飞行员迅即报告，指挥员果断指挥跳伞。千钧一发之际，冯思广和张德山十分清楚：飞机前下方不远处，就是一大片居民区和夜市。如果不改变飞行轨迹，后果不堪设想。冯思广、张德山强行改变飞机轨迹，迫使飞机提前坠毁于场内，

飞机坠落地点与居民区直线距离为230米，附近有村庄、宾馆、工厂、市场、物流站，常住人口约4000人。如果不是两名飞行员临危不惧的正确处置，将会给济南带来不可估量的重大损失。他们避免了一次可能发生的重大灾难，而冯思广同志终因失去最佳跳伞时机而壮烈牺牲。从发动机停车到飞行员跳出座舱，前后只有5秒钟时间，一次生死抉择的推杆，改变了飞行的轨迹，也改变了冯思广的生命航向，挽救了4000多名居民的生命财产安全。毅然推杆下降的是飞机高度，升华的却是冯思广作为一名人民飞行员对人民的大爱，体现了一名共产党员的崇高思想境界。

冯思广同志视死如归，在生死关头英勇无畏的献身精神值得我们学习和铭记。如果在险情发生的瞬间，冯思广和张德山首先想到的是自己跳伞求生，而不是迅即改变飞行轨迹的话，他们的生便是建立在人民群众和生命财产遭受重创的基础之上。自己生，群众死；群众生，自己死。在遇到个人安危与群众安危面临威胁而只能单选时，该如何抉择？两名飞行员用实际行动作出了正确而响亮的回答，冯思广同志用生命诠释了一名革命军人愿为国家和人民献出一切的铮铮誓言。

2010年5月7日，冯思广被评为革命烈士，追记一等功，并于6月4日被追授“空军功勋飞行人员金质荣誉奖章”，2010年9月被评为中国好人榜“敬业奉献好人”。

（二）刘延宝：四代人守护烈士墓61载

刘延宝，男，59岁，山东省济南市历城区港沟镇神武村村民。为了“俺能行”三个字的诺言，刘延宝一家四代人守护烈士墓61载，诠释了山东人的诚、信、义。刘延宝一家朴实的言行体现了深厚的爱国主义精神，彰显了人性和道德的光辉。

刘延宝一家人与烈士墓的渊源，要从济南战役说起。

1948年9月的一天，近千名准备攻打济南城的解放军战士驻扎在神武村。战役打响后，部队开赴草山岭，神武村成了后方医院，刘延宝的爷爷刘修芝与父亲刘振顺和众乡亲一起往前线送弹药、往后方抬伤员。村里家家户户都住上了伤员，妇女们帮着照顾伤病员，漂洗的血衣把村里6个池塘都染成了红色，让全村人都十分震撼。

9月28日晚，有一队解放军抬着5位战场上牺牲的战士来到神武村安葬，由于伤亡惨重，按照部队首长的指示，阵亡的战士只能就近掩埋安葬。刘延宝的爷爷刘修芝与几位战士含泪掩埋了这些伤痕累累的烈士。事后，部队首长对刘延宝的爷爷说："这几名好战士牺牲在草山岭的一次战斗中，只知道一个人的籍贯在浙江省仙居县，你能照看着他们吗？"诚朴的刘修芝只说了三个字："俺能行！"

刘修芝觉得自己的承诺是明义之举，5位烈士虽然与刘家非亲非故，但他们是为了解放济南而牺牲的，是为了老百姓而献身的，守好烈士的英灵，才能对得起死难烈士，对得起远在异地他乡的烈士亲属。咱山东人最讲诚、信、义，承诺的事，再难也要办到。他从山上背下来石头，凿成石碑，一块刻上了"浙江省仙居县一五乡下张村张忠孝烈士之墓"，另外4位无名烈士的石碑则刻上了"革命烈士之墓"，并在墓边栽上了松柏。从此之后，按照当地的风俗，每逢清明节、七月十五、十月初一、春节，全家老小都带着祭品到烈士墓前祭奠、培土、清扫，年复一年守护着烈士墓。

1976年6月，护墓28年的刘修芝老人在弥留之际，把全家人叫到床前，立下了一条家规："人要厚道、守信，那5位烈士是为咱老百姓过上好日子而死的，咱要报恩，俺答应过部队首长'俺能行'，咱家要世世代代护好他们……"全家人含泪点头应允后，老人闭眼而去。

作为长子，刘延宝的父亲刘振顺接过了护墓的"接力棒"，也接过了一份诚信和责任。1982年，神武村实行家庭联产承包责任制，将村里的土地以抓阄的形式分给各户，烈士墓占的那块地分给了别人。刘延宝的父亲急了，从不求人的他，三番五次找到村干部和分到墓地的村民商量，最终得到"特殊照顾"，用自己的一块好地换回了墓地薄田。

在此后的十几年里，刘延宝和父亲在墓地四周又种植了白杨树、火炬树，把墓地整理得更加齐整、肃穆。刘父有4个儿子，闲暇时常把先烈们的英雄事迹讲给儿孙们听，教育他们要看守好先烈英灵，他还把二儿子刘延军、三儿子刘伟先后送到部队，让儿子以实际行动继承烈士的遗志。

2000年秋天，父亲去世前，把全家人叫到跟前，郑重地说出刘家的家规，并告诫孩子们，做人绝不能失信，只要刘家还有后人，就要守护好烈士墓，前辈能行，后辈也要行，不能有半点闪失。护墓"接力棒"传到了刘延宝的手里。

刘延宝是刘家第三代护墓人。在此之前，他看到烈士们的墓碑已十分破旧，亲自去定做了一座高1.5米的新墓碑，并请工匠刻上了六个工工整整的大字——“革命烈士之墓”。看到墓地荒凉、无遮无掩，他动员全家出动，在墓地周围垒起了围墙，把烈士墓保护得更加完好。

前几年，村里修环村公路时，又发现了两位烈士的遗骨。刘延宝听说后，主动提出申请，在5位烈士墓旁，用砖垒砌墓穴，安葬了两位烈士的遗骨。至此，墓地里有7位烈士在这里长眠。墓园里当年刘修芝老人栽下的松柏已郁郁葱葱，粗壮挺拔。刘家人60多年来不为名、不图利、诚实守信的事迹也感动了全村人，村里家庭不和、邻里矛盾越来越少，村风越来越正。

刘延宝六十年如一日的义务守墓精神不断传诵开来，得到了各级党委、政府领导的高度重视和大力支持。刘延宝先后被评为历城区道德模范、济南市道德模范、山东省道德模范，今年港沟镇特批第四代护墓人——刘延宝的儿子刘增龙同志为入党积极分子，以完成刘延宝同志多年未实现的愿望。刘延宝的义举也感动了全村群众，神武村两委会投资1万余元重修了烈士陵园并立了革命烈士纪念碑，全力支持他们的护墓义举。如今的烈士墓地松柏郁郁葱葱，被港沟镇神武小学列为青少年爱国主义教育基地和革命传统教育基地。每年清明节，学校的师生都会到烈士墓前，敬上亲手制作的小白花，以此来缅怀革命先烈。

四、山东省第四届全国道德模范典型事迹

（一）刁娜：舍己一条腿救人一条命，她感觉“值”了

刁娜，女，25岁，山东省烟台市南山国际旅行社龙口分社业务部副经理。2011年“山东省见义勇为先进分子”、第四届山东省道德模范。

2011年10月23日傍晚5点多，天色阴暗，空中飘着小雨。刁娜和爱人下班开车回家途中，突然发现前方路中有一个模糊的东西，像是一个人。车子小心绕过时，坐在副驾驶位置的刁娜才看清是一名女子倒在地上，满

身是血。此时正是下班高峰期，车流如梭。“天这么暗，她会不会被车轧到？”刁娜脑中闪过一丝担心。“停车！”夫妻俩几乎同时作出决定，将车倒了回去，二人下车仔细查看女子受伤情况。因为不懂急救知识，不敢轻易移动伤者，两人就站在受伤女子前方，迎着驶来的车辆，用自己的身体为她筑起一道防护墙。他们不停地打手势、喊话，指挥过往车辆绕行，并迅速拨打了120急救电话。

120还没有来，天却彻底黑了，过往的汽车都开启了车灯。为了给过往车辆更明显的提醒，刁娜的爱人回到车里拿警示牌，刁娜一人站在雨中指挥过往的车辆。这时，一辆轿车径直冲了过来。虽然在司机看清刁娜的一瞬间，猛打了一把方向盘，但还是晚了一步，刁娜被剐倒在地。“当时天已经很黑了，又下着雨，可能司机视线不好，直接就冲这边过来了，因为怕伤者被第二次碾轧，我当时本能得就挡在前面，啥都没想。”刁娜后来讲述道。

救护车赶来了，将受伤女子和刁娜一起送往医院。拍片后发现，刁娜右腿严重骨折，需要立即手术。被救女子受伤更为严重，车祸造成她十根肋骨骨折并颅内出血，幸亏发现、抢救及时，脱离了生命危险。做完手术后，刁娜连续发烧好几天，每天都得依靠大量止痛片来缓解术后剧烈的疼痛。但她说对救人这件事，从不后悔。刁娜说，人与人之间，应该多些温暖，一条腿能换回一条命，值！

刁娜以及家人以为这件事就此过去了，也从不曾想过要对外人提及。3天后，一名当地记者到医院体验生活，在与救护车司机聊天时偶然得知了刁娜救人的事迹，立即进行了报道。随后，从中央到地方，各级报纸、广播、电视、网络纷纷跟进报道，刁娜见义勇为、舍己救人的事迹引起了社会各界的广泛关注和强烈共鸣，成为“小悦悦”事件导致的“道德寒冬”里一股最为温暖的正能量，广大网友盛赞刁娜“不但人长得美，心灵更美”，并亲切地称她为“最美女孩”。

11月11日，刁娜在出院前做的最后一件事，就是坐着轮椅，去看望她救下的王园园，把社会各界捐给她的1万元善款转赠给了王园园。

2011年11月13日，中央电视台《新闻联播》以“女孩车流中舍身救人”为题对刁娜的见义勇为进行了报道。12月4日晚，由中央电视台和全国普法办联合举办的“法治的力量——2011年度法治人物颁奖盛典”在北京揭晓，刁娜获得“2011 最美中国人”称号。

（二）孟祥民：用生命守护蓝天　用生命实践忠诚事业

孟祥民，男，1963 年 8 月出生，生前系山东省淄博市环保局淄川分局监察大队监察一科科长，第四届山东省道德模范。他长期战斗在环保一线，爱岗敬业、无私奉献，为城市生态文明建设奉献了毕生的精力，用生命实践了对事业的忠诚。

淄博是一个老工业城市，节能减排、环境保护，成了这座城市面临的重大考验，一场场关停取缔“土小企业”专项行动全面展开。淄川区环保局监管的企业近 3000 家，占整个淄博市企业总数的 1/3，孟祥民成为整治行动的主力。

常年早出晚归、奔波在外，加上生活极不规律，孟祥民时常感到腹部胀痛，被确诊为直肠癌。当时正值整治活动开始，他把诊断书塞进口袋，一头扎进工作。那段时间，他一直用喝香油的土偏方来润肠通便。同事们看着奇怪，却不知道他已经重病在身。就这样，他忍着病痛，以惊人的毅力带领着同事们先后关停取缔小砖瓦厂 5124 家、小炼铁厂 521 家、小石灰窑 292 家，圆满完成多项环保整治任务。而在两年半的时间里，老孟经历了 22 次化疗。但除去住院治疗的时间，他都坚守在岗位上。

其实，孟祥民一直在为工作拼命。在一次执法中，一个业主纠集 10 多名社会闲散人员，手拿砖头棍棒，叫喊：“谁过来，就打死谁！”部队转业的孟祥民临危不惧，站到了最前面，经过一番斗智斗勇，最终制服了违法者。孟祥民在执法时曾被辱骂过，被放狗咬伤过，家人也曾面临安全威胁，但他依然无所畏惧，坚于职守。

孟祥民的生活是清贫的。他们一家三口住的是不足 70 平方米的老房子，家具、电视等都是老式样。妻子下岗在家，女儿考大学的学费都要找亲戚凑。一天晚上，曾经撮合老孟夫妇相识相恋的媒人突然来访，留下了一沓百元大钞，希望老孟在两天后的整治中“高抬贵手”。经历了一次次手术，家里的积蓄早已花完，他比谁都需要钱。可他坚决退款，并依法对该企业进行整治。

孟祥民执法是无私的，但为企业服务却是有情的。一家制药企业外排废水经常超标，老孟发现，污水治理技术跟不上是主要原因，他利用自己的专业知识，三次带着企业到外地学习治污技术，帮助企业建起新的污水处理设施。不但企业排放达标，而且废水重新得到利用，产生的沼气发电每年还给企业带来两千多万元的效益。

在生命的最后时刻，他已神志不清，却向妻子提出了生平唯一的请求——给他穿上执法制服。至2010年底，孝妇河淄川段全部恢复鱼类生长，完成了山东确定的重点污染河流治理目标，可他47岁的生命却永远定格在2011年7月24日。

孟祥民走后，他的事迹广为流传。国务院总理李克强，中央政治局常委、书记处书记刘云山，山东省委书记姜异康，分别对学习宣传孟祥民同志先进事迹作出重要批示。孟祥民被山东省委追授为“山东省优秀共产党员”，被环保部追授为“环保卫士”，被评为“全国创先争优优秀共产党员”。2012年9月，孟祥民先进事迹报告会在北京人民大会堂举行，全国上下掀起了向孟祥民同志学习的热潮。孟祥民，作为基层环保工作者的杰出代表，用生命诠释了一名共产党员的高尚情操，谱写了一曲震撼人心的环保赞歌!

（三）沈星：勇救落水中学生　因体力透支壮烈牺牲

沈星，男，1981年6月出生，生前系第二炮兵工程大学士官职业技术教育学院副营职参谋、上尉军衔，第四届山东省道德模范。

2012年5月11日，沈星请假回山东青州，为准备毕业论文收集相关材料。2012年5月13日10时许，青州市经济技术开发区中学生王鸿昊在青州市南阳河不慎落水。途经此地的沈星听到呼救声后，奋不顾身立即跳入水中实施营救。他一次次将王鸿昊推向岸边，由于水流湍急、河堤坡陡湿滑，王鸿昊一次次从河堤滑下来，经过沈星数次奋力推举，在闻讯赶来的一名妇女和中年男子的协助下，终将落水学生营救上岸，但沈星因体力透支沉入水中。在军地共同搜救下，沈星被救捞上岸，但因溺水时间过长，经抢救无效壮烈牺牲。当沈星被打捞上岸时，在场的人们都惊呆了，他仍然举着双手保持着向上托举的姿势。他用生命践行了“随时准备为党和人民牺牲一切”的庄严承诺。

沈星是一个理想信念坚定的人。挂在他宿舍台灯上的小卡片，写着这样一段话：“共产党员的称号本身就是一种精神、一种感召，蕴含着把优秀的人、高尚的人引领凝聚到一起的无穷力量！”沈星是一个奋发有为、恪尽职守的人。每次岗位调整都能很快进入角色、胜任本职。先后参与编写了6项教学规范和教材，2套教材分获二炮一等、二等奖，发表多篇教学理论研究文章。沈星同志把全心全意为人民服务的根本宗旨根植头脑、融入血脉。他生在农村，长在农村，从小就对人民群众怀有深厚的感情，经常帮助村里的孤寡老人洗衣服、挑水、打扫屋子。沈星还积极参加社会公益活动，曾组织策划同学“保卫母亲黄河”活动，自行车骑行1000多千米，力所能及地开展社会调查和宣传活动。

沈星的英雄壮举，感动了古城青州，感动了齐鲁三秦，感动了神州大地。驻地数万群众自发到英雄牺牲的地方点亮烛光、敬献花圈、谱写诗歌，通过各种方式沉痛哀悼英雄、追忆英雄。追悼会那天，200多家党政、企事业单位敬献花圈，近10万群众自发沿途送别。

英雄逝去，精神长存。《人民日报》、新华社、《解放军报》等10多家主流媒体深入报道沈星事迹，新闻联播节目以3分钟时长在提要和头条中播出，网络点击量超1000万，跟帖评论达10余万人次。2013年3月，沈星的英雄事迹被西安电影集团拍摄成专题片《一道星光化彩虹》并进入院线公映，成为培育社会主义核心价值体系的生动教材。

为弘扬英雄壮举，二炮党委和山东省潍坊市委分别作出向他学习的决定。沈星先后被军队系统追授“第二炮兵践行当代革命军人核心价值观模范”“热爱人民好军官”荣誉称号；山东省、陕西省分别追授他为“见义勇为先进分子”“见义勇为道德模范”荣誉称号；团中央追授他“中国青年五四奖章”。

五、山东省第五届全国道德模范典型事迹

（一）房泽秋：三十六年孝之道

房泽秋，女，汉族，1960年9月生，山东省济南市历下区泉城路街道贡院墙根社区居民。

36年前，她将毫无血缘关系的瘫痪老人接回家中照顾，直至55岁华发

已生，用自己的华美时光扮靓一位97岁老人的人生。

李玉柱是房家的老邻居，一生未婚。1979年，李玉柱突发脑血栓，半身不遂。见老人没人照料，房泽秋主动跑去照顾。当时她的同事于海也被她热心助人的精神所感动，时常到医院同她一起照顾老人，这也促成了于海与房泽秋的姻缘。后来老人病情好转即将出院时，当时只有19岁的房泽秋就与母亲商量，在住房极其困难的情况下把老人接回了家。1982年，房泽秋与于海结婚后，小两口就将老人接到自己家里，更加无微不至地照顾起来。

1998年4月，老人不小心摔成骨折，在医院住了一个多月。住院期间，老人做牵引手术引发胃出血，非常危险，必须一直吸氧，吊瓶一打就是五六瓶。当时房泽秋两口子每个月的工资加起来还不到200元，可面对医生的病危通知，房泽秋没有丝毫犹豫："打最好的针！"一针600元，连打两天终于把老人从死亡线上拉了回来。

2012年，丈夫突发疾病去世，儿子于霄宁接过父亲的班，每周背老人去医院换尿管为老人排便、洗澡等。于霄宁结婚后，小两口又一起分担照顾老人的责任。2014年12月24日凌晨，老人到了弥留之际，他叫着房泽秋的小名说："谢谢你，多亏了你！"

房泽秋荣获"山东好人之星"荣誉称号，荣登"中国好人榜"。

（二）朱彦夫：中国的保尔·柯察金

朱彦夫，男，汉族，1933年7月生，中共党员，山东省沂源县西里镇张家泉村原党支部书记。

他少年从军保家卫国，血洒疆场、身体残疾；退伍后，拖着残躯带领乡亲建设家园，并将自己的经历体会写成小说，用坚强意志和为民情怀书写着自己的"极限人生"，被誉为"中国的保尔·柯察金"。

1947年，14岁的朱彦夫报名参加解放军。1950年，朱彦夫在抗美援朝的一次战役中身负重伤，双腿膝盖以下、双手手腕以上截肢，失去左眼，成了一级伤残军人。朱彦夫从部队回到家乡后，于1957年担任村支部书记。上任伊始，朱彦夫拄着拐，拖着17斤重的假肢，到田间地头查看生产，逐门逐户查访民情。他的主意慢慢拿定：治山、治水、造田、架电。一个个山里人想都没想过的大工程，在张家泉村热火朝天地展开，一干就是10多年。

张家泉村三面是山。人多地少的矛盾不解决，张家泉村就永远吃不饱。朱彦夫带领张家泉村村民，先后将荒地“赶牛沟”“舍地沟”“腊条沟”变为沃土。为了让群众早日用上电，朱彦夫在妻子的照顾下，跑上海、南京、胜利油田、陕西联系材料，经过艰苦努力，终于让张家泉村于1978年结束了点油灯的历史。

“山顶松树带帽，山下林果缠腰”。村民们一年接着一年干，张家泉上千亩荒山全部披上了绿装。现在，村里产的苹果都卖到了国外。从村支部书记的岗位退下来后，朱彦夫又把主要精力放在宣讲革命传统上，他凭着坚强的毅力，在1996年7月出版了33万字的自传体小说《极限人生》。

朱彦夫荣获“时代楷模”、全国模范伤残军人、山东省优秀共产党员等荣誉称号。

六、山东省道德模范及群体模范典型事迹

（一）傅卫：复员军人的“知心战友”

傅卫，1965年生，山东临沂人，临沂森泰益丰化工有限公司董事长、党支部书记。1982年至1984年在广州军区工程兵某部服役，期间曾荣获三等功。1984年退伍后转业至临沂市乡镇企业局工作，1995年下岗。傅卫同志退伍不褪色，以钢铁般的毅力，历尽千辛万苦，自主创业，从卖小家电步入商场，现创办了临沂森泰益丰化工有限公司。目前，公司的甲酸纳生产量已居国内同行业前列，是临沂经济开发区高成长型企业之一。他对钱看得很淡，看重的是人间真情。他创业成功不忘党和人民的培育，时刻想着他人，助人为乐，努力做一些力所能及的社会公益事业。

送人玫瑰，手留余香，这是傅卫信奉的人生准则。他积极为一些无工作、生活窘困的战友提供岗位，资助贫困学生等。为扩大企业生产，增加社会就业岗位，在招工时向社会承诺：部队转业军人、中共党员、生活贫困者优先录用。创业中他始终把帮助复员军人建岗立业作为自己义不容辞的责任。目前，森泰益丰化工公司职工中超过45岁的复员军人就有47人，占职工

总数的五分之一还多。有人问傅卫，你为什么这样做？他说，这个年龄阶段的人基本没什么谋生技能，做生意又缺少本钱和经验，身体条件也不如年轻人。政府的就业压力太大，全部安排他们的工作何其困难。不管他们，让他们成为社会边缘人，贫困潦倒？我做不到！农民出身的傅卫对农民兄弟有着浓厚的感情。企业壮大后，他主动招收工厂驻地符合条件的农民进厂上班，特别是要求把附近村里的复员军人全部招进厂里，为社会和当地政府解决了就业难题。

幼吾幼，以及人之幼。曾经贫困不堪的傅卫把奉献爱心、帮助他人看作人生最大的快乐。从1998年开始，他先后资助过7名贫困大学生继续学业。还主动为解湖村小学更换了教学设备，建立了贫困学生档案，为辍学的孩子重返校园提供资金帮助。他还承担起了驻地村里五保户的所有赡养费用。

傅卫同志危险面前，无所畏惧，见义勇为。今年初春，他和朋友在临沂市艺术学校附近吃早餐，看到一辆黑色吉普车正沿坡路迅速下滑，冲向路边正在工作的环卫工人和水果摊。他一个箭步冲上去，用肩膀将车顶住，避免了一场车祸，但肩部落下了病根，至今还经常酸疼难忍。

目前，他正在书圣故里筹建一个公益美术馆，准备把他在市区黄金地段、每年能带来100多万元利润的一处经营场所改建成公益美术馆，把多年来收藏的数以千计的书画作品无偿捐献出来，当作送给沂蒙老乡的一份礼物。

（二）刘吉传：自掏腰包修蓄水坝　聘请专家绿化荒山

刘吉传，男，58岁，山东省临沂市郯城县红花镇谢圩子村党支部书记，山东省第四届道德模范。

为了众乡亲能够过上好日子，2007年以来，他自力更生，艰苦创业，自费兴修水利，每年都无偿放水，供村民灌溉用水；他绿化荒山，荫福后代子孙。

缺水一直是困扰沂蒙山区群众生产生活的大难题。2005年3月，经当地党委、政府批准，刘吉传拿出毕生积蓄和从亲戚朋友处借来的钱，又从信用社贷了20万元，共计60万元，历时两年，在马陵山上修筑了蓄水量达20万立方米的蓄水堤坝，可为周边5个村的近万亩农田进行灌溉，开创了沂蒙老区个人筹资兴建水库的先例。修筑堤坝是一项非常艰苦的活儿。山路迂回盘旋、崎岖不平，运送建材物料的车只能开到山脚下，刘吉传只好和工人们用手推车一点点往山上送。一天下来，刘吉传山上山下穿梭往返二十多个来回，胶鞋磨破了底，脚掌磨出了泡，晚上躺下来，浑身像散架了一样。因为修筑堤坝，他借钱借遍了亲朋好友，有的只借到40元钱，现在仍有20万元贷款没有还清；因为修筑堤坝，他吃住在山上，两年没下过马陵山；因为修筑堤坝，80多岁的老母亲去世，他都没有见上最后一面，这成为这名朴素汉子内心永远的痛。2007年堤坝修筑完工以来，刘吉传每年都无偿放水，为水库周围5个村提供农田灌溉用水。

如果说修筑蓄水堤坝让人觉得不可思议，那么刘吉传绿化荒山的手笔则更让人感觉到震惊。他自筹资金专门聘请林业专家进行勘测规划，请来石料开采专业人员在岩石缝里打炮眼，只要是能蓄水保土栽植花草、树木的地方，几乎全被他开垦起来了。先后在草不生、树不长的荒山岗轰炸岩层560余亩，开挖果树带680亩，绿化面积达1800余亩。昔日无人问津的荒山岗，如今已经成为四季常青、花果飘香的旅游观光胜地。

刘吉传做的好事让群众得到了实惠，村民们都把他当作贴心人。2011年春，刘吉传以全票当选村党支部书记。上任后，带着谢圩子村党员群众的厚望，刘吉传带领全村干部群众从治理脏乱差、改善村容村貌入手，先后筹资30余万元，对村里所有巷道实施了硬化、绿化、美化、净化和亮化。昔日泥泞遍布、污水四溢的落后村，一跃变成了环境优雅、花红柳绿的文明村。

对于未来，刘吉传充满了希望："等还完了款，有了积蓄，就实施水库二期工程，将水库大坝加高、加长，实现蓄水50万立方米。"目标虽然艰难，但刘吉传说："我会一直坚持下去，如果我累倒了，也会让儿孙们接着干下去"。这就是沂蒙山优秀儿女刘吉传的铮铮誓言，他用执着诠释了共产党员的执着信念和朴实情怀。

（三）高庆烨：活到老学到老的"技术尖兵"

高庆烨，男，1960年1月，滨州供电公司检修试验工区二次检修班班长。干了37年的继电保护专业，高庆烨只要一谈起技术问题，就神采奕奕、滔滔不绝，可是如果你和他聊起这些年他取得的成绩，他马上就从刚才的兴奋劲里跳出一句：“也就带着大家一起干活，做了几样小东西，没什么可说的”。这个漠视荣誉的人，却总能得到荣誉的青睐。2004 年，他被授予“山东电力职工创新能手”；2005 年获高级技师资格；此后三次被评为“山东电力集团公司高级操作技能人才”；2008 年取得国家职业技能鉴定考评员资格，2011 年通过复审；获“2010 年度山东电力继电保护技术监督工作先进个人”，2013 年荣获“国家电网公司优秀班组长”称号。

1976 年，高庆烨成了滨州供电公司继电保护班年龄最小的成员。因为人聪明，肯钻研，很快就成了这个专业挑大梁的人。尤其是最近二十年，不论是本专业还是相邻专业，遇到问题问高师傅已经成为人们的一种习惯。他精通继电保护专业的理论知识及操作技能，能快速、准确地诊断、排除各类继电保护设备故障，能够及时发现并解决施工中图纸、设备等存在的问题和缺陷，有力地保证了继电保护设备的安全可靠运行。

任班长 20 多年来，他带领二次检修班团队，工作上精益求精，一直保持着继电保护动作正确率 100% 的优秀业绩。2010 年 6 月，110 千伏宣家变电站改造，必须原屏位更换保护屏，电缆还用原电缆，针对这种情况，他提出了“改变保护屏安装结构”的改造思路，避免了全站停电。这种相当于局部麻醉换心脏的高难手术，高庆烨凭着缜密的组织和细致的技术处理，完成得很漂亮。

高庆烨自主创新能力卓越。2004 年研制二次接线专用模具，获得山东省职工优秀技术创新成果三等奖，并应用于 220 千伏肖镇站改造工程，该工程被评为“省级优秀扩建工程”。2006 年 110 千伏变电站主变发生了一起由于内部绝缘能力降低引发的事故。一般保护人员通过对故障波形及瓦斯气体采样的分析，很容易将故障点定在中性点附近，他凭借对主变保护的精确掌握，果断迅速地判断出故障点在变压器内部，通过解体检查确认了判断的正确性，避免了由于判断失误而带来的不良后果，并撰写了《透过波形看“本质”——变压器故障分析报告》，对此次故障现象做了详细的理论阐述，为今后处理类似故障留下了详实的文字记录。2008 年他主导开发研制的“变频电动收放线装置”，携带方便、操作简单，消除了工作人员收放电缆时存在的安全隐患，提高工作效率 15 倍，敷设电缆的施工成本下降为原来的十五分之一；2009 年，他研制的“更换线盘的辅助装置”替代了线盘更换需频繁使用吊车的工作方式，节省了施工费用；2010 年他研制的“用于监测变电站远动数字通道的装置”，减少了通道故障的误判率，节省了消缺费用，实现了电网远动通道故障的提前预警；2011 年他研制的“控制电缆剥线工具”，工作效率提高百分之三十，使用也更安全。这四项成果均获得国家实用新型专利。

对于善于思考和动手的高庆烨来说，奇思妙想顺手拈来、随时随地改善施工工艺已成习惯。2011 年 12 月，他在 220 千伏肖镇变电站施工过程中，发现最高的绝缘梯距离接线处仍有一段距离，为按时完成施工任务，他利用工余时间制作了变电站简易接线平台。平台采用双挂钩，使固定点的选择变得简单，并能随意选择适当高度。根据杠杆原理，利用作业者自身重量使接线平台牢牢地卡在杆柱上，保证了安全。他对变电站直流接地现象进行了深入分析，所研究的接地查找方法在实际运用中取得良好效果。他所研制的“电缆收放线装置”，填补了电缆敷设专用工具的空白，将电缆敷设成本由 15 元 /100 米降至 1 元 /100 米。

作为班组长，他也是带队伍的好手。二次检修班先后获得国家电网公司先进班组（工人先锋号）、全国电力行业优秀班组、全国质量管理信得过班组、国家电网公司“降本增效、青年争先”活动先进集体、山东省青年安全生产示范岗、山东青年文明号等称号。班组 QC 小组连续 5 次获全国优秀质量管理小组。2013 年 1 月，“高庆烨创新工作室”正式成立，他将带领一批年轻人，共同追寻属于电力产业工人的光荣和梦想。

（四）黄福昌：勤奋敬业铸行业旗帜

作为兖矿集团乃至全行业技术创新领域的领军人物，黄福昌带领他的技术创新团队，30 年如一日，始终活跃在科技工作最前沿，成为能源行业科技创新创效的一面旗帜。

他积极组织实施国家能源行业科技攻关项目和国家技术创新项目，主持完成缓倾斜特厚煤层高产高效综放开采成套技术与装备研究，使综放技术成为我国开采特厚煤层的主导技术；主持完成 600 万吨综放工作面设备配套与技术研究，在 6 对综放矿井的 8 个综放工作面，实施电液控制综放支架自动化放煤、综放开采两柱掩护式液压支架等重大成果，填补了国内外空白，达到了国际领先水平。

大力实施煤矿安全生产技术创新和推广，主持完成开采沉陷控制与治理、煤层火灾隐患识别及控制、综放动压巷道锚杆支护、掘锚一体化作业线等多项工程技术，在一通三防、矿井水防治、矿震与冲击地压防治等方面均达到国际领先水平。2004 年，历时 5 个月在美国打赢了与英国 BP 公司的官司，打破了 BP 垄断的煤炭制醋酸技术壁垒，在全行业率先实施知识产权保护战略。2005 年，首次向世界 500 强企业德国 DBT 公司有偿转让“两柱式综采放顶煤液压支架”专利技术，标志着中国煤炭行业由采煤技术输入国转变为输出国，实现了由出口煤炭向出口技术创造效益新跨越。2006 年，自动化放顶煤关键技术及装备成功推广到澳大利亚，使澳思达煤矿起死回生。先后建成国家重点实验室、兖矿博士后工作站、兖矿院士工作站，培养选树了一批相关领域行业知名专家和科技创新骨干。在水煤浆气化、低压羰基合成醋酸等领域形成了具有我国自主知识产权的洁净煤技术。

在他的带领下，2003 年至 2012 年间，兖矿集团先后完成国家“863 计划”3 项、国家“十五”科技攻关项目 1 项、国家技术创新项目 5 项、国家认定企业技术中心创新能力建设专项 2 项、国家重点新产品计划 1 项、国家发改委信息化建设项目 1 项。截至目前，获得省部级以上科技进步奖 256 项，知识产权对外许可技术转让收益 8.07 亿元，实现我国向发达国家输出先进采矿技术、新型煤化工技术的历史性突破。

2010 年，黄福昌荣获中国科学技术发展基金会孙越崎科技教育基金能源大奖。也是在这一年，这位大家心目中“勤奋敬业、执着探索、永远不知疲倦的战士”，还不到 50 岁就病倒了。即便在病榻上，他也一刻没有忘记他的技术事业，不顾家人劝阻，经常带病深入现场指导工作，始终战斗在工作岗位。

他还获得“国家有突出贡献的中青年专家”“山东省煤炭工业科技创新先进个人”“首届山东省十大杰出工程师”等荣誉称号。他的先进事迹被省委宣传部、省委组织部、省纪委、省国资委在全省推广宣传。

（五）毕艺、何静："80后"夫妻支教山区爱洒诸城

毕艺是青岛市殡葬管理所职工，何静是青岛小白帆艺术培训学校教师。从2012年3月份开始，毕艺、何静这对"80后"夫妻每周从青岛开车到诸城市皇华镇马耳山艾东小学开展志愿服务活动，帮助山区的孩子们学习音乐和体育。

马耳山艾东希望小学，坐落于诸城市皇华镇马耳山风景区内，是由爱心人士李艾东老师筹集三十余万善款建设而成。通过何静的启蒙老师王军的引荐，毕艺成为学校的足球老师、何静成为学校的合唱老师，夫妻二人正式走上了乡村支教的道路。

时光飞逝，支教已有近一年的时间，他们每周或间周的周四都会奔波在去诸城马耳山艾东希望小学的路上。因毕艺的工作原因，何静周四上午先去买好去学校路上的简餐和孩子们本节课需要用的东西，大概11点左右，毕艺中午下了班就会去接上媳妇，前往支教的"旅程"。来回大概300千米的路程，两人在路上从未觉得无聊，一路有说有笑，话题一般都是此次去给孩子上课的内容和孩子们近期的表现情况，每每谈及此事两人的脸上总会洋溢出灿烂的微笑。

驱车大概两个半小时的路程到达学校。当车子开进学校的一刹那，整个校园变得沸腾起来，那一双双真挚的小眼睛让毕艺拥有其他人无法体会的成就感。老师说，自从毕艺、何静来到学校任课，这里的孩子们悄悄地在变化着。从开始见到生人的胆怯、羞涩、紧张，到现在的能够与人流畅沟通；从对外界事物的强烈求知，到现在从毕老师那里熟知的马耳山以外的"世界"。两人省下的第一笔钱就先给足球班的孩子每人买上一件崭新的足球背心。毕艺说挺不好意思的，因为这笔钱没有用到合唱班的同学身上，但只要是给希望小学的孩子们花钱，他就能从不心疼，哪怕自己省省，也要让他们过得好一些！现在在他俩的带领下，好心人为学校捐赠了同学们从未见过的真正的足球鞋，合唱班的同学也有了属于自己的合唱谱夹子，毕艺青岛足球队的哥哥们为孩子们捐了两个电热水箱，孩子们再也不用在寒冷的冬天喝那些冰凉的井水。

丁士鹏是毕艺足球班的同学，得知这个孩子的家庭有很大困难的时候，

毕艺、何静尽自己最大的努力去帮助这个家，他们把小丁当作自己的弟弟去帮助。通过媒体及有关部门的帮助，小丁一家也看到了希望!

毕艺和何静说，三年，五年，十年……也许会有很多困难，但我们能做的只有尽自己最大的努力去坚持。我们现在对马耳山的孩子就像自己的家人——“你若不离不弃，我必生死相依”！

（六）王成武：穷山村变现代化秀美山庄

王成武，1955年10月出生，中共党员，莱芜市羊里镇东土屋村党支部书记。自1984年10月任村党支部书记、村委会主任以来，带领全村党员群众，开拓进取，干事创业，使往日的穷山村建设成为经济发展、环境优美的现代化秀美山庄。

夯实基础，小山村取得成功的秘诀。当时，他们白天上山搞调查，晚上开会，找老党员、老干部、群众座谈，一个月内连续开了六次党员会、三次村民大会，并聘请县、镇技术人员帮助搞规划，拿出了五年治山栽树、十年兴修水利、十五年村庄改造的综合规划，叫响了“发扬愚公移山精神，改变穷村落后面貌”的口号。为了让大家直观地看到村里的远景规划，专门制作了沙盘，让群众明确了怎样治山治水、搞村庄建设。这更加坚定了全村干部群众治山治水的雄心壮志。遇到事情都征求大家的意见和看法，对于村内重大事项的决策和群众关心的重大事情，坚持做到办事公正、处事公平、要事公开，在他的倡导下，村里实行了村务、财务、党务三公开制度，增加了工作透明度，消除了隔阂和疑虑，赢得了群众的理解和支持。1986年，村两委决定在村南打大口井，挖到10米左右时，赶上下雨，井壁塌方，上万元的集体财产压在井底，王成武身先士卒，拨开众人，第一个跳进冰凉的泥水中打捞机器，随后井壁大面积塌方，泥土埋到了胸口，井上的群众甩下绳子，费了好大劲才把他拉上来，他的一举一动成了全村党员干部群众的榜样。

强化管理，小山村持续发展的依托。抓好基础设施建设，着力为发展经济提高条件。一是治理荒山，带领广大干部群众，先后投资120万元，栽植各种经济林木38.6万株、白杨和槐树15000棵、果树26500棵，使昔日的荒山秃岭真正变成了今天的鸟语花香的花果山，到处绿树成荫，果实飘香，全村仅林果业收入人均达上千元。如今的东土屋已是“山顶松柏戴帽，山间刺槐拦腰，山下果树花椒”。二是兴修水利，自1986年以来，投资12万元打出12米直径8米的深水井11眼，投资123万元修建8座塘坝、1座石坝，修护防渗渠，蓄水46万方，使全村的土地全部浇上了水，彻底改变了靠天吃饭的局面。投资20万元实施自来水工程，使全村所有农户都用上了安全卫生的纯净水，解决了吃水难的问题。三是修建道路。先后投资100多万元修通硬化了4条共5000多米的道路。按照“五个一”工程建设要求，投资14万元对村内主街道进行了绿化美化，彻底改变了东土屋村贫穷闭塞的面貌，建成了山青水秀、交通便利的生态家园。四是实施旧村改造工程。2005年4月，由市规划设计院规划设计，在全村兴建4栋标准式居民楼、25栋别墅，建成后共节约土地127.7亩。现在已经建成居民楼3栋，安置村民48户，建老年房45间，安置老年村民15户。并对拆迁后的土地进行复垦，新增耕地面积20.1亩。2007年投资10万元实现了户户通有线电视，投资12万元安装高标准路灯22盏，投资22万元建文化广场一处，投资六万元建高标准幼儿园一处，投资83万元建甲级卫生室一处。

（七）淄博“善小”：美德的品牌在延伸

自2002年以来，淄博供电公司组织开展了以“善小”为主题的道德教育与实践活动。取古语“勿以善小而不为，勿以恶小而为之”中的“善小”二字，倡导员工只要是“善”的事、美好的事，哪怕再小都积极努力地去做。引导员工从小事做起，小善常为，修身立德，坚持5年至今，取得了较好的效果。

活动之初，提出了“善待社会，献一份爱心”等十个“善待”，通过征集“善小”格言、评选“善小”心语短信等数十项载体活动，引发了大家参与“善小”活动的热情。通过平台设计、组织引导、机制保证、品牌注册等措施，使活动具有了长久的生命力。

成立了“善小”志愿者协会，把“自愿义务为他人做有意义的事情”作为入会的唯一条件。设计了入会程序，目前已有2791名志愿者加入协会。开发建立了“善小”道德档案，以基层党组织为单位，发动大家记载员工集体或个人的“善小”事例。

建立了“善小”爱心互助基金会，先后6次对困难职工或家属发放救助款。制订实施了《善小“关爱”行动计划》，评选优秀“善小”志愿者，举办典型事迹报告会，编辑印发《“善小”格言与故事》《“善小”的魅力》等书籍，起到了典型引路和示范作用。

2005年10月，“善小”在国家工商总局注册，成为我国第一个由企业申报的道德教育类品牌。

5年来，“善小”已经成为该公司履行社会责任，帮助弱势群体的有效载体。捐款27万元，建立了淄博电力希望小学。2006年5月，公司89个“善小”志愿者家庭与淄川区峨庄乡的学生结对，2007年5月20日，“善小”志愿者又为学校捐衣捐物6500余件，整修老化线路500余米。公司每年春节都集中帮扶1000户社会特困职工。2007年6月，“善小”志愿者为市图书馆捐赠图书5000余册，表达了建设文明淄博、书香淄博的美好心愿。7月18日，当得知一名叫赵丛丛的女孩一家三人患有癌症需要救助时，“善小”志愿者自愿捐款9.01万元。成立了科技、环保、女工、青年等十几支“善小”志愿者服务队，长期开展奉献爱心、扶贫济困、敬老助残、清除白色垃圾等社会公益活动，积极为社会做“义工”，淄博市组织的重大活动中都留下了“善小”志愿者奉献的身影。5年来，“善小”志愿者共结对救助303名失学儿童，帮扶弱势群体4500多人，社会捐款176万元。更多的“善小”志愿者选择默默奉献，他们的事迹数不胜数。

“善小”故事的传播，引起了社会各界的广泛关注。淄博市委、山东省委宣传部、国家电网公司有关部门领导先后来公司调研。山东电力集团公司和淄博市委、市政府对“善小”活动进行了学习推广。山东省委宣传部将“善小”志愿者活动作为重大典型进行了集中宣传。《大众日报》、山东电视台、《淄博日报》等省、市10余家新闻媒体的记者进行了集中采访报道，取得了良好的社会效果。

（八）“微尘”：青岛的爱心符号

2004年底印度洋突发海啸灾难，一对中年夫妇走进了青岛市红十字会，他们说是要替朋友为印度洋海啸灾区的灾民捐款5万元，当工作人员问其姓名以便开具收据时，他们留下了“微尘”的化名。

在青岛市红十字会记录中，“微尘”在非典时期捐款两万元、新疆喀什地震捐款5万元，为白血病儿童捐款1万元，湖南灾区捐款5万元……这位热心公益事业、化名“微尘”的好心人，多次捐款且数额较大，但却一直不愿露面。于是，青岛开始了寻找“微尘”的行动。

让人意想不到的是，一个“微尘”还没找到，更多的“微尘”纷纷涌现：2004年底印度洋海啸，青岛市红十字会接受社会捐款434笔，不露姓名的个人捐款占50%，以“微尘”“小小微尘”“微粒”个人捐款的占到1/10。青岛市红十字会的工作人员告诉我们，有位利用周末在街头义务宣传无偿献血的小伙子，就曾经以“微尘”的名义多次捐款。就在不久前，为救助先天性心脏病患儿，生活拮据的他还捐出了自己全部的1200元学费。

“‘微尘’不是说一个人，而是很多人，只要是有爱心，愿意去帮助其他人的人，都是‘微尘’。”于是，对“微尘”的寻找，在青岛不再仅仅是寻找一名热心的捐款人，更是在寻找一种关爱他人的精神。当“微尘”一次次出现在更多百姓中间时，我们有理由相信，我们已经找到了“微尘”，他就在我们每个人的身边。

随着“微尘”的大量涌现，“微尘”现象成了青岛特有的一道亮丽风景线，“微尘”精神不仅感动了青岛，被评为2004年“感动青岛”十佳特别人物，荣获2005年中华慈善奖，2005年10月“微尘”以最高票当选全国“十大社会公益之星”，也由于它的“大爱无声”当选为“感动中国”2006年度人物，而感动了中国。2006年4月中央政治局常委李长春同志在《人民日报》一版《我叫微尘》一文上批示：这是我们社会的正气歌。2005年6月15日，“微尘”标志、徽章及相关资料被青岛市档案局永久收藏。这是新中国成立以来该馆第一次整体收藏一项公益活动的资料。

2006年度“感动中国”推选委员会如此评价“微尘”：他来自人群，像一粒尘土。微薄、微小、微乎其微，寻找不到，又随处可见。他自认渺小，却塑造了伟大，这不是一个人的名字，这是一座城市的良心。

现在，“微尘”已经超越了一个名字的称谓，它是一个不留姓名无私援助公益事业的群体，一种诠释爱心的精神符号，一个青岛公益事业的固定品牌。“微尘”已经成为一种精神，一种文化。

（九）山东农民模范群体：感动中国的农民救援队

历时近4天4夜，行程3000千米，十位日照莒县农民志愿者开着农用三轮到四川抗震救灾，在路上和灾区历尽艰险。他们的故事被网民热议，他们也被称为“四川地震中最牛救援队”。

2008年5月12日晚上，日照市莒县洛河镇东皂湖村。村民刘中明流着泪看完了电视里的地震报道，一堆堆废墟和一声声哭喊撕碎了这个汉子的心。

当晚，他和村里相熟的亲友聚在一起。“咱没有多少钱，但有的是力气，救人、干活没问题，咱去四川救人！”刘中明抛出了一个大胆的想法，没想到他的话说到了大家的心坎上，顿时一片响应。

有人忙看着地图掐算了一番：地图上距离不过20多厘米，实际也就2000多千米，咱开三轮也能到。“就这么定了。”刘中明拍了板，最终有10人确定参加。

在青岛打工、正请假在家的刘中彩怕单位不准假，决定偷偷开溜；60岁的刘光瑞老汉不顾女儿反对，铁了心要去：“我力气没年轻人大，就在旁边做个帮手，能救一个是一个。”刘守欣看着3个月大的孩子，没忍心和妻子讲真话，只是故作轻松地说要出一趟远门，直到出发后才给家里打了电话……

14日凌晨1点，三轮车悄悄驶离了东皂湖村，不能走高速公路，三轮车就只好走国道、省道。以前没出过远门，他们就拿着地图，边走边问。因为路况不好，三轮车一路颠簸，车斗里的人几乎没法睡觉，刚挤在一起开始打盹儿，车驶过个大坑，“嘭”的一声能让人蹦起一截来。后边难过，驾驶室里也不舒服。一人开车，一人坐副驾驶座，只有一人能勉强躺在后边的一条长座上睡会儿。

17日下午4点多，他们终于到了此次地震的灾区之一——四川广元，前后经历近4天4夜，约87个小时。18日，他们又来到重灾区绵阳，接着被派到安县黄土救助站。

在救助站，他们两天内搭了200顶帐篷，此后又忙着铺水管、建厕所、搬运物资。而他们每天吃的，只有干方便面，为了让更多受灾群众得到安置，他们宁可仍挤在车斗里睡觉。

时间一长，十位山东老乡开三轮救灾的壮举在救助站传开了。几乎所有人在听说后，先是不敢相信，亲自去看过后都惊叹着竖起大拇指。

河南的志愿者小拓每天都要去看看他们，问寒问暖："他们才是真的英雄！比起他们来，我做的算什么？"一位救助站的工作人员看着他们啃干方便面喝矿泉水，流着热泪跑到镇上给他们买来100个馒头和几个炒菜。

大连志愿者单玉强在灾区见过十位老乡后马上向网络爆料。接着在23日晚11点，一篇名为"四川地震中最牛救援队"的帖子出现在天涯论坛。一周内帖子就被浏览20多万次，4000多人留言。感动、流泪、敬佩的字眼触目可及，有人甚至为十人写歌作诗。随后新浪、网易等知名网站的论坛也纷纷对此事进行转载。

七、山东省历届全国道德模范及提名奖名单

第一届全国道德模范：

王乐义　寿光市孙家集街道三元朱村党支部书记

许振超　青岛港前湾集装箱码头有限责任公司高级固机经理

第一届全国道德模范提名奖：

郑承镇　生前系济南市天桥区北坦社区居民

傅　卫　临沂森泰益丰化工有限公司董事长

张业爱　济南市槐荫区西市场办事处公益岗人员

张荣涛　无棣籍北海舰队某基地代理教导员

杨正权　威海杨正权实业有限公司总经理

刘振华　济南市皮肤病防治院院长助理

田世国　枣庄薛城人，广东国正律师事务所律师

李　荣　高密市姚哥庄镇镇长助理、林业站长

第二届全国道德模范：

孟祥斌　生前系解放军96164部队机要参谋

李学海　山东省寿光市沿海经济开发办油区工农科科长

李登海　山东登海种业股份有限公司董事长

杨正权　威海杨正权实业有限公司总经理

第二届全国道德模范提名奖：

白　云　山东省聊城市东昌府区检察院副检察长

齐亚珍　原山东地质勘察公司幼儿园退休教师

刘延宝　山东省济南市历城区港沟镇神武村农民

崔学选　生前系山东省潍坊市政府市长助理、党组成员，山东省对口支援北川灾后恢复重建工作领导小组办公室党委委员、指挥部新县城建设组组长

田秀英　山东省肥城市安临站镇冯杭村村民

孙莎莎　山东省临沂师范学院学生

第三届全国道德模范：

冯思广　生前系驻济空军航空兵某师正连职飞行员

刘延宝　山东省济南市历城区港沟镇神武村村民

第三届全国道德模范提名奖：

张玉贵　山东省菏泽市牡丹区东城办事处双月社区居民

陈金良　山东省东阿县公安局退休民警

朱守营　山东省章丘市明水街道办事处明二居居民

张光城　山东省齐河县经济开发区火把张庄村村民

孙建博　山东省淄博市原山林场党委书记、场长

王钦峰　山东潍坊豪迈机械科技有限公司品保科科长

刘明君　山东省莱州市地税局文昌分局税管员

孟凡爱　山东省枣庄市市中区税郭镇王庄村村民

第四届全国道德模范：

刁　娜　烟台市南山国际旅行社龙口分社业务部副经理

孟祥民　生前系淄博市环保局淄川分局监察大队监察一科科长

沈　星　生前系第二炮兵工程大学士官职业技术教育学院参谋

第四届全国道德模范提名奖：

刘吉传　郯城县红花镇谢圩子村党支部书记

刘成德　济南市长清区归德镇薛庄村村民

王　伟　胶州市九龙街道营房村体彩站站长

郭庆刚　青州市东夏镇双庙村村民

陈叶翠　济南市历下区甸柳新村街道第一社区党委书记、居委会主任

于统帅　肥城市泰西中学学生

王华堂、张翠兰夫妇　蓬莱市登州街道海福莱小区居民

第五届全国道德模范：

朱彦夫　沂源县西里镇张家泉村党支部原书记

房泽秋　济南市历下区泉城路街道贡院墙根社区居民

第五届全国道德模范提名奖：

刘盛兰　招远市蚕庄镇柳杭村村民

张　波　济南市公交总公司七公司47路驾驶员

薛长赳、薛长虎　德州市陵城区丁庄乡薛庄村村民

王长信、王长义　宁阳县鹤山乡金麦香面粉厂负责人

张茹文　荣成市港湾街道大鱼岛村村民

吴吉林　胜利油田东辛采油厂高级技师

孔德娟　烟台市芝罘区奇山街道奇中社区居民

阴树长　山东省国土资源厅机关服务中心车管科副科长

八、历届山东省道德模范名单

第一届全省道德模范名单：

一、助人为乐模范

傅　卫　临沂市森泰益丰化工有限公司董事长

郑承镇　生前系济南市天桥区北坦社区居民

“微尘”　青岛市扶危助困、关爱他人的市民群体

孟昭良　原单县莱河镇农民

孙　波　莱钢集团有限公司烧结厂烧结车间职工

孙园娜（女）　莱阳市谭格庄中心中学初中生

韩金来　莱芜市莱城区茶叶口镇南嵬石村党支部书记

齐亚珍（女）　济南市市中区舜耕街道办事处居民

"善小" 淄博供电公司助人为乐活动集体

王志友 济南铁路局济南客运段 K15/6 次列车列车员

二、见义勇为模范

张业爱(女) 济南市槐荫区西市场办事处公益岗人员

张荣涛 无棣籍北海舰队某基地代理教导员

李安启 菏泽市劳动和社会保障局讲师

凌建华 青岛市出租汽车股份有限公司出租车司机

李慧敏(女) 济南市公交总公司驾驶员

刘丽芳(女) 临沂市苍山县长城镇前土头村农民

夏纪龙 武警枣庄支队山亭区中队副中队长

孙明高 烟台长岛县旅游局"畅游1号"船长

孙靖杰 莒县小店镇吕西村人

孙民钢等 淄博市建行周村支行周隆路分理处

三、诚实守信模范

王乐义 寿光市孙家集街道三元朱村党支部书记

杨正权 威海杨正权实业有限公司总经理

武广华 济宁医学院副院长、附属医院院长

莫立斌 青岛益青出租公司驾驶员

王亮方 淄博商厦股份有限公司董事长、总经理

罗 辉 济阳县再回首面馆经理

公成东 新泰市汶南煤矿矿长

王鲁颖(女) 日照贵和海纳商城有限公司董事长兼总经理

庞小军 东营鑫通出租汽车有限公司驾驶员

沈俊卿 阳谷县供电公司经理

四、敬业奉献模范

许振超 青岛港前湾集装箱码头有限责任公司高级固机经理

刘振华(女) 济南市皮肤病防治院院长助理

郑守仪(女) 中科院海洋研究所研究员

李登海 山东登海种业股份有限公司董事长

王青云 东明县公路局养路工

孙建博　淄博市原山林场场长

周主信　生前系庆云县教育局纪检组长、教研室主任

朱庆来　嘉祥县疃里镇农机站站长

吕才科　泰安市大禹化工有限责任公司董事长

邹树君　生前系威海市城市建设综合开发公司退休干部

五、孝老爱亲模范

李　荣(女)　高密市姚哥庄镇镇长助理、林业站长

田秀英(女)　肥城市安站镇冯杭村村民

张雨霄(女)　中国烟台 SOS 儿童村妈妈

马吉英(女)　胜利油田纯梁采油厂油气集输大队职工

邢连凤(女)　蒙阴县野店镇焦坡村农民

王建英(女)　无棣县马山子镇北村村民

王文真(女)　邹城市钢山街道西关社区主任

刘爱玲(女)　青岛即墨市段泊岚镇敬老院院长

侯兆明　济南铁路局济南工务段南站车间副主任

田世国　枣庄薛城人，广东国正律师事务所律师

第二届全省道德模范名单：

一、助人为乐模范

白　云　聊城市东昌府区检察院副检察长

陈金良　东阿县公安局退休民警

段光文　莱钢焦化厂退休干部

崔茂奎　沂南县双堠镇初级中学教师

刘　苏(女)　济南市历下区居民

李振华　沂源县实验中学原校长、市县督学

邱丙霞(女)　枣庄山亭供电部财务科长

葛均贵　五莲县中至镇崖头村村民

朱瑞方　单县龙王庙镇政府农民合同工

姚洪波　威海市出租汽车有限公司出租车司机

二、见义勇为模范

李学海　山东义海集团有限公司党委书记、董事长

朱守营　章丘市明水街道办事处明二居居民

张复连　淄博市周村区王村镇前坡村村民

邓贞良　枣庄市民政局区划地名办公室主任

胡军、胡敏敏（女）　齐河县赵官镇大胡村村民

孙永胜　沂水县姚店子镇司法所所长、武装部副部长

孙令军　莱阳市大夼镇郭格庄村治保主任

李　涛　淄博市中材高新区材料股份有限公司职工

王景忠　东营市河口区新户乡中心小学教师

王　玉（女）　莱州市金城镇曲家村人（安徽池州学院学生）

三、诚实守信模范

刘延宝　济南市历城区港沟镇神武村村民

张　燕（女）　肥城市白庄矿务工人员

宫明杰　龙大食品集团有限公司总经理

吴元峰　山东泰丰矿业集团有限公司董事长、总经理

徐雪林　青岛航通出租公司出租车司机

王彦伦　济宁能源发展集团董事长

王广仁　众成仁和律师集团（济南）事务所主任

孙善家　青岛洁神投资集团董事长

任秋艳（女）　东营市利丰国际旅行社导游

李　杰　泗水县建兴工程建设监理有限公司总经理

四、敬业奉献模范

崔学选　生前系潍坊市市长助理、建设局局长，山东省援建北川工作指挥部新县城建设组组长

代旭升　胜利油田东辛采油厂油田首席技能大师

孟红伟（女）　济南市长清区人民检察院检察员

范红艳（女）　泰安市泰山区法院少年审判庭庭长

郭家安　莱芜市市长助理、市委副秘书长、信访局长

徐万年　青岛港（集团）有限公司西港分公司副经理

孙计爽　兖矿集团南屯煤矿副总工程师

袁敬华（女）　夏津县教育局副局长、精华特教学校校长

侯加明　日照市岚山区安东卫街道辛庄子村党支部书记、村委会主任
陈　虎　淄博华润燃气有限公司客服部经理助理

五、孝老爱亲模范

孙莎莎(女)　即墨市南泉镇北泉村村民（临沂师范学院学生）
陈继英(女)　邹城市城前镇大柳峪村村民
毕君华(女)　青岛市市北区浮山后社区居民
刘德山　济南市市中区兴隆办事处王家村村民
刘明君(女)　莱州市地税局文昌分局税管员
邢友领(女)　潍坊市寒亭区固堤街道邢家常疃村村民
张传英(女)　郓城县杨庄集镇东程庄村村民
廉继凤(女)　枣庄市市中区中心街道中兴社区居民
李金凤(女)　惠民县建筑公司退休职工
朱　星　济南铁路局兖州工务段综合机修车间车电组工长

第三届全省道德模范名单：

一、助人为乐模范

张玉贵　菏泽市牡丹区东城办事处双月社区居民
宋桂华(女)　青岛市“笑姐”爱心助残志愿者团队负责人
马广超　泰安市“泰山文明使者”志愿服务协会会员
王少永　莒县中楼镇马亓河东村村民
李玉坤(女)　文登市环境卫生管理处职工
牟玉霞(女)　滨州市人民医院门诊部护士长
隋　刚　张店钢铁总厂职工
董月松　莒县神农医院院长
郝　隆　微山县两城镇计生办职工
杨　婷(女)　新汶矿业集团华丰煤矿“暖阳热线”主持人

二、见义勇为模范

冯思广　生前系驻济空军航空兵某师正连职飞行员
王其吉　章丘市黄河乡王圈村村民
张胜国　生前系烟台裕鸿印刷包装有限公司职工
赵衍江　淄博市周村区南郊镇石埠村村民

谷训军　东营市东营区交通运输局职工
董金凤（女）　平度市明村镇前楼村人（四川警察学院学生）
朱　丽（女）　青岛交运集团公司胶南分公司乘务员
李　雷　菏泽交通集团第八汽车运输公司稽查二科科长
解培限　东平县新湖乡李楼村村民
皮学龙　枣庄市峄城区底阁镇前山头村村民

三、诚实守信模范

张光城　齐河县经济开发区火把张庄村村民
何久辉　胜利油田井下作业公司市场副总监、西部工程管理中心主任
赵凤国　枣庄市台儿庄区赵家糁馆经理
孔祥奎　巨野县太平镇林屯村村民
范贻杭　平阴县东阿范庄村村民
徐衍全　东平县接山镇郈城村卫生室医生
李兴国　莱芜宏盛建设工程有限公司董事长
姜丰寿　青岛国运集团董事长
王明喜　莱州市德丰粮食产业有限公司董事长
王兴堂　淄博福颜化工集团有限公司董事长、总经理

四、敬业奉献模范

王钦峰　山东豪迈机械科技有限公司电火花科研组组长
张国忠　茌平县冯官屯镇小杨官屯村党总支书记
张广秀（女）　烟台市福山区福新街道垆上村村委会主任助理、团支部书记
高发明　生前系滨州市交通局党组书记、局长
董加岭　日照交警岚山大队巨峰中队
皮进军　青岛港（集团）有限公司大港分公司装卸二队副队长
姜和信　济钢炼铁厂干熄焦车间电工班班长
杜温庆　枣庄市薛城区沙沟镇楼沃小学教师
盖继纲　生前系济南市公安局天桥区分局成丰桥派出所所长
王　雯（女）　山东省特殊教育中等专业学校党委书记、校长

五、孝老爱亲模范

刘梦怡(女)　青岛洛阳路第二小学学生

孟凡爱(女)　枣庄市市中区税郭镇王庄村村民

罗宗珍(女)　平阴县玫瑰镇王桥村村民

詹春芳(女)　聊城市东昌府区道口铺办事处沙王庄村计生专管员

郭修森　齐鲁石化公司胜利炼油厂退休职工

高长青(女)　泗水县泗张镇宋家沟村村民

鞠兴浩　临沭县临沭街道高湖完小学生

董希红(女)　垦利县胜坨镇张西村村民

王　华(女)　肥城市安站镇刘家村村民

崔玉贞(女)　安丘市辉渠镇南官庄村村民

第四届全省道德模范名单：

一、助人为乐模范

刘成德　济南市长清区归德镇薛庄村村民

张星南(女)　生前系禹城市园林管理处离休干部

吕明玉　文登市电业总公司德利源公司综合管理部职工

毕艺、何静夫妇　青岛市支教山区小学志愿者

江照云　沂源县金兆宏食品有限公司经理

亓　飞　山东省亓氏酱香源食品有限公司董事长

孙茂文　栖霞市桃村镇前埠村村民

张　波　微山县微山岛乡墓前村卫生室医生

谭瑞霞(女)　潍坊市奎文区北苑街道则尔庄社区居民

刘吉传　郯城县红花镇谢圩子村党支部书记

二、见义勇为模范

刁　娜(女)　烟台南山国际旅行社龙口分社业务部副经理

沈　星　生前系第二炮兵工程大学士官职业技术教育学院副营职参谋

周江疆　生前系通州建总集团有限公司烟台分公司经理

王海财　淄博市临淄区稷下街道耿王村村民

惠　淼　济南市历城区交警大队洪楼中队民警

李建、马光峰　临沂市金玉山集团职工

张甲生　泗水县圣水峪镇毛沃村村民

周生强　莱芜市莱城区苗山镇北方山村村民

高兴振　郓城县中医院医生

龚　钰　枣庄二中学生

三、诚实守信模范

郭庆刚　青州市东夏镇双庙村村民

戚道昌　威海太和物业服务有限公司保洁员

金政国　武警枣庄支队一大队三中队战士

王　伟　胶州市九龙街道营房村村民

吴云翠（女）　日照市岚山区融鑫废旧金属回收公司党支部书记、经理

刘满英（女）　陵县陵城镇西街村村民

冉德成　泰安富世康工贸有限公司董事长

张继锁　菏泽单县人，烟台高新技术开发区清泉特钢锻造制品有限公司职工

司光辉　东营市河口区水利局职员

孙奉岩（女）　淄博市淄川区昆仑镇聂村村民

四、敬业奉献模范

李桂美（女）　青岛市传染病医院退休护士

王升安　微山县高楼乡微西小学校长

王金勇　招远市阜山镇九曲蒋家村党支部书记、村委会主任

宋宪臣　泰安市邮政局报刊发行投递局投递员

孟祥民　生前系淄博市淄川环保分局监察一科科长

宋丰升　潍坊交运集团潍城交运分公司职工

韩凤祥　广饶县大王镇叶埚卫生所所长

陈叶翠（女）　济南市历下区甸柳新村街道第一社区党委书记、居委会主任

黄福昌　兖矿集团总工程师

谭明建　山东省纪委信访室正处级检查员

五、孝老爱亲模范

于统帅　肥城市泰西中学学生

王媛媛（女）　单县郭村镇中学学生

卢清芳（女）　昌乐县乔官镇陶家庄村村民

王华堂、张翠兰夫妇　蓬莱市登州街道海福莱小区居民

孙汇璋　济南市市中区大观园街道睦和苑社区居民

宋二头（女）　嘉祥县满硐乡北山村村民

王昆、姚希涛夫妇　邹平县台子镇姚家村村民

钟　莲（女）　垦利县人民医院慢性伤口造口护理室护士长

谢绍爱（女）　枣庄市峄城区阴平镇菜园村村民

秦守佩　莘县第一中学教师

第五届全省道德模范名单：

一、助人为乐模范

王克华　济南市历城区西营镇罗伽小学退休民办教师

房泽秋　济南市历下区泉城路街道贡院墙根社区居民

刘盛兰　招远市蚕庄镇柳杭村村民

刘庆民　泗水县苗馆镇隈泉村乡村医生

王骁宙　临朐县人民医院医师

张明月　淄博市特殊教育中心聋部九年级学生

和西梅　泰安市泰山小荷公益事业发展中心负责人

刘晓清　诸城市文化馆书法培训教师

王洪英　枣庄市台儿庄区泥沟镇红西村村民

王　东　国网山东曹县供电公司郊区配电二班班长

辛兴芬　莒县福利服装厂厂长

刘长城　威海市政务服务中心管理办公室物管办主任

二、见义勇为模范

张　波　济南市公交总公司七公司驾驶员

吴春刚　交运集团青岛城际快线分公司驾驶员

王　菁　龙口市人民医院神经内科护士

祝亚丁　生前系成武县文物所所长

刘彦龙、杜永利　中国核工业建设集团中核二四建设有限公司员工

王文杰　广饶县人民医院消化内分泌血液肾内科副主任

赵龙海　日照市东港区三庄镇三庄二村村民

薛长赳、薛长虎　德州市陵城区丁庄乡薛庄村村民
陈　楠　威海市出租汽车有限公司出租车驾驶员
张则祥　兖矿集团济宁三号煤矿综采三区检修班工人

三、诚实守信模范

姜恩兰　胶州市铺集镇张家屯村村民
王长信、王长义　宁阳县鹤山乡金麦香面粉厂负责人
滕桂兰　昌乐县乔官镇西菜园村村民
潘长泰　博兴县吕艺镇王浩村村民
张茹文　荣成市港湾街道大鱼岛村村民
孙祥存　邹城市城前镇前标村村民
王爱芹　滨州众鑫物业管理有限公司保洁员
肖玉荣　郓城县黄集乡郭庄村村民

四、敬业奉献模范

朱彦夫　沂源县西里镇张家泉村原党支部书记
文圣常　中科院院士、中国海洋大学教授
于金明　山东省肿瘤防治研究院院长
韩爱娥　潍坊千业色纺有限公司纺二车间丙班班长
吴吉林　中石化胜利油田东辛采油厂三矿34队高级技师
张金海　东营市市容环境卫生处职工
宋厚省　枣庄市市中区司法局　塔埠司法所所长
陈新宁　生前系金乡县纪委纪检监察室主任
毕玉安　莱芜市环境卫生管理处环卫工人
李红新　国网山东省电力公司烟台供电公司输电工区带电作业班班长
商孝江　聊城市城市管理行政执法局直属大队机动三中队中队长
徐西国　泰安市岱岳区下港邮电支局邮递员
薛　军　济南铁路局济南机务段动车司机
孙海林　滨州市市区国家税务局副主任科员
欧阳竹　中国科学院禹城综合试验站站长

五、孝老爱亲模范

高丕英　济阳县曲堤镇王海亭村村民

魏世杰　青岛市黄岛区科协退休职工

王允政　淄博市张店区科苑街道五里桥社区居民

王炳兰　东平县商老庄乡八里湾村村民

李保叶　蒙阴县岱崮镇五里沟村村民

苟增玉　垦利县胜坨镇小巴家村村民

孔德娟　烟台市芝罘区奇山街道奇中社区居民

阴树长　山东省国土资源厅机关服务中心车管科副科长

王凤青　冠县经济开发区马玉村村民

田　丽　山东能源新矿集团华泰矿业兼职物业协管员

董庆喜　齐河县华店乡西小杨村村民

宋爱玲　威海市文登区宋村镇周格村村民

刘兆梅　五莲县洪凝街道桃园村村民

李延云　莱芜市莱城区苗山镇王家庄村村民

袁玉荣　临沭县郑山街道琅西村村民

追授全省道德模范名单：

孟祥斌　生前系解放军 96164 部队机要参谋

牛作涛　生前系单县退伍军人

宋　洋　生前系山东交运集团济宇高速运业有限公司原驾驶员

第八章 道德名言的精神价值与文化传承

加强公民道德建设，引导人们自觉履行责任和义务，营造积极向上的社会氛围，需要深入挖掘各种文化资源，充分利用各种形式，尤其要通过有感染力和有效性的方式方法，在潜移默化中启迪人的心智，完善人的道德，提升人的素质。道德名言，作为人类道德情怀、思想感悟高度浓缩的精华，既富有哲理、给人以启迪，又容易为人们所理解和接受。深入挖掘道德名言的思想性和精神价值，充分利用道德名言的多样性和实践价值，对道德模范建设会起到事半功倍的效果。

一、道德名言的文化精神价值

“道德品质的培养和形成是一个漫长的过程，需要提高道德认识、丰富道德情感、坚强道德意志、规范道德行为，完善各方面的基本因素构成，才能达成稳定的心理特征，使一个人真正培育出优秀的道德素养。”①自古至今，人类道德名言具有鲜明的精神引领价值和深入人心普及程度高的显著特征。

（一）道德名言的特征

道德名言，属于人生箴言的范畴，是从几千年以来的社会发展和人生实践中提炼出来的智慧结晶体，它的文化本质在于人类渴望从理论上

① 蒋春雷：《名言警句的特殊作用与应用原则》，《学校党建与思想教育》2010 年第 10 期。

理解人生，渴望在自己的生存实践中把握人生，以至创造出自己理想中的人生。①它既可以成为攀登者的动力，也可以成为夜航者的灯塔，还可以成为人们治学报国、事业成功的向导，是人类智慧宝库里的一份珍贵财富，是前人留给我们的精神食粮和智慧结晶。

不论古今中外，箴言文化一直都有非常好的传统，早在公元前1200—前100年期间的希伯莱正典《旧约全书》中，就有属于诗歌智慧书的单独一卷名为《箴言》，《箴言》既是《旧约》中最实用的书卷，也是《圣经》中最实用的一卷，它给人劝诫，告诉人如何待人处世，如何应付现实的世界。古罗马著名诗人卡图卢斯开创“警句诗”这一范型，其脉流源源不绝至今，蒙田、歌德、王尔德、萧伯纳均在“警句诗”创作上有杰出成绩。②中国古代丰富的伦理文化遗产，相当一部分以“名言”的形式众口传诵，余韵久远。《诗》《书》《礼》《易》《春秋》是儒家“五经”，其中可警示人生的道德名言极为丰富，再如先秦诸子著作《论语》《老子》《庄子》《墨子》《荀子》，哲言名句亦俯拾皆是。经过秦汉、唐宋、明清的不断发展，更多的文人、大家不拘绳墨、直抒性灵，以简易率直的方式昭示他们的处世训、人生训，更多的道德名言璀璨于世。道德名言，所涵盖的范围比较广，既有名人大家在道德规范、道德品质、道德行为等方面的精华感悟，也包括世界范围内传播较广、影响较大的关于道德行为塑造、道德工程建设等方面的真知灼见。道德名言具有非常鲜明的特征：

1. 普及度高。

很多道德名言已经超越了民族和文化的界限，为世界各国人民所接受，表现出很高的普及度。不论是孔子的“己所不欲勿施于人”“礼之用，和为贵”“有朋自远方来不亦乐乎”，孟子的“得道者多助，失道者寡助”，还是苏格拉底的“智慧意味着自知无知”，或者亚里士多德的“我爱我师，我更爱真理”，几乎已经被地球村的每一个人所接受，成为自身的行为准则，规范着各自的行为实践。

2. 传播范围广。

很多道德名言能够言简意赅地把一些不大好理解的道德规范总结概括

①②郭莹：《人生箴言与中国传统文化》，《社会科学辑刊》1994年第2期。

起来，并形成容易为人们所接受的认识和理念，从而得以在较短的时间内传播开来。再加上一些具体的道德规范具有普遍性和统一性的特点，这些名言传播的范围就愈加广泛，有的是由中到外，有的是自古及今。

3. 影响力大。

很多道德名言的影响力不仅仅表现在道德方面，甚至大大超出了道德的范畴，在政治、文化、经济等方面也能够成为该领域人们思维方式和行为实践的积极指导，既能够表达普遍为人们接受的道德原则，又能够给具体的各领域活动提供基本遵循。比如“己所不欲勿施于人”“千里之行始于足下”……

4. 辨识度好。

道德具有特殊性，对于同一个道德规范的理解，不同的人或者同一个人在不同的时期会有不同的认识，会导致不同的道德行为。一些道德名言恰恰能解决这方面的问题，通过良好的辨识度，鲜明、直接地告诉人们何为对、何为错，使个人在其道德生活中表现出稳定性的特征，深深地把正确的道德观念根植于思想感情之中，化作自动化的行为方式。

（二）道德名言的价值

道德名言，既涵盖了道德认识、道德情感、道德意志和道德行为等各个层面的精华资源，又具有启迪智慧、释疑解惑、提高认识和潜移默化等多方面的综合功能，具有极其重要的精神引领价值。

1. 道德名言富有哲理、启迪智慧。

名言警句是中外古今有一定知名度、一定造诣的政坛人物、哲学家、思想家和文人学者丰富人生及洞察事理的智慧结晶，在内容上包罗万象，在形式上言简意赅。虽然有的名言只是短短的几个字，却往往包含着深刻的道德意义，蕴含着积极的道德态度，代表了严谨的道德规范，展现了突出的道德观念，仅“片言”，却能“明百意”，从而启迪人们的智慧。另一方面，道德名言的产生和传播，虽然表面上看是“灵光一现”，往往具有突发性和条件性，但实际上却是“深思熟虑”，在长期社会道德实践的基础上，通过反复推敲锤炼和实践检验筛选流传而逐步形成的，从根本上决定了道德名言具有一定的科学性。当然，这种科学性具有阶段性和相对性，有的只是一家之言，并非绝对真理，在具体运用时，需要从感性认识上升到理性认识，把握分寸、认真甄别。

2. 道德名言有的放矢、释疑解惑。

道德规范是从整体上对个人的行为加以引导，讲述的是“大道理”，针对的是“大事情”。而人们的行为是具体的和单一的，更多的是“小事情”，需要的是“小道理”。要想在“大道理”中提取“小道理”，将处理“大事情”的原则和方法很好地应用到“小事情”上，就要发挥道德名言的作用。因为道德名言就是从人们思想、生活中的具体表现和具体问题中得来的，不论是针对理想和生活，还是针对事业和感情，都是从点点滴滴中凝结而成的思想精华。相对于“高大上”的道德要求，道德名言更能体现出良好的针对性，能够在具体的问题上给人们以指导，有的放矢地去解决实际生活中出现的各种困境和迷惑。虽然流传千年的名言警句由于受历史条件的制约，往往表现出一定的局限性，但只要我们理性思考，科学判断，充分发挥主观能动性，仍然能够从这些道德名言中汲取充足的养分，给我们的具体生活实践提供积极的指导。

3. 道德名言抒情言志、激发感悟。

我们每个人都有自己的思想观念和行为习惯的沉淀，在各自的生活环境下，会根据自身的心理预期和接受能力对自己的行为进行选择，要想使优秀的道德观念为大多数人所接受，就要对人们进行有效的影响和说服。古希腊哲学家亚里士多德曾经说过：“说服是通过听众触动感情而产生效果的，因为我们是在痛苦与欢乐中，在爱与恨的被动中作出不同决定的。”认知层面上的接受并不是真正意义上的接受，只有产生了情感共鸣，从内心深处认知接受，才能实现真正的“说服”。而道德名言大多都是道德感情的充分抒发，光华照人、异彩纷呈的语言可以使人在潜移默化的愉悦环境中形成良好的道德品质。同时，道德名言中蕴含着触动心灵的“思想风暴”，又不断激发读者的情怀和感触，即使没有处在此情彼景之中，但仍然能够身临其境，感同身受，在加深道德感悟的同时，提升道德认识和道德素质。

4. 道德名言贴近生活、易于接受。

习近平总书记说：“一种价值观要真正发挥作用，必须融入社会生活，让人们在实践中感知它、领悟它”。加强道德建设，让社会主义核心价值观深入人心，就要贴近生活，融入生活。而群众话语是开启群众心扉的钥匙，是表达自身感受的扬声器，抓好道德建设，必须运用群众话语。单纯的政治性、理论性的语言，虽然在理论上有着绝对的优势，但在形式上往往不及名言警句更为灵活，更符合群众话语的要求。大多道德名言，是从中外传统文化和现实生活中挖掘出的群众喜闻乐见的通俗语言，具有较强的吸引力和感染力，更容易为群众所接受。同时，道德名言来源于生活、升华于生活，是从老百姓的点滴实践中汲取营养，涉及群众实践的方方面面，覆盖了普通百姓生活的各种场域，及时回答和解决群众关心的各种民生问题，在一定程度上起到了调和群众各方面利益的积极作用，很容易得到人民大众的心理认同，从而在潜移默化中成为人们日常生活是非取舍的标准和行动依据，推进良好道德素质的实践养成。

（三）道德名言的使用

道德名言文化精神价值的真正发挥，不能仅仅停留在书本上和口头上，最终还是应当落实到人们的实践中。在推动道德模范建设的过程中，我们要深入挖掘道德名言的深刻内涵和有效因素，古为今用、推陈出新，不断激活各种优秀文化，并赋予其鲜活的当代价值与意义，并且从精神的层面落到实践的层面，指导我们的行为更加符合中国特色社会主义核心价值观，为构建和谐社会作出更大的努力。

1. 对道德名言进行科学鉴别，用辩证的观点有效取舍。

文化价值学说表明，文化一旦以传统形式积淀下来，便包含有超时空的普遍合理性因素。这种因素或隐蔽于众多杂芜中，或在价值实现上具有因时、因环境转移的非确定性。①道德名言在价值取向上也会产生不同的意义和内涵，况且，任何道德名言不过是对客观世界某一层次、某一侧面和某一阶段的认识，它只是一家之言，并非绝对真理。在具体运用时，对内涵的分析不能停留在感性认识上，而要上升到理性层面，科学地进行鉴别，辩证地看待。

2. 既要把握道德名言的原汁原味，又要勇于作出修正，以更好地为我所用。

---

① 郭莹：《人生箴言与中国传统文化》，《社会科学辑刊》1994 年第 2 期。

在语言学看来，语言所表达的语义是由语境决定的，离开语境谈语义没有任何意义。[①]我们在学习和运用道德名言的时候，一定要明确其语境，充分尊重道德名言的原著，既不对道德名言随意进行文字上的篡改，也不对道德名言随意进行意义上的曲解。当然，在有些情况下，虽然语句的语境发生了很大的变化，但并不影响语句的语义保持它本来的意思，同理，我们也要勇于根据现实的需要对某些道德名言进行合理的修正，以更好地为我所用。

3. 紧密结合时代特点，恰到好处地发挥道德名言的积极作用。

人类的认识在不断发展，知识在日益更新，有些流传千百年的道德名言由于受历史条件的局限，现在可能会失去时代魅力，甚至与现代道德思想的节拍不符，这就需要我们紧密结合时代特点，把精华的道德名言为我所用，适当拓展，推陈出新。

总之，道德名言对于道德模范建设和人们的道德养成具有非常重要的作用，是“晓之以理、动之以情”的最好媒介，能够极大地帮助人们形成良好的道德品格和实现良好的道德行为。我们要以科学辩证的态度认识、运用和践行道德名言，充分发挥道德名言在促进意志、养成气质等因素发展方面的积极作用，在道德养成过程中收到滋养精神和升华人生境界的实践效果。

二、中外道德名言的传承弘扬

（一）中国道德名言

1. 见善如不及，见不善如探汤。——《论语》
2. 躬自厚而薄责于人，则远怨矣。——《论语》
3. 君子成人之美，不成人之恶。小人反是。——《论语》
4. 见贤思齐焉，见不贤而内自省也。——《论语》
5. 己所不欲，勿施于人。——《论语》
6. 礼之用，和为贵。——《论语》

① 李慎柱：《概述语言的语义和语境的分析研究》，《语文建设》2015年第1期。

7. 君子欲讷于言而敏于行。——《论语》

8. 德之不修，学之不讲，闻义不能徙，不善不能改，是吾忧也。——《论语》

9. 君子和而不同，小人同而不和。——《论语》

10. 君子喻于义，小人喻于利。——《论语》

11. 言必信，行必果。——《论语》

12. 居处恭，执事敬，与人忠。——《论语》

13. 导之以德，齐之以礼，有耻且格。——《论语》

14. 名不正，则言不顺；言不顺，则事不成。——《论语》

15. 博学而笃志，切问而近思，仁在其中矣。——《论语》

16. 恭、宽、信、敏、惠。恭则不侮，宽则得众，信则人任焉，敏则有功，惠则足以使人。——《论语》

17. 善不积，不足以成名；恶不积，不足以灭身。——《周易》

18. 人而不仁，如礼何？人而不仁，如乐何？——《论语》

19. 弟子，入则孝，出则悌，谨而信，泛爱众，而亲仁。行有余力，则以学文。——《论语》

20. 贫而无怨难，富而无骄易。——《论语》

21. 学而时习之，不亦说乎？有朋自远方来，不亦乐乎？人不知而不愠，不亦君子乎？——《论语》

22. 君子求诸己，小人求诸人。——《论语》

23. 三人行，必有我师焉。择其善者而从之，其不善者而改之。——《论语》

24. 益者三友，损者三友。友直，友谅，友多闻，益矣；友便辟，友善柔，友便佞，损矣。——《论语》

25. 其身正，不令而行。其身不正，虽令不从。——《论语》

26. 吾日三省吾身，为人谋而不忠乎？与朋友交而不信乎？传不习乎？——《论语》

27. 君子泰而不骄，小人骄而不泰。——《论语》

28. 知之者不如好之者，好之者不如乐之者。——《论语》

29. 君子坦荡荡，小人长戚戚。——《论语》

30. 君子耻其言而过其行。——《论语》

31. 不患人之不己知，患不知人也。——《论语》

32. 君子周而不比，小人比而不周。——《论语》

33. 夫仁者，己欲立而立人，己欲达而达人。能近取譬，可谓仁之方也已。——《论语》

34. 质胜文则野，文胜质则史。文质彬彬，然后君子。——《论语》

35. 知耻近乎勇。——《论语》

36. 三军可夺帅也，匹夫不可夺志也。——《论语》

37. 发愤忘食，乐以忘忧，不知老之将至云尔。——《论语》

38. 仁者不忧，知者不惑，勇者不惧。——《论语》

39. 贤贤易色，事父母，能竭其力，事君，能致其身，与友交，言而有信。虽曰未学，吾必谓之学矣。——《论语》

40. 力行近乎仁。——《论语》

41. 君子务本，本立而道生。孝悌也者，其为人之本与？——《论语》

42. 君子食无求饱，居无求安，敏于事而慎于言，就有道而正焉，可谓好学也已。——《论语》

43. 为政以德。譬如北辰，居其所而众星拱之。——《论语》

44. “《诗》三百，一言以蔽之”。曰：“思无邪”。——《论语》

45. 贫而无谄，富而无骄。——《论语》

46. 人而无信，不知其可也。——《论语》

47. 今之孝者，是谓能养。至于犬马，皆能有养。不敬，何以别乎？——《论语》

48. 不仁者，不可以久处约，不可以长处乐。仁者安仁，知者利仁。——《论语》

49. 富与贵，是人之所欲也；不以其道得之，不处也。贫与贱，是人之所恶也；不以其道得之，不去也。——《论语》

50. 君子怀德，小人怀土；君子怀刑，小人怀惠。——《论语》

51. 不患无位，患所以立；不患莫己知，求为可知也。——《论语》

52. 父母在，不远游，游必有方。——《论语》

53. 智者乐水，仁者乐山；智者动，仁者静；智者乐，仁者寿。——

《论语》

54. 君子可逝也，不可陷也；可欺也，不可罔也。——《论语》

55. 德薄而位尊，知小而谋大，力小而任重，鲜不及矣。——《论语》

56. 德之不修，学之不讲，闻义不能徙，不善不能改，是吾忧也。——《论语》

57. 饭疏食、饮水、曲肱而枕之，乐亦在其中矣！不义而富且贵，于我如浮云。——《论语》

58. 志于道，据于德，依于仁，游于艺。——《论语》

59. 君子忧道不忧贫。——《论语》

60. 盖有不知而作之者，我无是也。多闻，择其善者而从之，多见而识之，知之次也。——《论语》

61. 不在其位，不谋其政。——《论语》

62. 仰之弥高，钻之弥坚；瞻之在前，忽焉在后。夫子循循然善诱人，博我以文，约我以礼，欲罢不能。——《论语》

63. 譬如为山，未成一篑，止，吾止也；譬如平地，虽覆一篑，进，吾往也。——《论语》

64. 岁寒，然后知松柏之后凋也。——《论语》

65. 出则事公卿，入则事父兄。——《论语》

66. 季路问事鬼神，子曰："未能事人，焉能事鬼？""敢问死？"曰："未知生，焉知死？"——《论语》

67. 颜渊问仁。子曰："克己复礼为仁。一日克己复礼，天下归仁焉。为仁由己，而由人乎哉？"颜渊曰："请问其目？"子曰："非礼勿视，非礼勿听，非礼勿言，非礼勿动。"——《论语》

68. 仲弓问仁。子曰："出门如见大宾，使民如承大祭。己所不欲，勿施于人。在邦无怨，在家无怨。"——《论语》

69. 司马牛问君子。子曰："君子不忧不惧。"曰："不忧不惧，斯谓之君子已乎？"子曰："内省不疚，夫何忧何惧？"——《论语》

70. 司马牛忧曰："人皆有兄弟，我独亡。"子夏曰："商闻之矣：'死生有命，富贵在天'。君子敬而无失，与人恭而有礼。四海之内，皆兄弟也。君子何患乎无兄弟也？"——《论语》

71. 樊迟问仁，子曰："爱人。"问知，子曰："知人。"樊迟未达。子曰："举直错诸枉，能使枉者直。"——《论语》

72. 日知其所亡，月毋忘其所能，可谓好学也已矣。——《论语》

73. 君子上达，小人下达。——《论语》

74. 可与言而不与之言，失人；不可与言而与之言，失言。知者不失人，亦不失言。——《论语》

75. 巧言乱德。小不忍则乱大谋。——《论语》

76. 道不同，不相为谋。——《论语》

77. 既来之，则安之。——《论语》

78. 乡愿，德之贼也。——《论语》

79. 益者三乐，损者三乐。乐节礼乐，乐道人之善，乐多贤友，益矣；乐骄乐，乐逸游，乐宴乐，损矣。——《论语》

80. 侍于君子有三愆：言未及之而言，谓之躁；言及之而不言，谓之隐；未见颜色而言，谓之瞽。——《论语》

81. 君子有三戒：少之时，血气未定，戒之在色；及其壮也，血气方刚，戒之在斗；及其老也，血气既衰，戒之在得。——《论语》

82. 君子有三畏：畏天命、畏大人、畏圣人之言。——《论语》

83. 生而知之者，上也；学而知之者，次也；困而学之，又其次也；困而不学，民斯为下矣。——《论语》

84. 君子有九思：视思明，听思聪，色思温，貌思恭，言思忠，事思敬，疑思问，忿思难，见得思义。——《论语》

85. 性相近也，习相远也。——《论语》

86. 色厉而内荏，譬诸小人，其犹穿窬之盗也与？——《论语》

87. 不知命，无以为君子也；不知礼，无以立也；不知言，无以知人也。——《论语》

88. 道听而途说，德之弃也。——《论语》

89. 唯女子与小人难养也。近之则不逊，远之则怨。——《论语》

90. 博学而笃志，切问而近思，仁在其中矣。——《论语》

91. 老吾老，以及人之老；幼吾幼，以及人之幼。——《孟子》

92. 富贵不能淫，贫贱不能移，威武不能屈。——《孟子》

93. 无羞恶之心，非人也。——《孟子》

94. 君子莫大乎与人为善。——《孟子》

95. 人皆可以为尧舜。——《孟子》

96. 非其有而取之，非义也。——《孟子》

97. 生亦我所欲也，义亦我所欲也；二者不可得兼，舍生而取义者也。——《孟子》

98. 穷则独善其身，达则兼济天下。——《孟子》

99. 天将降大任于斯人也，必先苦其心志，劳其筋骨，饿其体肤，空乏其身，行拂乱其所为。——《孟子》

100. 人不可以无耻，无耻之耻，无耻矣。——《孟子》

101. 不耻不若人，何若人有？——《孟子》

102. 乐民之乐者，民亦乐其乐；忧民之忧者，民亦忧其忧。——《孟子》

103. 不以规矩，不成方圆。——《孟子》

104. 诚者，天之道也；诚之者，人之道也。——《孟子》

105. 恻隐之心，人皆有之；羞恶之心，人皆有之；恭敬之心，人皆有之；是非之心，人皆有之。恻隐之心，仁也；羞恶之心，义也；恭敬之心，礼也；是非之心，智也。仁义礼智，非由外铄我也，我固有之也。——《孟子》

106. 得道者多助，失道者寡助。寡助之至，亲戚畔之；多助之至，天下顺之。——《孟子》

107. 君子以仁存心，以礼存心。仁者爱人，有礼者敬人。爱人者，人恒爱之，敬人者，人恒敬之。——《孟子》

108. 君子之守，修其身而天下平。——《孟子》

109. 生于忧患而死于安乐也。——《孟子》

110. 养心莫善于寡欲。——《孟子》

111. 权，然后知轻重；度，然后知长短。——《孟子》

112. 人之相识，贵在相知；人之相知，贵在知心。——《孟子》

113. 知人者智，自知者明；胜人者有力，自胜者强。——《老子》

114. 兵者不祥之器，非君子之器，不得已而用之，恬淡为上。——《老子》

115. 大成若缺，其用不弊；大盈若冲，其用不穷。大直若屈，大巧若拙，大辩若讷。——《老子》

116. 上善若水。水善利万物而不争，处众人之所恶，故几于道。——《老子》

117. 天下难事，必作于易；天下大事，必作于细。——《老子》

118. 吾不敢为主而为客，不敢进寸而退尺。——《老子》

119. 我有三宝，持而保之，一曰慈，二曰俭，三曰不敢为天下先。——《老子》

120. 金玉满堂，莫之能守；富贵而骄，自遗其咎。功成身退，天之道也。——《老子》

121. 欲上民，必以言下之；欲先民，必以身后之。——《老子》

122. 大丈夫处其厚，不处其薄；居其实，不居其华。——《老子》

123. 见素抱朴，少私寡欲。——《老子》

124. 不自见，故明；不自是，故彰；不自伐，故有功；不自矜，故长。——《老子》

125. 五色令人目盲，五音令人耳聋，五味令人口爽，驰骋畋猎，令人心发狂，难得之货，令人行妨。——《老子》

126. 善行无辙迹，善言无瑕谪。——《老子》

127. 合抱之木，生于毫末；九层之台，起于累土；千里之行，始于足下。——《老子》

128. 夫轻诺必寡信，多易必多难。——《老子》

129. 宠辱若惊，贵大患若身。——《老子》

130. 有无相生，难易相成，长短相形，高下相倾，音声相和，前后相随。——《老子》

131. 慈故能勇；俭故能广；不敢为天下先，故能成器长。——《老子》

132. 良贾深藏若虚，君子盛德，容貌若愚。——《史记》

133. 知其雄，守其雌……；知其白，守其黑……；知其荣，守其辱……。——《老子》

134. 大道废，有仁义；智慧出，有大伪。——《老子》

135. 绝圣弃智，民利百倍；绝仁弃义，民复孝慈；绝巧弃利，盗贼无有。——《老子》

136. 将欲翕之，必固张之；将欲弱之，必固强之；将欲废之，必固兴之；

将欲取之，必固与之。——《老子》

137. 贵以贱为本，高以下为基。——《老子》

138. 反者道之动，弱者道之用。——《老子》

139. 圣人无常心，以百姓心为心。善者，吾善之，不善者，吾亦善之。——《老子》

140. 甚爱必大费，多藏必厚亡。——《老子》

141. 慎终如始，则无败事。——《老子》

142. 直而不肆，光而不耀。——《老子》

143. 善为士者不武，善战者不怒，善胜敌者，不与，善用人者，为天下。是谓不争之德，是谓用人之力，是谓配天古之极。——《老子》

144. 是以圣人为而不恃，功成而不处，其不欲见贤。——《老子》

145. 人之生也柔弱，其死也坚强。草木之生也柔脆，其死也枯槁。故坚强者死之徒，柔弱者生之徒。是以兵强则灭，木强则折。强大处下，柔弱处上。——《老子》

146. 信言不美，美言不信。善者不辩，辩者不善。知者不博，博者不知。——《老子》

147. 锲而舍之，朽木不折；锲而不舍，金石可镂。——《荀子》

148. 积土成山，风雨兴焉；积水成渊，蛟龙生焉；积善成德，而神明自得，圣心备焉。——《荀子》

149. 道虽迩，不行不至。事虽小，不为不成。——《荀子》

150. 蓬生麻中，不扶而直；白沙在涅，与之俱黑。——《荀子》

151. 吾尝终日而思矣，不如须臾之所学也。吾尝跂而望矣，不如登高之博见也。——《荀子》

152. 故木受绳则直，金就砺则利，君子博学而日参省乎己，则知明而行无过矣。——《荀子》

153. 非我而当者，吾师也；是我而当者，吾友也；谄谀我者，吾贼也。——《荀子》

154. 岁不寒，无以知松柏；事不难，无以知君子。——《荀子》

155. 君子养心莫善于诚，至诚则无它事矣。——《荀子》

156. 君子崇人之德，扬人之美，非谄谀也。——《荀子》

157. 目不能两视而明，耳不能两听而聪。——《荀子》

158. 故不登高山，不知天之高也；不临深溪，不知地之厚也。——《荀子》

159. 不积跬步，无以至千里；不积小流，无以成江海。骐骥一跃，不能十步；驽马十驾，功在不舍。——《荀子》

160. 强本而节用，则天不能贫；养备而动时，则天不能病；循道而不忒，则天不能祸。——《荀子》

161. 人无礼则不生，事无礼则不成，国家无礼则不宁。——《荀子》

162. 言有招祸也，行有招辱也。君子慎其所立乎！——《荀子》

163. 跬步而不休，跛鳖千里；累土而不辍，丘山崇成。——《荀子》

164. 诚者，君子之所守业，而政事之本也。——《荀子》

165. 自知者不怨人，知命者不怨天；怨人者穷，怨天者无志。——《荀子》

166. 为善不积邪，安有不闻者乎？——《荀子》

167. 赠人以言，重于金石珠玉；观人以言，美于黼黻文章；听人以言，乐于钟鼓琴瑟。——《荀子》

168. 不以物挫志。——《庄子》

169. 夫小惑易方，大惑易性。——《庄子》

170. 不知其子视其父，不知其人视其友。——《孔子家语》

171. 君子之交淡若水，小人之交甘若醴。——《庄子》

172. 兴天下之利，除天下之害。——《墨子》

173. 若使天下兼相爱，爱人若爱其身，犹有不孝者？——《墨子》

174. 无言而不信，不德而不报，投我以桃，报之以李。——《墨子》

175. 万事莫贵于义。——《墨子》

176. 俭节则昌，淫佚则亡。——《墨子》

177. 志不强者智不达，言不信者行不果。——《墨子》

178. 利莫长于简，福莫久于安。——《韩非子》

179. 恬淡有取舍之义，平安知祸福之计。——《韩非子》

180. 胜而不骄，败而不怨。——《韩非子》

181. 巧诈不如拙诚，惟诚可得人心。——《韩非子》

182. 利于国者爱之，害于国者恶之。——《晏子春秋》

183. 富贵不傲物，贫贱不易行。——《晏子春秋》

184. 积爱成福，积怨则祸。——《淮南子》

185. 天下有大恶者有五：一曰心逆而险，二曰行僻而坚，三曰言伪而辩，四曰记丑而博，五曰顺非而泽。——《孔子家语》

186. 仁者莫大乎爱人，智者莫大乎知贤，贤政者莫大乎官能。——《孔子家语》

187. 儒有不宝金玉，而忠信以为宝；不祈土地，而仁义以为土地；不求多积，多文以为富。……委之以财货而不贪，淹之以乐好而不淫，劫之以众而不惧，阻之以兵而不慑；见利不亏其义，见死不更其守。……可亲而不可劫，可近而不可迫，可杀而不可辱。……有忠信以为甲胄，礼义以为干橹；戴仁而行，抱德而处。……君得其志，民赖其德，苟利国家，不求富贵。——《孔子家语》

188. 温良者，仁之本也；慎敬者，仁之地也；宽裕者，仁之作也；逊接者，仁之能也；礼节者，仁之貌也；言谈者，仁之文也；歌乐者，仁之和也；分散者，仁之施也。——《孔子家语》

189. 思仁恕则树德，加严暴则树怨。——《孔子家语》

190. 恭而敬，可以慑勇；宽而正，可以怀强；爱而恕，可以容困；温而断，可以抑奸。——《孔子家语》

191. 良药苦口而利于病，忠言逆耳而利于行。——《孔子家语》

192. 为善者天报之以福，为不善者天报之以祸。——《孔子家语》

193. 羊有跪乳之恩，鸦有反哺之义。——《增广贤文》

194. 责人之心责己，爱己之心爱人。再三须慎意，第一莫欺心。——《重订增广》

195. 芝兰生于深林，不以无人而不芳；君子修其道德，不为穷困而改节。——《重订增广》

196. 立百福之基，只在一念慈祥；开万善之门，无如寸心挹损。完得心上之本来，方可言了心；尽得世间之常道，才堪论出世。——《菜根谭》

197. 交友须带三分侠气，做人要存一点素心。——《菜根谭》

198. 觉人之诈，不形于言；受人之侮，不动于色。——《菜根谭》

199. 礼尚往来。往而不来，非礼也；来而不往，亦非礼也。——《礼记》

200. 入境而问禁，入国而问俗，入门而问讳。——《礼记》

201. 博学之，审问之，慎思之，明辨之，笃行之。——《礼记》

202. 富润屋，德润身，心广体胖，故君子必诚其意。——《礼记》

203. 德者，本也；财者，末也。——《礼记》

204. 天行健，君子以自强不息。地势坤，君子以厚德载物。——《周易》

205. 君子进德修业。忠信，所以进德也。修辞立其诚，所以居业也。——《周易》

206. 君子学以聚之，问以辨之，宽以居之，仁以行之。——《周易》

207. 积善之家，必有余庆；积不善之家，必有余殃。——《周易》

208. 夫妻反目，不能正室也。——《周易》

209. 君子以俭德辟难，不可荣以禄。——《周易》

210. 君子以远小人，不恶而严。——《周易》

211. 君子以反身修德。——《周易》

212. 君子以居贤德俗。——《周易》

213. 乾以易知，坤以简能。易则易知，简则易从。易知则有亲，易从则有功。有亲则可久，有功则可大。可久则贤人之德，可大则贤人之业。——《周易》

214. 仁者见之谓之仁，知者见之谓之知。——《周易》

215. 君子居其室，出其言善，则千里之外而应之，况其迩者乎。出其言不善，千里之外而违之，况其迩者乎。——《周易》

216. 德言盛，礼言恭。乱之所生也，则言语以为阶。君不密则失臣，臣不密则失身，几事不密则害成。是以君子慎密而不出也。——《周易》

217. 穷则变，变则通，通则久。——《周易》

218. 善不积不足以成名，恶不积不足以灭身。——《周易》

219. 君子安而不忘危，存而不忘亡，治而不忘乱。——《周易》

220. 君子贤其贤而亲其亲，小人乐其乐而利其利，此以没世不忘也。——《大学》

221. 君子有大道，必忠信以得之，骄泰以失之。——《大学》

222. 一家仁，一国兴仁；一家让，一国兴让；一人贪戾，一国作乱。——《大学》

223. 君子慎其独也。——《大学》

224. 喜怒哀乐之未发，谓之中；发而皆中节，谓之和。——《大学》

225. 君子之道，造端乎夫妇；及其至也，察乎天地。——《大学》

226. 忠恕，违道不远，施诸己而不愿，亦勿施于人。——《大学》

227. 大德必得其位，必得其禄，必得其名，必得其寿。——《大学》

228. 仁者，人也，亲亲为大；义者，宜也，尊贤为大。——《大学》

229. 诚之者，择善而固执之者也。——《大学》

230. 人谁无过，过而能改，善莫大焉。——《大学》

231. 多行不义，必自毙。——《左传》

232. 度德而处之，量力而行之。——《左传》

233. 俭，德之共也；侈，恶之大也。——《左传》

234. 居安思危，思则有备，有备无患。——《左传》

235. 且夫孝始于事亲，中于事君，终于立身。——《史记》

236. 人固有一死，或重于泰山，或轻于鸿毛，用之所趋异也。——《报任安书》

237. 山不厌高，海不厌深，周公吐哺，天下归心。——《短歌行》

238. 为世忧乐者，君子之志也；不为世忧乐者，小人之志也。——《申鉴·杂言上》

239. 老骥伏枥，志在千里；烈士暮年，壮心不已。——《步出夏门行·龟虽寿》

240. 古之立大事者，不惟有超世之才，亦必有坚韧不拔之志。——《晁错论》

241. 志不立，如无舵之舟，无衔之马，漂荡奔逸，终亦何所底乎？——明·王阳明《教条示龙场诸生·立志》

242. 勿以恶小而为之，勿以善小而不为。——《三国志》

243. 非淡泊无以明志，非宁静无以致远。——《三国志》

244. 鞠躬尽瘁，死而后已。——《三国志》

245. 业精于勤，荒于嬉；行成于思，毁于随。——韩愈

246. 忧国忘家，捐躯济难，忠臣之志也。——曹植

247. 用心莫如直。——李翱

248. 精诚所至，金石为开。——王充

249. 善气迎人，亲如兄弟；恶气迎人，害于戈兵。——管仲

250. 大丈夫宁可玉碎，不能瓦全。——《北齐书·元景安传》

251. 君子义以为质，得义则重，失义则轻，由义为荣，背义为辱。——陆九渊《与郭邦逸》

252. 内不欺己，外不欺人，上不欺天，君子所以慎独。——清·金缨《格言联璧·持躬》

253. 教人治己，皆宜以正直为先。——王安石《洪范传》

254. 守正直而佩仁义。——朱熹《宋名臣言行录》

255. 忧劳可以兴国，逸豫可以亡身。——欧阳修《五代史·伶官传序》

256. 苟利国家生死以，岂因祸福避趋之。——林则徐《赴戍登程口占示家人》

257. 位卑未敢忘忧国。——陆游《病起书怀》

258. 先天下之忧而忧，后天下之乐而乐。——范仲淹《岳阳楼记》

259. 高行微言，所以修身。——黄石公

260. 人必其自爱也，然后人爱诸；人必其自敬也，然后人敬诸。——扬雄

261. 博观而约取，厚积而薄发。——苏轼

262. 报国之心，死而后已。——苏轼

263. 善誉人者，人誉之；善毁人者，人毁之。——邓牧

264. 君子言忧不言乐，然而乐在其中也；小人知乐不知忧，故忧常及之。——叶适

265. 与邪佞人交，如雪入墨池，虽融为水，其色愈污；与端方人处，如炭入薰炉，虽化为灰，其香不灭。——许榧

267. 以言伤人者，利于刀斧；以术害人者，毒于虎狼。——林逋

268. 见人之过，得己之过；闻人之过，得己之过。——杨万里

269. 涵养、致知、力行三者，便是以涵养为首，致知次之，力行又次之。——朱熹

270. 气忌盛，新忌满，才忌露。——吕坤

271. 德不广不能使人来，量不宏不能使人安。——刘基

272. 劳谦虚己，则附之者众；骄慢倨傲，则去之者多。——葛洪

273. 天下兴亡，匹夫有责。——明·顾炎武

274. 进德修业，要个木石的念头，若稍涉矜夸，便趋欲境；济世经邦，要段云水的趣味，若一有贪恋，便堕危机。——古楹联

275. 自私自利之心，是立人达人之障。——吕坤

276. 爱亲者，不敢恶于人；敬亲者，不敢慢于人。——《孝经》

277. 以爱己之心爱人，则尽仁。——张载《正蒙》

278. 不蔽人之善，不言人之恶。——《战国策》

279. 改身之过，迁身之善，谓之“修身”。——颜元《颜习斋先生言行录》

280. 士皆知有耻，则国家永无耻矣。——龚自珍《明良论二》

281. 过而不能知，是不智也；知而不能改，是不勇也。——李觏《易论第九》

282. 闻过则喜，知过不讳，改过不惮。——陆九渊《与傅全美》

283. 志小则易足，易足则无由进。——张载《经学理窟》

284. 忠心正气，千古不磨。——冯梦龙

285. 不为穷变节，不为贱易志。——桓宽《盐铁论·地广》

286. 宁可玉碎，不能瓦全。——《北齐书·元景安列传》

287. 疾风知劲草，板荡识诚臣。——李世民《赐萧瑀》

288. 出淤泥而不染，濯清涟而不妖。——周敦颐《爱莲说》

289. 时穷节乃见，一一垂丹青。——文天祥《正气歌》

290. 名节重泰山，利欲轻鸿毛。——于谦《无题》

291. 道德衰亡，诚亡国灭种之根基。——章炳麟

292. 有真道德，必生真胆量。凡怕天怕地怕人怕鬼的人，必是心中有鬼，必是品行不端。——宣永光

293. 人家帮我，永志不忘；我帮人家，莫记心头。——华罗庚

294. 我们不能一有成绩，就像皮球一样，别人拍不得，轻轻一拍，就跳得老高。成绩越大，越要谦虚谨慎。——王进喜

295. 在荣誉上不伸手，在待遇上不伸手，在物质上不伸手。——王杰

296. 春蚕到死丝方尽，人至期颐亦不休。一息尚存须努力，留作青年

好范畴。——吴玉章

297. 路是脚踏出来的，历史是人写出来的。人的每一步行动都在书写自己的历史。——吉鸿昌

298. 为中华之崛起而读书。——周恩来

299. 人生应该如蜡烛一样，从顶燃到底，一直都是光明的。——萧楚女

300. 人的生命是有限的，可是，为人民服务是无限的，我要把有限的生命，投入到无限的为人民服务之中去。——雷锋

（二）国外道德名言

1. 禀赋最优良的，精力最旺盛的，最可能有所成就的人，如果经过教育学会了他们应当怎样做人的话，就能成为最优良、最有用的人，因为他们能够做出极多、极大的业绩来；但如果没有受过教育而不学无术的话，那他们就会成为最不好、最有害的人，因为由于不知应该选择做什么，就往往会插手于一些罪恶的事情，而且由于狂傲激烈，禀性倔强，难受约束，就会做出很多很大的坏事来。——苏格拉底

2. 不要靠馈赠去获得朋友。你须贡献你诚挚的爱，学会怎样用正当的方法来赢得一个人的心。——苏格拉底

3. 世界上最快乐的事，莫过于为理想而奋斗。哲学家告诉我们，“为善至乐”的乐，乃是从道德中产生出来的。为理想而奋斗的人，必能获得这种快乐，因为理想的本质就含有道德的价值。——苏格拉底

4. 逆境是磨练人的最高学府。——苏格拉底

5. 一个人能否有成就，只看他是否具备自尊心与自信心两个条件。——苏格拉底

6. 在你发怒的时候，要紧闭你的嘴，免得增加你的怒气。——苏格拉底

7. 真正高明的人，就是能够借助别人的智慧，来使自己不受蒙蔽的人。——苏格拉底

8. 知足是天赋的财富，奢侈是人为的贫穷。——苏格拉底

9. 谦逊是藏于土中甜美的根，所有崇高的美德由此发芽滋长。——苏

格拉底

10. 德性就是知识：美德即知识，愚昧是罪恶之源。——苏格拉底

11. 智慧意味着自知无知。——苏格拉底

12. 每个人身上都有太阳，主要是如何让它发光。——苏格拉底

13. 不要靠馈赠来获得一个朋友。——苏格拉底

14. 人可以犯错，但是不可犯同一个错。——苏格拉底

15. 没有人因为知道了善而不向善的。——苏格拉底

16. 应当学会把心灵的美看得比形体的美更可珍贵，如果遇见一个美的心灵，纵然他在形体上不甚美观，也应该对他起爱慕，凭他来孕育最适宜于使青年人得益的道理。——柏拉图

17. 为着品德而去眷恋一个情人，总是一种很美的事。——柏拉图

18. 征服自己需要更大的勇气，其胜利也是所有胜利中最光荣的胜利。——柏拉图

19. 耐心是一切聪明才智的基础。——柏拉图

20. 如果一个人的激情，无论在快乐还是苦恼中，都保持不忘理智所教给的关于什么应当恐惧、什么不应当惧怕的信条，那么我们就因他的激情部分而称每个这样的人为勇敢的人。——柏拉图

21. 舍善而趋恶不是人类的本性。——柏拉图

22. 好人之所以好是因为他是有智慧的，坏人之所以坏是因为人是愚蠢的。——柏拉图

23. 语言的美、乐调的美以及节奏的美，都表现好性情。所谓“好性情”并不是人们通常用来恭维愚笨的人的那个意思，而是心灵真正尽善尽美。——柏拉图

24. 先从人世间个别的美的事物开始，逐渐提升到最高境界的美，好像升梯，逐步上进，从一个美形体到两个美形体，从两个美形体到全体的美形体；从美的形体到美的行为制度，从美的行为制度到美的学问知识，最后再从美的学问知识一直到只有以美本身为对象的那种学问，彻悟美的本身。——柏拉图

25. 当美的灵魂与美的外表和谐地融为一体，人们就会看到，这是世上最完善的美。——柏拉图

26. 最有道德的人，是那些有道德却不须由外表表现出来而仍感满足的人。——柏拉图

27. 人心可分为二，一部较善，一部较恶。善多而能制止恶，斯即足以云自主，而为所誉美；设受不良之教育，或经恶人之熏染，致恶这一部较大，而善这一部日益侵削，斯为己之奴隶，而众皆唾弃其人矣。——柏拉图

28. 凡勇敢、克制、公正，比诸真德皆惟依智慧而立。——柏拉图

29. 美具有引人向善的作用和力量。——柏拉图

30. 美是一种善，其所以引起快感正因为它是善。——亚里士多德

31. 严肃的人模仿高尚的人的行动，轻浮的人则模仿卑劣的人的行动。——亚里士多德

32. 坏人因畏惧而服从，好人因爱而服从。——亚里士多德

33. 放纵自己的欲望是最大的祸害；谈论别人的隐私是最大的罪恶；不知自己的过失是最大的病痛。——亚里士多德

34. 人，在最完美的时候是动物中的佼佼者，但是，当他与法律和正义隔绝以后，他便是动物中最坏的东西。——亚里士多德

35. 真正的美德不可没有实用的智慧，而实用的智慧也不可没有美德。——亚里士多德

36. 对上级谦恭是本分；对平辈谦逊是和善；对下级谦逊是高贵；对所有的人谦逊是安全。——亚里士多德

37. 善性是难能可贵的，也是高尚和值得称赞的。——亚里士多德

38. 如果恶完全变成不堪忍受的，它也将自灭。——亚里士多德

39. 邪恶事件起因于邪恶。——亚里士多德

40. 人们为善的道路只有一条，作恶的道路可以有许多条。——亚里士多德

41. 一个纵情恣乐、毫无节制的人，会变成放荡的人；一个像乡下人一样、忌避一切快乐的人，会变为麻木不仁的人。——亚里士多德

42. 勇敢乃是自信与害怕中间之道。——亚里士多德

43. 遵照道德准则生活就是幸福的生活。——亚里士多德

44. 幸福属于满足的人们。——亚里士多德

45. 人生颇富机会和变化。人最得意的时候，有最大的不幸光临。——

亚里士多德

46. 在不幸中，有用的朋友更为必要；在幸运中，高尚的朋友更为必要。在不幸中，寻找朋友出于必需；在幸运中，寻找朋友出于高尚。——亚里士多德

47. 在科学上进步而道义上落后的人，不是前进，而是后退。——亚里士多德

48. 人在达到德性的完备时是一切动物中最出色的动物；但如果他一意孤行，目无法律和正义，他就成为一切禽兽中最恶劣的禽兽。——亚里士多德

49. 对于美德，我们仅止于认识是不够的，我们还必须努力培养它，运用它，或是采取种种方法，以使我们成为良善之人。——亚里士多德

50. 习惯实际上已成为天性的一部分。事实上，习惯有些像天性，因为“经常”和“总是”之间的差别是不大的，天性属于“总是”的范畴，而习惯则属于“经常”的范畴。——亚里士多德

51. 发脾气是值得赞扬的，如果你能做到：在适当的场合，向正确的对象，在合适的时刻，使用恰当的方式，因为公正的理由而发脾气。——亚里士多德

52. 在智慧提供给整个人生的一切幸福之中，以获得友谊最为重要。——伊壁鸠鲁

53. 最善于应付对外面敌人的恐惧的是尽量交友；对于不能交为朋友的人，至少要避免和他们结怨；要是连这个也办不到，就要尽可能地避免和他们往来，为自己的利益疏远他们。——伊壁鸠鲁

54. 如果问在人生中最重要的才能是什么？那么回答则是：第一，无所畏惧；第二，无所畏惧；第三，还是无所畏惧。——培根

55. 一个人从另一个人的诤言中所得来的光明，比从他自己的理解力、判断力所得出的光明更是干净纯粹。——培根

56. 世上友谊本罕见，平等友情更难求。——培根

57. 最能保人心神之健康的预防药就是朋友的忠言规谏。——培根

58. 要追求真理，认识真理，更要依赖真理，这是人性中的最高品德。——培根

59. 子女中那种得不到遗产继承权的幼子，常常会通过自身奋斗获得好

的发展。而坐享其成者，却很少能成大业。——培根

60. 如果说金钱是商品的价值尺度，那么时间就是效率的价值尺度。因此对于一个办事缺乏效率者，必将为此付出高昂代价。——培根

61. 善于识别与把握时机是极为重要的。在一切大事业上，人在开始做事前要像千眼神那样察视时机，而在进行时要像千手神那样抓住时机。——培根

62. 当你遭遇挫折而感到愤懑抑郁的时候，向知心挚友的一度倾诉可以使你得到疏导。否则这种积郁使人致病。俗语说：人总是乐于把最大的奉承留给自己，而友人的逆耳忠言却可以治疗这个毛病。朋友之间可以从两个方面提出忠告：一是关于品行的，二是关于事业的。——培根

63. 习惯真是一种顽强而巨大的力量，它可以主宰人的一生，因此，人从幼年起就应该通过教育培养一种良好的习惯。——培根

64. 合理地安排时间，就等于节约时间。——培根

65. 读史使人明智，读诗使人灵秀，数学使人严密，物理学使人深刻，伦理学使人庄重，逻辑学、修辞学使人善辩；凡有学者，皆成性格。——培根

66. 人的理智就好像一面不平的镜子，由于不规则地接受光线，因而把事物的性质和自己的性质搅混在一起，使事物的性质受到了歪曲，改变了颜色。——培根

67. 美德有如名香，经燃烧或压抑而其香愈烈：盖幸运最难显露恶德而厄运最能显露美德也。——培根

68. 礼仪是微妙的东西，它既是人类间交际不可或缺的，也是不可过于计较的。如果把礼仪看得高于一切，结果就会失去人与人真诚的信任。因此在语言交际中要善于找到一种分寸，使之既直爽又不失礼。这是最难又是最好的。——培根

69. 习惯真是一种顽强而巨大的力量，它可以主宰人生。因此，人自幼就应该通过完美的教育，去建立一种好的习惯。——培根

70. 有些老人显得很可爱，因为他们的作风优雅而美。……而尽管有的年轻人具有美貌，却由于缺乏优美的修养而不配得到赞美。——培根

71. 凡过于把幸运之事归功于自己的聪明和智慧的人多半结局是不幸

的。 ——培根

72. 美德好比宝石，它在朴素背景的衬托下，反而更加华丽。——培根

73. 叛乱的根源一是多贫二是多怨。有多少破产者就有多少喜乱者。——培根

74. 大事要谨慎积极，小事得益小乐，不要大喜过望。——培根

75. 我认为胜利是可以得到的，而且勇敢地为它奋斗，我的后代将会说："他不知道死的恐惧，比任何人都刚毅，并认为为真理而斗争是人类最大的乐趣。"——布鲁诺

76. 思而后行，以免做出蠢事。因为草率的动作和言语，均是卑劣的特征。 ——毕达哥拉斯

77. 无论是别人在跟前或者自己单独的时候，都不要做一点卑劣的事情：最要紧的是自尊。——毕达哥拉斯

78. 与心作斗争是很难的，因为每一个愿望都是以灵魂为代价换来的。——赫拉克利特

79. 公正，一定会打倒那些说假话和假作证的人。——赫拉克利特

80. 品性是一个人的守护神。——赫拉克利特

81. 教养是有教养的人的第二个太阳。——赫拉克利特

82. 你必须用笑声摧毁敌手的严肃，或是用严肃击败敌手的笑声。——高尔吉亚

83. 不要对一切人都以不信任的眼光看待，但要谨慎而坚定。——德谟克利特

84. 有教养的人的遗产，比那些无知的人的财富更有价值。——德谟克利特

85. 对可耻的行为的追悔是对生命的拯救。——德谟克利特

86. 以邪恶的、不智的、失节的和不洁的方式活着，就不仅是很坏地活着，而且是在继续不断地死亡。——德谟克利特

87. 得不义之财是遭受祸害的开始。——德谟克利特

88. 即使当你独自一个人时，也不要说坏话或做坏事，而要学得在你自己面前比在别人面前更知耻。——德谟克利特

89. 好的言辞并不能抹杀一种坏的行为，而一种好的行为也不会为诽谤

所玷污。——德谟克利特

90. 记住，公正的原则必须贯彻到社会的最底层。——西塞罗

91. 在履行自己的义务中寻求快乐的人，才是自由地生活的人。——西塞罗

92. 事业的抱负和理想，是以“真”为开始、“善”为历程、“美”为最终目标的。——西塞罗

93. 人，必须把那恩惠常藏心底，但是施恩的人则不可记住它。——西塞罗

94. 勇敢的人，也就是满怀信心的人。——西塞罗

95. 对于道德实践来说，最好的观众就是人们自己的良心。——西塞罗

96. 正义是简单的，献身于邪恶则是复杂的，而且变化无穷。——塞涅卡

97. 道德是比人生更艰难的艺术了，因为其他的艺术或学问，到处都有教师。——塞涅卡

98. 道德是社会中每个人不可避免的义务。——塞涅卡

99. 对于上帝来说，最愉快的娱乐，莫过于看一个男人能否与不幸的命运作斗争。——塞涅卡

100. 应当生活得仿佛我的生命完全是为了别人的利益而存在似的。——塞涅卡

101. 正直的人生，只有在经过艰难卓绝的斗争之后才能实现。——塞涅卡

102. 谦和、愉快、诚恳的态度，而同时又加上忍耐精神的人，是非常幸运的。——塞涅卡

103. 理智不能用大小或高低来衡量，而应该用原则来衡量。——爱比克泰德

104. 吝啬必受罚。——奥古斯丁

105. 穿透污云浊气，自己却一尘不染。——奥古斯丁

106. 人不能像走兽那样活着，应该追求知识和美德。——但丁

107. 一个人如果看到别人的需要，还等着他的请求，显而易见那不是诚心的援助。——但丁

108. 人家的窃窃私语与你何干？走自己的路，让人家去说长道短！要像一座卓立的塔，不因为暴风而倾斜。——但丁

109. 易发怒，是品格上最为显著的弱点。——但丁

110. 知识不全的人可以用道德去弥补，而一个道德不全的人却难以用知识去弥补。——但丁

111. 贫穷不会磨灭一个人高贵的品质，反而是富贵叫人丧失了志气。——薄伽丘

112. 友谊真是一样最神圣的东西，不光是值得特别推崇，而是值得永远赞扬。它是慷慨和荣誉的最贤惠的母亲，是感激和仁慈的姊妹，是憎恨和贪婪的死敌；它时时刻刻都准备舍己为人，而且完全出于自愿，不用他人恳求。——薄伽丘

113. 勤劳一日，可得一夜安眠；勤劳一生，可得幸福长眠。——达・芬奇

114. 耐心听取他人的意见，认真考虑指责你的人是否有理。如果他有理，你就修正自己的错误；如果他理亏，只当没听见。若他是一个你所敬重的人，那么可以通过讨论提出他不正确的地方。——达・芬奇

115. 人的美德的荣誉比他的财富的荣誉不知大多少倍。古今有多少帝王公侯，可是却没有在我们记忆中留下一丝痕迹，就因为他们只想用庄园和财富留名后世。岂不见多少人在钱财上一贫如洗，但在美德上却是富豪呢？——达・芬奇

116. 荣誉在于劳动的双手。——达・芬奇

117. 微少的知识使人骄傲，丰富的知识使人谦虚。所以空心的禾穗高傲地仰头向天，而充实的禾穗则低头向着大地，向着他的母亲。——达・芬奇

118. 对无用的人说好话和对高尚的人道恶语都是巨大的错误。——达・芬奇

119. 谎言是如此可耻的，拿谎言来赞美上帝，上帝的恩惠也会受损；实话如此美好，卑微的事物受到实话的赞美，也显得高尚起来。 毫无疑问，实话与谎言的关系就像光明与黑暗一样，实话本就十分美好，实话即使停留在卑微的事物中，也比谎言附在高尚事物上无比崇高。即使我们认为谎

言属于第五元素，对于事物的实话仍然是高级智慧的主要营养品。而不是欺蒙哄骗才智的营养品。——达·芬奇

120. 我们因未曾虚度光阴而感到欣慰，尽管不受到赞扬，不出类拔萃，只要不虚度一生，就该感到愉快。——达·芬奇

121. 智者宁可防病于未然，不可治病于已发；宁可勉励克服痛苦，免得为了痛苦而追求慰藉。——托马斯·莫尔

122. 不求有天使和牛马的懿德，只求有人的良心。——蒙田

123. 你所说的一切，都应符合你的思想，否则就是恶意欺骗。——蒙田

124. 理智一旦产生，支配它们，那便是美德。——蒙田

125. 永不沉睡的良心，不断地鞭笞着人们。——蒙田

126. 缄默和谦虚是社交的美德。——蒙田

127. 对于要检查别人心灵的人，柏拉图要求他具备三样东西：知识、仁慈、胆量。——蒙田

128. 良心的法则，我们自诩为出自天性，其实却源于风俗。——蒙田

129. 坚信别人诚实，是本人正直的一个有力证据。——蒙田

130. 自以为是乃是我们天生而原始的弊病。——蒙田

131. 怯懦是残忍之母。——蒙田

132. 人生的磨难是很多的，所以我们不可对于每一件轻微的伤害都过于敏感。在生活磨难面前，精神上的坚强和无动于衷是我们抵抗罪恶和人生意外的最好武器。——洛克

133. 一个人的各种品性之中，德行是第一位的。——洛克

134. 不要每逢看见儿童受了一点点痛苦就去哀怜他们，或让他们自己去怜悯自己。我们此时应该尽力帮助他们，安慰他们，可是千万不能怜悯他们。——洛克

135. 礼貌是儿童与青年所应该特别小心养成习惯的第一件大事。——洛克

136. 儿童不是用规则可以教得好的，规则总是会被他们忘掉的。……习惯一旦培养成功之后，便用不着借助记忆，很容易地自然地就能发生作用了。——洛克

137. 我们不应该把自己想得太好，以致把自己的价值估计得高；我们也不可因为自己具有某些长处，别人没有，便以为应在别人面前占优势；我们只应该在我们的本分以内谦逊地接受别人对于我们的给予。——洛克

138. 不要看不起自己，也不要看不起别人。——洛克

139. 权力和财富，甚至德行本身，其所以被人人看重，也都是因为它们能够增进我们的幸福之故，凡是帮助别人，而帮助时的态度不好，使得别人感到不安的人，从别人的幸福看来，他是不会受到欢迎的。凡是知道如何使得对方感到舒畅，而自己又不至于奴颜婢膝，降低身份的人，他就可以说得到了处世的真诀，到处都会受到欢迎与重视。——洛克

140. 非难别人，找别人的错处，这和礼仪是直接对立的。——洛克

141. 在缺乏教养的人身上，勇敢就会成为粗暴，学识就会成为迂腐，机智就会成为逗趣，质朴就会成为粗鲁，温厚就会成为谄媚。——洛克

142. 没有经过琢磨的钻石是没有人喜欢的，这种钻石戴了也没有好处。但是一旦经过琢磨，加以镶嵌之后，它们便生出光彩来了。美德是精神上的一种宝藏，但是使它们生出光彩的则是良好的礼仪。——洛克

143. 德行比人情世故更难获得；青年人失掉了德行是很少能够再恢复的。怯懦无能和不懂人情世故是大家归给私家教育的过错，其实这并不是在家庭里面进行教育的必然结果，也并不是无法医治的毛病。如果说家里溺爱太过，常常使人懦弱无能，应该竭力避免，那主要是因为我们的目的是为了德行的缘故。——洛克

144. 礼貌是一种语言。它的规则与实行，主要要从观察，从那些有教养的人们举止上去学习。——洛克

145. 智育只能是德育的辅助品，学问只能作为辅佐品德之用，对于心地良好的人来说，学问对于德行与智慧都有帮助；对于心地不是良好的人来说，学问就会使他们变得更坏。——洛克

146. 爱情之中高尚的成分不亚于温柔的成分，使人向上的力量不亚于使人萎靡的力量，有时还能激发别的美德。——伏尔泰

147. 坚持意志伟大的事业需要始终不渝的精神。——伏尔泰

148. 不经巨大的困难，不会有伟大的事业。——伏尔泰

149. 劳动是快活的根源。——伏尔泰

150. 说出一个人真实的思想是人生极大的安慰。——伏尔泰

151. 在任何地点，在任何时代，为公益作出最大牺牲的人，都是人们称为最道德的人。——伏尔泰

152. 衡量一个人的真正品格，是看他在知道没有人会发觉的时候做什么。——孟德斯鸠

153. 品德应该高尚些；处世，应该坦率些，举止，应该礼貌些。——孟德斯鸠

154. 有益于身而有害于家的事情，我不干；有益于家而有害于国的事情，我不干。——孟德斯鸠

155. 在一个人民的国家中还要有一种推动的枢纽，这就是美德。——孟德斯鸠

156. 谦虚是不可缺少的品德。——孟德斯鸠

157. 我所谓共和国里的美德，是指爱祖国也就是爱平等而言。这并不是一种道德上的美德，也不是一种基督教的美德，而是政治上的美德。——孟德斯鸠

158. 人是生而自由的，但却无往不在枷锁之中。自以为是其他一切的主人的人，反而比其他一切更是奴隶。——卢梭

159. 浪费时间是一桩大罪过。——卢梭

160. 节约与勤勉是人类的两个名医。——卢梭

161. 成功的秘诀，在永不改变既定的目的。——卢梭

162. 德行啊！你是纯朴的灵魂的崇高科学。——卢梭

163. 奢侈的必然后果——风化的解体，反过来又引起了趣味的腐化。——卢梭

164. 我深信只有有道德的公民才能向自己的祖国致以可被接受的敬礼。——卢梭

165. 装饰对于德行也同样是格格不入的，因为德行是灵魂的力量和生气。——卢梭

166. 道德确实不是指导人们如何使自己幸福的教条，而是指导人们如何配享有幸福的学说。——康德

167. 道德是个人心目中的群居本能。——尼采

168. 相互宽容对方的缺点，乃是通向天堂之门。——布莱克

169. 品格之于人，犹如芳香之于花。——施瓦布

170. 虚荣的人注视着自己的名字；光荣的人注视着祖国的事业。——何塞·马蒂

171. 道德方面的伟大，就在于对朋友始终不渝的爱，对敌人不可磨灭的恨。——莱辛

172. 心眼不多，可是品格端正的人，倒经常能看穿最狡猾的骗子的诡计。——歌德

173. 自己的思想愈卑劣，就愈要挑剔别人的错。——克雷洛夫

174. 历史的宫殿不同于现在上流社会之处，仅仅在于它只向勤劳和美德敞开它的大门。任何财富、声誉、奸诈都不能贿赂、恫吓、欺骗艾理西姆的守门人。从更深一层意义出发，邪恶者或鄙俗者是永远无法进入历史宫殿的。——拉斯金

175. 恶德——不和、战争、悲惨；美德——和平、幸福、和谐。——雪莱

176. 谁遇到缺德事不立即感到厌恶，遇到美事不立即感到喜悦，谁就没有道德感，这样的人就没有良心。谁做了缺德事而只害怕被判刑，不由于自己行为不轨而责备自己，而是由于想到痛苦的后果才胆战心惊，这种人也没有良心，而只有良心的表面罢了。但是，谁能够意识到行为本身的缺德程度，而不考虑后果如何，却是有良心的。——康德

177. 使一个人伟大，并不在富裕和门第，而在于可贵的行为和高尚的品行。——奥维

178. 纵使世界给我珍宝和荣誉，我也不愿离开我的祖国，因为纵使我的祖国在耻辱之中，我还是喜欢、热爱、祝福我的祖国。——裴多菲

179. 爱国主义也和其他道德情感与信念一样，使人趋于高尚，使他愈来愈能了解并爱好真正美丽的东西，从对于美丽东西的知觉中体验到快乐，并且用尽一切方法使美丽的东西体现在行动中。——凯洛夫

180. 品行是一种很复杂的成果，不仅是意识的成果，而且也是知识、力量、习惯、技能、适应、健康以及最重要的社会经验的成果。——马卡连柯

181. 没有教养、没有学识、没有实践的人的心灵好比一块田地，这块

田地即使天生肥沃，但倘若不经耕耘和播种，也是结不出果实来的。——格里美尔斯豪森

182. 道德不是良心的可卑的机谋，而是斗争和艰难、激情和痛苦。——托马斯·曼

183. 勤于德者，不求财便能自生。——西乡隆盛

184. 道德美……包含两个互相区别的因素，就是正义与慈爱。——库申

185. 劳动受人推崇。为社会服务是很受人赞赏的道德理想。——杜威

186. 播种一个行动，你会收获一个习惯；播种一个习惯，你会收获一个个性，播种一个个性，你会收获一个命运。——菩德吉

187. 无私是稀有的道德，因为从它身上是无利可图的。——布莱希特

188. 顺境的美德是节制，逆境的美德是坚忍，这后一种是较为伟大的德行。——培根

189. 不能凭最初印象去判断一个人。美德往往以谦虚镶边，缺点往往被虚伪所掩盖。——拉布吕耶尔

190. 许多道德家都曾谈到，人的诸种恶行中，骄傲为最，它以多种多样的形式出现，而又在极其繁复的伪装下隐匿，那种伪装好似掩盖月光的那层翳障，既是月亮的光辉，又是月亮的阴影，它虽可以把月亮藏匿起来，叫我们看不见，又因藏匿得不彻底而叫月亮泄露了自身。——塞缪尔·约翰逊

191. 道德教育最简单的要素是“爱”，是儿童对母亲的爱，对人们积极的爱。——裴斯泰洛齐

192. 一种美德的幼芽、蓓蕾，是最宝贵的美德，是一切道德之母，这就是谦逊；有了这种美德，我们会其乐无穷。——加尔多斯

193. 我认为，与制度结合的自由才是唯一的自由。自由不仅要同制度和道德并存，而且还须臾缺不了它们。——伯克

194. 一清如水的生活，诚实不欺的性格，在无论哪个阶层里，即使心术最坏的人也会对之肃然起敬。在巴黎，真正的道德，跟一颗大钻石或珍奇的宝物一样受人欣赏。——巴尔扎克

195. 劳动是人类存在的基础和手段，是一个人在体格、智慧和道德上

臻于完善的源泉。——乌申斯基

196. 真正的爱国主义不应表现在漂亮的话上，而应表现在为祖国谋福利、为人民谋福利的行动上。——杜勃罗留波夫

197. 人在智慧上应当是明豁的，道德上应该是清白的，身体上应该是清洁的。——契诃夫

198. 有一种谦恭的、默默无闻的英雄，他们既无拿破仑的英名，也没有他那些丰功伟绩。可是把这种人的品德解析一番，连马其顿的亚历山大大帝也将显得黯然失色。——哈谢克

199. 仅仅一个人独善其身，那实在是一种浪费。上天生下我们，是要把我们当作火炬，不是照亮自己，而是普照世界；因为我们的德行倘不能推及他人，那就等于没有一样。——莎士比亚

200. 谁能从道德败坏的地方脱出来，还保持洁白，便是有了最伟大的功德。——显克微支

附　录

一、《中共中央关于社会主义精神文明建设指导方针的决议》

中国共产党第十二届中央委员会第六次全体会议，根据党的第十二次全国代表大会关于在建设物质文明的同时努力建设社会主义精神文明的战略决策，以及一九八五年党的全国代表会议的精神，根据我国全面改革发展的要求，回顾和讨论了几年来精神文明建设的成就和面临的问题。全会认为，适应新的形势，进一步明确社会主义精神文明建设的指导方针，加强这方面的工作，对于保证社会主义现代化建设事业的顺利发展，具有重大的现实意义和长远意义。

（一）社会主义精神文明建设的战略地位

我国社会主义现代化建设的总体布局是：以经济建设为中心，坚定不移地进行经济体制改革，坚定不移地进行政治体制改革，坚定不移地加强精神文明建设，并且使这几个方面互相配合，互相促进。全党同志必须从这个总体布局的高度，正确认识社会主义精神文明建设的战略地位。

以马克思主义为指导的社会主义精神文明是社会主义社会的重要特征。在社会主义时期，物质文明为精神文明的发展提供物质条件和实践经验，精神文明又为物质文明的发展提供精神动力和智力支持，为它的正确发展方向提供有力的思想保证。社会主义精神文明建设，是关系社会主义兴衰成败的大事。

十一届三中全会以来，随着拨乱反正的胜利和全面改革的展开，随着物质文明建设的发展，社会主义精神文明建设取得了重大进展。我们党解放思想，坚持实事求是的思想路线，发挥马克思主义的科学精神和创造活力，对社会主义的认识突破一系列僵化观念而提高到新的水平；全国安定团结，民主法制逐步健全，广大干部和群众的积极性显著提高；群众性的精神文明建设活动广泛展开，积累了许多新鲜经验；尊重知识、尊重人才的社会风尚开始树立，教育科学文化日趋繁荣；党的优良传统在发扬，党风和社会风气在好转。这是主流。同时必须看到，精神文明建设在许多方面同社会主义现代化建设、同改革和开放的形势不相适应，对精神文明建设的重要性还缺乏足够的认识，实际工作中指导方针的问题还没有完全解决，党内和社会上一些严重的消极现象还有待我们用很大努力去消除。全面地估计精神文明建设的现状，充分地认识加强精神文明建设的紧迫性和长期性，才能坚持不懈地把这方面工作抓上去，否则就会贻误全局。

改革是社会主义制度的自我完善和发展。它的全面展开，是近几年来我国形势发生巨大变化的一个重要标志。全面改革和对外开放给社会主义事业带来强大活力，对精神文明建设是巨大的促进。随着社会主义商品经济的发展和社会主义民主政治的完善，人们的思想意识、精神状态发生深刻的变化，同时也对精神文明建设提出新的更高的要求。能不能适应这种要求，形成有利于社会主义现代化建设和全面改革的舆论力量、价值观念、文化条件和社会环境，有力地抵制资本主义和封建主义的腐朽思想，防止种种迷失方向的危险，振奋起全国各族人民的巨大热情和创造精神，用几代人的努力建设起社会主义现代化强国，这是一个历史性的重大考验。应当相信，我们有党的正确领导，有马克思主义的指引，有社会主义的基本经济制度和基本经济政策，有人民民主政权和社会主义法制，尤其是有广大人民对社会主义建设和改革的坚决拥护，只要在大力推进物质文明建设的同时不断加强社会主义精神文明建设，就一定能够达到实现社会主义现代化的目的。

总之，社会主义精神文明建设的战略地位，决定了它必须是推动社会主义现代化建设的精神文明建设，必须是促进全面改革和实行对外开放的精神文明建设，必须是坚持四项基本原则的精神文明建设。这就是社会主义精神文明建设的基本指导方针。

（二）社会主义精神文明建设的根本任务

社会主义精神文明建设的根本任务，是适应社会主义现代化建设的需要，培育有理想、有道德、有文化、有纪律的社会主义公民，提高整个中华民族的思想道德素质和科学文化素质。

人的素质是历史的产物，又给历史以巨大影响。在社会主义条件下，努力改善全体公民的素质，必将使社会劳动生产率不断提高，使人和人之间在公有制基础上的新型关系不断发展，使整个社会的面貌发生深刻的变化。这是我国社会主义现代化事业获得成功的必不可少的条件。

精神文明建设，包括思想道德建设和教育科学文化建设两个方面，渗透在整个物质文明建设之中，体现在经济、政治、文化、社会生活的各个方面。加强精神文明建设，不单是思想文教部门的任务，而且是各条战线和一切部门的任务，是全党全军和全国各族工人、农民、知识分子和其他劳动者、爱国者的共同的长期的任务。

在我国社会主义改造基本完成以后，党在长时期内的重大失误，就是没有把工作重点转移到经济建设上来，仍然坚持以阶级斗争为纲，轻视教育科学文化建设，极端夸大意识形态领域的阶级斗争，直到发生“文化大革命”那场内乱。我们党总结历史经验，明确指出现阶段我国社会的主要矛盾是人民日益增长的物质文化需要同落后的社会生产之间的矛盾；阶级斗争在一定范围内仍将长期存在，但已经不是主要矛盾，我国社会存在的矛盾大多数不具有阶级斗争的性质。加强精神文明建设，就要牢记历史教训，正确处理社会主义社会的各种矛盾，坚持对思想性质的问题采取讨论的方法、说理的方法、批评和自我批评的方法，就是说，用教育和疏导的方法去解决；坚持一切着眼于建设，把注意力集中到团结人民、充分发挥人民的社会主义积极性和创造精神上来，集中到满足人民的文化和精神需要上来，集中到加强思想道德建设和教育科学文化建设上来，归根到底，集中到促进社会生产力的发展上来。

近代世界和中国的历史都表明，拒绝接受外国的先进科学文化，任何国家任何民族要发展进步都是不可能的。闭关自守只能停滞落后。我们坚决摒弃维护剥削和压迫的资本主义思想体系和社会制度，摒弃资本主义的一切丑恶腐朽的东西，但是必须下大决心用大力气，把当代世界各国包括资本主义发达国家的先进的科学技术、具有普遍适用性的经济行政管理经验和其他有益文化学到手，并在实践中加以检验和发展。不这样做就是愚昧，就不能实现现代化。对外开放作为一项不可动摇的基本国策，不仅适用于物质文明建设，而且适用于精神文明建设。

中华民族是有悠久历史和文化的伟大民族，在古代文明史上长期处于世界的前列。在近代，由于封建制度的腐朽和帝国主义的侵略而落后了。辛亥革命、五四运动和中国共产党领导的人民大革命，带来中国历史的巨大变化。新中国的成立，在社会主义基础上开始了伟大的中国文明的复兴。自从我们国家以党的十一届三中全会为标志进入了新的历史发展时期，更赋予这个复兴以新的强大生机和活力。这个复兴，不但将创造出高度发达的物质文明，而且将创造出以马克思主义为指导的，批判继承历史传统而又充分体现时代精神的，立足本国而又面向世界的，这样一种高度发达的社会主义精神文明。

（三）用共同理想动员和团结全国各族人民

建设有中国特色的社会主义，把我国建设成为高度文明、高度民主的社会主义现代化国家，这就是现阶段我国各族人民的共同理想。到本世纪末，要使我国经济达到小康水平；到下世纪中叶，接近世界发达国家水平。这个共同理想，集中了我国工人、农民、知识分子和其他劳动者、爱国者的利益和愿望，是保证全体人民在政治上、道义上和精神上团结一致，克服任何困难，争取胜利的强大的精神武器。为了实现这个共同理想，一切有利于建设四化、振兴中华、统一祖国的积极思想和精神，一切有利于民族团结、社会进步、人民幸福的积极思想和精神，一切用诚实劳动争取美好生活的积极思想和精神，都应当加以尊重、保护和发扬。这样，才能在团结一切可能团结的力量来建设社会主义的问题上，真正克服长期造成严重危害的狭隘观点，使共产党员和非共产党员，马克思主义者和非马克思主义者，无神论者和宗教信仰者，国内同胞和海外侨胞，总之，使全体劳动者和爱国者，都紧密地团结起来，积极地行动起来，为实现共同理想而奋斗。

我们党的最高理想是建立各尽所能、按需分配的共产主义社会。无论过去、现在和将来，这个最高理想都是我们共产党人和先进分子的力量源泉和精神支柱。而建设有中国特色的社会主义，则是实现最高理想的必经阶段。对于我们共产党人来说，为建设有中国特色的社会主义而奋斗，也就是为党的最高理想而奋斗。如果在这个现实斗争中不忠诚、不热情，那就是有意无意地背离党的最高理想，就不是一个自觉的共产主义者。因此，共产党员、共青团员和先进分子都要同广大工人、农民、知识分子一道，把共同理想同各行各业、各个地方、各个集体的发展目标和建设任务结合起来，同各自的岗位职责和人生追求结合起来，立志建设，立志改革，艰苦奋斗，勤俭建国，脚踏实地干事业。在我们时代，荣誉属于为建设祖国、保卫祖国而坚韧不拔，压倒一切困难，做出卓越贡献和光辉榜样的人们。

社会主义现代化建设的成就越大，广大人民群众对实现共同理想的信念就越坚定。要善于运用建设和改革的现实成就和群众的切身经验，进行生动的理想教育。同时要采取多种形式，帮助广大干部和群众特别是青年逐步深入地理解马克思主义世界观和社会发展规律，理解我们民族的光辉历史和革命传统，理解百多年来我们民族的深重灾难和反帝反封建的英勇斗争，理解当代世界的进步、矛盾和人类的前途，以提高民族的自尊心、自信心和自豪感，把理想建立在科学基础之上。

我们的爱国主义是和国际主义紧密联系在一起的。中国的发展进步是世界发展进步的一部分。我国人民在同世界各国人民的交往中，要坚持和平友好、平等互利、互相支持、互相学习。中国社会主义现代化建设的胜利，是对反对霸权主义、维护世界和平、争取人类进步事业的贡献。

（四）树立和发扬社会主义的道德风尚

社会主义道德建设的基本要求，是爱祖国、爱人民、爱劳动、爱科学、爱社会主义。要使“五爱”在社会生活的各个方面体现出来，在全国各民族之间，工人农民知识分子之间，军民之间，干部群众之间，家庭内部和邻里之间，以至人民内部的一切相互关系上，建立和发展平等、团结、友爱、互助的社会主义新型关系。

道德是经济基础的反映，而不是脱离历史发展的抽象观念。我国还处在社会主义的初级阶段，不但必须实行按劳分配，发展社会主义的商品经济和竞争，而且在相当长历史时期内，还要在公有制为主体的前提下发展多种经济成分，在共同富裕的目标下鼓励一部分人先富裕起来。在这样的历史条件下，全民范围的道德建设，就应当肯定由此而来的人们在分配方面的合理差别，同时鼓励人们发扬国家利益、集体利益、个人利益相结合的社会主义集体主义精神，发扬顾全大局、诚实守信、互助友爱和扶贫济困的精神。社会主义道德所要反对的，是一切损人利己、损公肥私、金钱至上、以权谋私、欺诈勒索的思想和行为，而绝不是否定按劳分配和商品经济，绝不能把平均主义当作我们社会的道德准则。同时必须指出，社会主义是向共产主义高级阶段前进的历史运动。我们社会的先进分子，为了人民的利益和幸福，为了共产主义理想，站在时代潮流前面，奋力开拓，公而忘私，勇于献身，必要时不惜牺牲自己的生命，这种崇高的共产主义道德，应当在全社会认真提倡。共产党员首先是领导干部，尤其要坚定不移地身体力行。总之，在道德建设上，一定要从实际出发，鼓励先进，照顾多数，把先进性的要求同广泛性的要求结合起来，这样才能连结和引导不同觉悟程度的人们一起向上，形成凝聚亿万人民的强大精神力量。

在我们社会的各行各业，都要大力加强职业道德建设。首先是党和国家机关的干部，要公正廉洁，忠诚积极，全心全意为人民服务，反对官僚主义、弄虚作假、利用职权谋取私利。还要加强那些直接为广大群众日常生活服务的部门的职业道德建设，反对和纠正带有行业特点的不正之风。在我们社会里，人人都是服务对象，人人又都为他人服务。我们社会对人的关心、社会的安宁和人们之间关系的和谐，是同各个岗位上的服务态度、服务质量密切相关的。

在社会公共生活中，要大力发扬社会主义人道主义精神，尊重人，关心人，特别要注意保护儿童，尊重妇女，尊敬老人，尊敬烈军属和荣誉军人，关心帮助鳏寡孤独和残疾人。要遵守公共秩序，讲文明礼貌。要提倡人人爱护公共财物，保护环境和资源，自觉履行对国家和社会的义务。在国家安全受到威胁、社会公共安全受到危害的时候，要挺身而出，英勇斗争。

在广大城乡要积极开展移风易俗的活动，提倡文明健康科学的生活方式，克服社会风俗习惯中还存在的愚昧落后的东西。婚嫁丧葬中的陋习要改革，封建迷信要破除。这种改革，要在尊重健康民俗的前提下，在自愿基础上，由群众自己来进行，共产党员、共青团员要率先倡导。

社会主义道德作为人类文明中道德发展的新境界，它必然要批判地继承人类历史上一切优良道德传统，并要同各种腐朽思想道德作斗争。封建道德在我国影响很深，今天我们社会关系中残存的宗法观念、特权思想、专制作风、拉帮结伙、男尊女卑等，本质上都是封建遗毒的反映。由于半殖民地社会历史条件而产生的奴化思想，以及资本主义的腐朽思想，在我国也有很深影响，并且往往同封建腐朽思想相结合。因此，从社会生活各方面克服这些腐朽思想道德的影响，是艰巨的长期的工作。

（五）加强社会主义民主、法制、纪律的教育

高度民主是社会主义的伟大目标之一，也是社会主义精神文明在国家和社会生活中的重要体现。在人类历史上，在新兴资产阶级和劳动人民反对封建专制制度的斗争中，形成民主和自由、平等、博爱的观念，是人类精神的一次大解放。马克思主义批判地继承资产阶级的这些观念，又同它们有原则的区别。从根本上说，资产阶级民主是为维护资本主义制度服务的。社会主义在消灭阶级压迫和剥削的基础上，为充分实现人民当家作主，把民主推向新的历史高度开辟了道路。我国社会主义发展中的主要历史教训，一是没有集中力量发展经济，二是没有切实建设民主政治。十一届三中全会以来，我们党强调没有民主就没有社会主义现代化，强调民主要制度化法律化，强调党必须在宪法和法律的范围内活动，切实推进党和国家政治生活的民主化、经济管理的民主化、整个社会生活的民主化。近来中央着重提出政治体制改革，就是要在坚持党的领导和人民民主专政的基础上，改革和完善党和国家的领导制度，进一步扩大社会主义民主，健全社会主义法制，以适应社会主义现代化建设的需要。这是一项非常复杂的工作，中央将经过充分调查研究，作出部署，有领导有步骤地进行。

民主和法制、纪律不可分。社会主义法制，体现人民意志，保障人民的合法权利和利益，调节人们之间的关系，规范和约束人们的行动，制裁和打击各种危害社会的不法行为。不要社会主义民主的法制，绝不是社会主义法制；不要社会主义法制的民主，绝不是社会主义民主。只有大力加强以宪法为根本的社会主义法制，加强劳动纪律和工作纪律，同实际生活中种种压制和破坏民主的行为作斗争，才能推进并保证经济建设和全面改革的顺利发展，维护国家的长治久安。搞资产阶级自由化，即否定社会主义制度、主张资本主义制度，是根本违背人民利益和历史潮流，为广大人民所坚决反对的。

加强社会主义民主和法制的建设，根本问题是教育人。要从小学开始，在进行理想、道德、文明礼貌等教育的同时，进行民主、法制和纪律的教育。要在全体人民中坚持不懈地普及法律常识，增强社会主义的公民意识，使人们懂得公民的基本权利和义务，懂得与自己工作和生活直接有关的法律和纪律，养成守法遵纪的良好习惯。公民都要遵守宪法，党员还要遵守党章。在法纪面前人人平等，绝不允许有任何超越法律和纪律的特殊人物，这应当成为我国政治和社会生活中不可动摇的准则。

人民民主专政是保护人民、保卫四化的强有力武器。要依法打击一切破坏我国社会主义制度的敌对分子，依法惩处经济罪犯和其他刑事罪犯，依法禁止和取缔卖淫、吸毒、赌博、传播淫秽录像书刊等危害人民的违法犯罪行为。

（六）普及和提高教育科学文化

教育科学文化既是物质文明建设的重要条件，也是提高人民群众思想道德觉悟水平的重要条件。当今世界，科学越来越成为推动历史进步的革命力量，成为代表一个民族文明水平的重要标志。我们进行现代化建设，应当更加自觉地依靠科学，发扬尊重科学、追求知识的精神，努力在全民族范围扎扎实实地组织教育科学文化的普及和提高。

教育、科学、文学艺术、新闻出版、广播影视、卫生、体育、文物、图书馆、博物馆等各项文化事业，都有各自的重要作用。要从我国地域辽阔、经济文化发展不平衡的实际出发，争取使这些事业获得一个大的发展。尤其是教育和科学，作为整个社会主义现代化建设的战略重点，如果得不到应有的发展，不但精神文明建设上不去，经济建设也将没有后劲。国家要从政策上、资金上保证这些事业的发展，并且鼓励社会各方面力量支持这些事业。各地都要制订文化事业发展的具体规划，并像完成经济建设任务一样，确保完成文化建设任务。

我国文化事业的社会主义性质，要求必须把社会效益作为最高标准。要努力提高精神产品质量以满足群众的广泛需要，并且进行文化管理体制的改革，改善经营管理，促进文化事业的蓬勃发展。

教育科学文化工作者在精神文明建设中担负着光荣艰巨的使命，应当认识时代和人民的要求，努力提高自己的思想道德素质和业务素质。各级领导机关，要通过多种途径，引导和组织知识分子同人民群众创造新生活的丰富实践结合起来，广泛吸收他们参与各方面建设和改革工作的咨询和决策；对有突出贡献的人才和重点工作，从条件上给予有力支持；对优秀精神产品和优秀工作者给予精神和物质奖励，特别要办好若干种代表我们民族科学文化水平的、被视为崇高荣誉的奖励。尊重知识、尊重人才，在我们各方面实际工作中仍是有待于进一步解决的重大课题。知识分子地位的真正提高和作用的充分发挥，工人农民知识分子的亲密团结和共同奋斗，是现代化建设必定成功的可靠保证。

（七）马克思主义在精神文明建设中的指导作用

坚持以马列主义、毛泽东思想为指导，是我国社会主义现代化事业的根本，也是社会主义精神文明建设的根本。作为工人阶级的科学世界观和全人类精神文明的伟大成果的马克思主义，是社会主义事业和党的领导的理论基础，是社会主义意识形态的最重要的组成部分，对整个精神文明建设起着重大的指导作用。我们的理想建设、道德建设、文化建设、民主法制观念建设，都离不开马克思主义的指导，离不开马克思主义的理论建设。

马克思主义是在历史和科学的前进中不断丰富和发展的科学，它并没有结束真理，而是在实践中不断地开辟认识真理的道路。中国和世界已经和正在发生的巨大变化，一方面证明马克思主义的伟大生命力，一方面要求我们运用马克思主义的基本原则和基本方法，创造性地解决新问题。新时期我国马克思主义理论工作的任务，就是要从经济、政治、文化、社会各方面，研究社会主义现代化建设和全面改革的新情况、新经验、新问题，探索建设具有中国特色的社会主义的规律；同时要研究当代世界的新变化，研究当代各种思潮，批判地吸取和概括各门科学发展的最新成果。只有从实际出发，以实践作为检验真理的唯一标准，勇于突破那些已被实践证明是不正确的或不适合变化了的情况的判断和结论，而不是用僵化观念来裁判生活，马克思主义才能随着生活前进并指导生活前进。这既是坚持马克思主义，又是发展马克思主义，两者统一在革命和建设的实践之中。离开实践的观点、发展的观点、创造的观点，就谈不上坚持马克思主义。把马克思主义当作僵死的教条，是错误的；否定马克思主义的基本原则，认为马克思主义“过时”而盲目崇拜资产阶级某些哲学和社会学说，也是错误的。

社会主义在实践中，现代化建设和全面改革是极其复杂的创新事业，没有也不可能有现成的答案，理论上和工作上的不同意见是会经常发生的。必须坚决执行“百花齐放、百家争鸣”的方针，支持和鼓励以科学研究为基础的大胆探索和自由争论，使马克思主义的理论研究大大活跃起来，使各项决策建立在更加民主和科学的基础之上。政策和计划的决定，要遵守民主集中制原则。学术和艺术问题，要遵守宪法规定的原则，实行学术自由，创作自由，讨论自由，批评和反批评自由。这样做的目的，是正确发挥马克思主义对学术和艺术的指导作用，造成科学文化发展所必需的安定团结的环境和民主和谐的气氛，使它们更好地为人民服务、为社会主义服务。

党员干部尤其是领导干部和从事意识形态工作的干部，要带头认真学习马克思主义。没有认真的学习，坚持和发展就无从谈起。在群众特别是青年中，也必须积极倡导学习马克思主义。要把马克思主义基本原理的教育同党的路线方针政策和形势教育、革命传统教育结合起来，同各种历史文化科学知识的学习结合起来，同群众的思想状况结合起来，克服忽视马克思主义理论学习的倾向，克服学习内容脱离实际和形式呆板单调的缺点。

（八）党组织和党员在精神文明建设中的责任

工人阶级是我国的领导阶级。工人阶级的先锋队中国共产党，是领导我国社会主义现代化建设的核心力量。各级党组织和广大党员在精神文明建设中的责任，一是加强自身的精神文明建设，特别是搞好党风；二是以模范行动和艰苦工作，组织和推动全社会的精神文明建设。

党风问题是关系党的生死存亡的问题。我们党作为领导全国政权的政党，党员干部是全心全意为人民服务，还是做官当老爷，以权谋私，凌驾于人民之上作威作福，成为党风建设中一个特别重大的问题。十一届三中全会以来，通过拨乱反正和全面整党，在恢复和发扬党的理论联系实际、密切联系群众和自我批评的优良作风方面，取得了显著成效。但是必须指出，反对不正之风的斗争是长期的，一定要坚决持久地进行下去，贯穿于改革、开放和现代化建设的全过程。建设好的党风，思想教育很重要，制度建设也很重要。必须努力改革和完善党的组织制度和工作制度，严格执行党的纪律，建立和健全党内监督制度和人民监督制度，使各级领导干部得到有效的监督。

共产党员首先是领导干部，应当随时随地在人民群众中做模范：做努力工作、好学上进的模范，做不尚空谈、多干实事的模范，做坚持改革、勇于开拓的模范，做维护群众利益、带领群众勤劳致富的模范，做遵纪守法、同不正之风和违法犯罪行为作斗争的模范。一句话，做两个文明建设的模范。党组织应当经常讨论和检查党员起模范作用的问题，表扬先进，督促后进。

在新形势下坚持两个文明一起抓，是全党面临的新课题。从中央到基层的各级党组织，必须用更多的时间和精力来加强对精神文明建设的领导。要努力摸索规律，研究政策，组织和协调各方面力量，扎扎实实地做好工作，不搞形式主义。

思想政治工作是经济工作和其他工作的有力保证。要努力适应新时期的需要，开创思想政治工作的新路子。无论从事哪方面工作的干部，都要做人的工作。领导干部要经常到工人、农民和知识分子中间去，同群众一起商量解决人们普遍关心的各种思想问题和实际问题。要建设好一支精干的思想政治工作队伍，关心和帮助他们的工作，鼓励他们不断提高思想和业务水平，以热情为群众服务的行动和卓有成效的工作来赢得群众信任，充分发挥思想政治工作的作用。

本决议着重解决新形势下进一步明确精神文明建设指导方针的问题。各部门、各地方、各单位的党组织应当把中央的指导方针同自己的实际情况结合起来，作出具体实施的规划和安排。中央将在这方面加强指导。

中国人民解放军是保卫祖国的钢铁长城和建设祖国的重要力量，是一支有高度思想觉悟、良好道德品质和严格组织纪律的军队，对全民族有巨大的精神影响。军队要加强自身的精神文明建设，积极参加全国精神文明建设。有关这方面的工作，由中央军委按照决议精神和军队的特点作出部署。

二、《中央精神文明建设指导委员会关于进一步做好评选表彰全国道德模范工作的决定》

为贯彻落实党的十七大精神，充分发挥道德模范榜样作用，推动公民道德建设深入发展，促进社会主义核心价值体系建设，现就进一步做好评选表彰全国道德模范工作，作出如下决定。

（一）深入学习贯彻党的十七大精神，充分认识长期开展全国道德模范评选表彰活动的重要意义

1. 评选表彰全国道德模范，是深入贯彻党的十七大精神的重要举措。党的十七大强调要加强社会公德、职业道德、家庭美德、个人品德建设，发挥道德模范榜样作用，引导人们自觉履行法定义务、社会责任、家庭责任。公民道德建设是社会认同性、广泛性最强的领域，是时代的呼唤、社会的需要、人民的期待。评选表彰全国道德模范，是新形势下动员群众广泛参与道德建设的有力措施，对于凝聚社会各方面力量，把公民道德建设提高到一个新水平，具有重要意义。

2. 评选表彰全国道德模范，是实现全面建设小康社会奋斗目标的现实需要。2007 年 9 月，中央文明办、全国总工会、共青团中央、全国妇联联合评选表彰了首批全国道德模范，充分展示了《公民道德建设实施纲要》颁布以来特别是党的十六大以来公民道德建设取得的丰硕成果，对于形成良好社会风尚、提高公民道德素质起到了重要推动作用。全面建设小康社会，需要有力的精神支撑和牢固的思想道德基础。进一步做好评选表彰全国道德模范工作，有利于深入持久地运用榜样的力量，普及道德规范，引领社会风尚，提高公民文明素质和社会文明程度，促进全面建设小康社会奋斗目标的实现。

3. 评选表彰全国道德模范，是建设社会主义核心价值体系的有效途径。道德模范具体生动形象地体现了社会主义核心价值体系的要求，开展评选表彰全国道德模范活动，有利于弘扬中华民族传统美德，有利于弘扬社会发展进步的时代精神，有利于加深人们对社会主义核心价值体系的理解认同，是用社会主义核心价值体系引领社会价值取向的有效途径和成功实践。社会主义核心价值体系建设是一项长期的任务，评选表彰全国道德模范活动也要长期开展下去。

（二）明确指导思想和原则要求，坚持评选表彰活动的正确导向

4. 评选表彰全国道德模范活动，要高举中国特色社会主义伟大旗帜，以邓小平理论和“三个代表”重要思想为指导，深入贯彻落实科学发展观，以建设社会主义核心价值体系为根本，以树立社会主义荣辱观为主线，大力弘扬爱国主义、集体主义、社会主义思想，充分依靠和动员群众，不断改进创新方式方法，增强公民道德建设的针对性实效性和吸引力感染力，为促进经济发展、推动社会和谐提供强大的思想道德保障。

5. 评选表彰全国道德模范要坚持以下原则：

面向基层群众。坚持以人为本和群众参与，做到群众评、评群众，群众学、学群众，确保评选出的道德模范可信可亲可敬可学，使群众在参与过程中受到教育、得到提高。

重在推动工作。充分发挥评选表彰活动的激励推动作用，使评选表彰全国道德模范的过程，成为树立先进典型、弘扬真善美的过程，成为普及基本道德规范的过程，成为建设社会主义核心价值体系的过程，促进公民道德建设水平不断提高。

做到公平公正。评选过程要严谨、规范、公开，务实、节俭，评选的每个环节要置于社会监督之下，增强评选活动的权威性和公信力，真正把那些民意基础好、社会认同度高的道德模范评选出来。

（三）严格评选标准和工作程序，确保评选出的道德模范经得起实践和群众的检验

6. 全国道德模范是中央文明委授予公民在道德领域的崇高荣誉称号。根据公民基本道德规范的要求和道德建设的实际，全国道德模范评选表彰设“全国助人为乐模范”“全国见义勇为模范”“全国诚实守信模范”“全国敬业奉献模范”和“全国孝老爱亲模范”五个奖项；每个奖项各表彰10人左右。同时，设全国道德模范提名奖。

7. 全国道德模范的基本标准是：热爱祖国，拥护中国共产党领导，身体力行社会主义荣辱观，模范遵守公民道德规范，在日常工作、生活和人际交往中品德高尚、事迹突出、群众公认。

8. 全国道德模范的各奖项标准是：

全国助人为乐模范：长期主动给他人无私帮助，积极参加社会公益事业，赢得群众高度赞誉；

全国见义勇为模范：关键时刻临危不惧，挺身而出，勇于维护国家、集体利益和群众的生命财产安全，在社会上产生重大影响；

全国诚实守信模范：在经济活动和社会生活中，坚持诚信为本、操守为重，严格自律、履行承诺，享有很高的信誉；

全国敬业奉献模范：立足本职，爱岗敬业，艰苦奋斗，在提高服务质量、劳动效率等方面贡献突出，影响广泛；

全国孝老爱亲模范：孝敬父母，关爱子女，夫妻和睦，家庭和谐，事迹感人，群众颂扬。

9. 全国道德模范评选表彰活动在中央文明委领导下，由中央文明办、解放军总政治部、全国总工会、共青团中央、全国妇联联合成立全国活动组委会，下设评选委员会，负责审议候选人资格和组织投票评选；下设办公室负责日常工作。

10. 全国道德模范评选表彰每两年举办一届。

11. 凡符合全国道德模范参评标准的中国公民，不分年龄、性别、民族、职业，均可被推荐为全国道德模范人选。

12. 全国道德模范候选人由群众推荐或由所在基层组织征得群众同意后

推荐，也可以自荐参加评选。被推荐人所在城乡社区、单位或事迹发生地精神文明建设委员会（领导小组）对被推荐人进行考察审核、征得本人同意、进行公示后，逐级向上推荐。各省（区、市）、新疆生产建设兵团文明委和中直工委、中央国家机关工委、解放军总政治部按规定程序向全国活动组委会推荐本地区、本系统的候选人。

13. 全国活动组委会对各地各系统的推荐人选进行审核，确定正式候选人名单，通过中央主要新闻媒体和重点网站进行集中公示，并采取公众投票和评选委员会投票相结合的方式，确定全国道德模范建议名单，报中央文明委审定。

14. 中央文明委授予全国道德模范荣誉证书和奖章；授予全国道德模范提名奖获得者荣誉证书。

（四）广泛开展学习宣传道德模范活动，推动全社会道德水平提高

15. 各级党委政府要重视发挥道德模范榜样作用，用他们的感人事迹、先进思想和崇高精神引领社会风尚。把学习宣传道德模范摆上重要日程，加强组织领导，深入开展多种形式的学习活动。善于总结和发现各方面的道德典型，运用典型力量推动道德建设，使人们学有榜样、赶有目标、见贤思齐，使道德模范的高尚行为逐步成为人们的自觉行动。

16. 充分利用报刊、广播、电视和互联网、手机短信等各种媒体，通过新闻宣传、文艺作品、公益广告和群众性文化活动等多种方式，广泛宣传道德模范的感人事迹和优秀品质，大力弘扬助人为乐、见义勇为、诚实守信、敬业奉献、孝老爱亲的崇高精神。把学习宣传道德模范融入社会主义荣辱观学习实践活动之中，融入青少年思想道德建设之中，融入群众性精神文明创建活动之中，在全社会形成学习道德模范、关爱道德模范、敬重道德模范、争当道德模范的浓厚氛围。

17. 由中央文明办制定《帮扶生活困难道德模范实施办法》，对生活困难的全国道德模范进行帮扶。

18. 各地各有关部门可从实际出发制定奖励和帮扶办法，对本地区本系统全国道德模范及提名奖获得者给予奖励，从政治上、工作上、生活上关心帮助他们。

19. 全国道德模范及提名奖获得者有严重违反社会主义道德或违纪违法行为的，按有关程序，撤销荣誉称号。

20. 本决定由中央文明办牵头组织实施并负责解释。

三、《评选表彰全国道德模范实施办法》

为落实《中央精神文明建设指导委员会关于进一步做好评选表彰全国道德模范工作的决定》，制定本实施办法。

第一章　组织领导

第一条　全国道德模范评选表彰活动在中央精神文明建设指导委员会领导下，由中央文明办、解放军总政治部、全国总工会、共青团中央、全国妇联作为主办单位，成立全国活动组委会，下设办公室（设在中央文明办），负责评选表彰活动的日常工作。

第二条　全国活动组委会下设评选委员会，由主办单位领导及有关司局负责同志、专家学者、新闻界代表和基层群众代表组成，负责审核各地各系统推荐的全国道德模范人选的参评资格、确定正式候选人，并参与投票评选。

第三条　各省（区、市）、新疆生产建设兵团可由文明办牵头，工会、团委、妇联等人民团体及有关部门参加，成立评选表彰活动组委会（以下简称各地活动组委会），负责本地区全国道德模范评选推荐工作。中直工委、中央国家机关工委也可成立相应机构，负责本系统全国道德模范评选表彰的相关工作。

第二章　推荐评选

第四条　每届评选表彰活动开始时，中央文明办、解放军总政治部、全国总工会、共青团中央、全国妇联发出评选表彰全国道德模范的通知，中央主要新闻媒体、军队和各地各行业系统的新闻媒体、重点新闻网站以及都市类报刊刊发消息，公布全国道德模范的评选标准、推荐和评选办法等，启动评选表彰工作。

第五条　全国道德模范候选人的基本标准是：热爱祖国，拥护中国共产党领导，身体力行社会主义荣辱观，模范遵守公民道德规范，在日常工作、生活和人际交往中品德高尚、事迹突出、群众公认。其主要事迹应符合下列标准之一。

全国助人为乐模范：长期坚持帮助无血缘亲缘关系的老幼病弱、鳏寡孤独以及其他困难群众；对遭遇不幸或遭受灾害者奉献爱心，努力帮助排忧解难；积极参加捐资助学、扶残助残、公共服务、志愿服务等社会公益事业和公益活动。

全国见义勇为模范：在公民合法权益受到侵害时挺身而出，设法进行保护和援救；勇于同正在实施的违法犯罪行为作斗争，义务协助追捕犯罪嫌疑人或提供重要线索，为侦破重特大案件做出贡献；在抢险救灾中，奋力排除险情，保护国家、集体和群众生命财产安全。

全国诚实守信模范：具有强烈的诚信意识，从事生产活动坚持质量至上，从事经营活动坚持信守契约，从事服务工作坚持优质规范，在合作者和服务对象中享有高度信誉；在人际交往中，真诚待人，实心做事，即使遇到困难，仍坚持信守承诺。

全国敬业奉献模范：具有崇高职业道德和敬业精神，立足岗位，刻苦钻研，业务过硬，勇于创新，有重要发明创造或重大贡献；干一行、爱一行，长期在艰苦条件下尽职尽责、默默奉献，恪守职业规范，办事公道、服务优质，赢得群众广泛好评。

全国孝老爱亲模范：模范践行家庭美德，孝敬父母，长期悉心照料体弱病残的老人，使他们享受人生幸福；关爱子女，夫妻和睦，兄弟姐妹团结友爱，家庭生活温馨和谐；在家人亲属有伤病、残疾等困难情况下，做到不离不弃、守护相助、患难与共。

第六条 每个公民在同一届评选中只参加一个奖项的评选，当选者不再参加以后各届全国道德模范的评选。全国道德模范提名奖获得者可再次参加评选。

第七条 全国道德模范候选人的产生，采取属地推荐、系统推荐和群众推荐相结合的方式。各省（区、市）活动组委会和解放军总政治部分别向全国活动组委会推荐助人为乐、见义勇为、诚实守信、敬业奉献、孝老爱亲5个类别的候选人，每类1～2名；新疆生产建设兵团、中直工委、中央国家机关工委活动组委会推荐候选人各为每类1名。全国活动组委会和各地各系统活动组委会，向社会公布接受群众推荐的专用电子邮箱、收信地址和推荐起止日期。各地群众和部队官兵以及各级各类组织可通过网络、信函等方式，向所在地区、系统的活动组委会推荐人选，也可直接向全国活动组委会推荐人选。全国活动组委会接到群众推荐的人选后，及时转告被推荐人所在省（区、市）或系统的活动组委会。

第八条 各地各系统和解放军总政治部按照全国道德模范评选标准和工作要求，对本地区、本系统群众推荐的人选和所属地区、单位推荐的人选进行认真考察审核，并在征得被推荐人同意后，采取适当方式在本人单位和所在城乡社区（乡镇）进行公示。公示期间，要专门征求当地计划生育、公安等有关部门意见，党员和公职人员还要征求纪检、监察部门意见，从事经营活动的被推荐人选须征求工商、税务、环保等相关部门意见，确保推荐质量。

第九条 各地各系统活动组委会应将推荐的候选人的事迹在当地主要媒体或本行业系统媒体进行不少于10天的集中公示，接受群众评议和社会监督。解放军总政治部推荐的候选人要在军队主要媒体进行不少于10天的集中公示。

第十条 集中公示后，各省（区、市）、新疆生产建设兵团、中直工委、中央国家机关工委文明委和解放军总政治部，要结合公示情况对拟推荐的候选人进行审定，审定通过后要按类别分别填写全国道德模范推荐表，撰写主要事迹材料，于规定时间内提交全国活动组委会。

第十一条 全国活动组委会对各地各系统和解放军总政治部推荐人选的情况和推荐程序进行审核，确定全国道德模范正式候选人。

第十二条 全国活动组委会将正式候选人的基本情况和主要事迹在中央主要媒体和重点新闻网站刊登公示，听取意见、接受监督，并开始群众投票。

第十三条 群众投票可通过填写报纸选票、网络投票、手机投票三种方式进行，但每人只能选择其中一种方式，不能重复投票。无论以何种方式投票，都必须填写本人有效身份证件号码，保证选票真实有效。

第十四条 在群众投票的同时，评选委员会对候选人进行无记名投票。

第十五条　全国道德模范选票统计工作委托专业机构负责。

1. 指导监督计票工作。委托国家统计局派人现场指导和监督报纸选票、网络选票、手机选票和评委选票的最后汇总工作。

2. 剔除无效选票。对全部网络选票和手机选票，由公安部全国公民身份号码查询服务中心剔除身份证件信息填写不合格的选票。对报纸选票按照抽样统计办法，抽出验证样本票，送公安部全国公民身份号码查询服务中心验证，剔除身份证件信息填写不合格的选票。对以上三种选票中的重复选票，通过身份证件验证的方式予以剔除。

3. 统计有效选票。对网络投票和手机投票的全部有效选票，由相关网站和手机投票平台逐一进行统计。对有效报纸选票，由解放军总政治部确定一所部队院校，在国家统计局指导下，依据统计学规则，抽选样本，进行科学统计。

4. 计算候选人总支持率。国家统计局将每位候选人报纸选票、手机投票和网上投票的得票数相加，得出该候选人的公众支持率；将每位候选人在评选委员会投票中的得票数折算成评委对该候选人的支持率。在此基础上，将公众支持率按照 60% 的比重与评委支持率按照 40% 的比重相加，计算出每位候选人的总支持率，据此由高到低排列出每位候选人在各类道德模范人选中的顺序。

第十六条　为充分体现评选表彰活动的广泛性和代表性，每个省（区、市）和解放军总政治部推荐的候选人在五类全国道德模范中至少有 1 名入选、最多有 3 名入选，单类全国道德模范中的入选人数不得超过 1 名。全国活动组委会根据这一原则，对照入围候选人最终排名顺序，确定全国道德模范建议名单。经评选未入围全国道德模范的正式候选人，列为全国道德模范提名奖建议名单。全国道德模范建议名单和全国道德模范提名奖建议名单，报中央文明委审批。

第三章　表彰奖励

第十七条　中央文明委作出表彰全国道德模范的决定，向全国道德模范颁发荣誉证书和奖章，向提名奖获得者颁发荣誉证书。各地各有关部门和解放军总政治部可制定具体办法，对本地区、本系统的全国道德模范及提名奖获得者给予奖励。

第十八条 中央主要新闻媒体、军队和各地各行业系统的新闻媒体、重点新闻网站以及都市类报刊，要对全国道德模范及提名奖获得者的先进事迹进行广泛持续宣传，引导广大群众学习先进、崇尚先进、争当先进。

第十九条 建立帮扶生活困难道德模范的长效机制，采取多种方式帮助他们解决实际困难。按照分级负责的原则，由中央文明办根据《帮扶生活困难道德模范实施办法》，对生活困难的全国道德模范进行帮扶；各地各有关部门可从实际出发，制定具体办法，对本地区本系统生活困难的全国道德模范提名奖获得者进行帮扶。

第四章 管理监督

第二十条 评选表彰全国道德模范坚持公开、公平、公正原则。对于推荐和评选过程中弄虚作假、徇私舞弊的，一经查实，即取消参评资格。

第二十一条 各地各部门文明委要按照谁推荐、谁负责的原则，做好经常性的教育管理工作。对于全国道德模范和提名奖获得者有严重违反社会主义道德或违纪违法行为的，由省（区、市）文明委调查核实，提出处理意见，报中央文明委批准后，撤销荣誉称号、相关奖励和帮扶待遇等。

第二十二条 评选表彰全国道德模范活动坚持公益性，不搞商业运作，任何单位或个人不得借机谋利。

第二十三条 各省（区、市）、新疆生产建设兵团和中直工委、中央国家机关工委、解放军总政治部可参照本办法制定实施细则。

第二十四条 本实施办法由中央文明办负责解释。

后 记

自2007年中央精神文明建设指导委员会《关于进一步做好评选表彰全国道德模范工作的决定》发布实施以来，迄今已经举行了五届全国道德模范评选，涌现出了大量的助人为乐模范、见义勇为模范、诚实守信模范、敬业奉献模范、孝老爱亲模范典型群体人物。这些道德模范充分发挥了榜样的示范引领作用，对于促进新时期社会主义核心价值观建设，推动公民道德建设深入发展，对于引领社会风尚、提高公民文明素质和社会文明程度，凝聚社会各方面力量、促进全面建成小康社会奋斗目标的实现发挥了重要作用。

山东具有深厚的道德文化思想根基底蕴，山东人在全国享有良好的口碑和声誉，自古以来，山东大地就是道德模范辈出的热土。山东省委、省政府高度重视社会主义道德建设，历来坚持将评树先进典型、道德模范人物作为推进公民道德建设的有力抓手。2012年开始全面启动的“山东好人”评选活动，已经成为引导全省人民群众大规模参与道德实践的成功探索，以及新形势下推进公民道德建设和精神文明建设的创新之举。为全面推动经济文化强省建设，进一步实施山东道德模范建设实践工程，山东社会科学院课题组在山东省精神文明办指导下，承担了山东省社会科学规划重大课题“山东道德模范建设理论与实践研究”，深入探索山东道德模范建设的精神内涵、内容、方式、载体、制度，总结丰富有效的工作创新经验，力求对全省道德模范建设产生良好的理论指导作用。

山东社会科学院副院长王志东研究员担任本课题组组长，并且担任本书主编，精心设计了课题研究思路和大纲框架，指导设计了调查问卷，对全书各章节内容进行了严格细致的审读，提出了修改完善的意见并最后定稿。张凤莲、吕世忠、徐建勇、李玉、张桂兰、闫娜、赵迎芳、张勇等同志参与了实地调研和具体撰写工作。中共山东省委宣传部副部长、山东省精神文明建设办公室主任刘宝莅对本课题的策划、实地调查和研究进行了精心指导，山东省文明办王龙飞副主任、谢忠铎处长以及全省各市委宣传部文明办的同志们，在问卷调查、实地调研阶段给予了大力指导支持。山东人民出版社的责任编辑张丽主任为本书出版付出了辛勤劳动，在此一并表示最真挚的感谢。

由于时间短、任务重，本书的研究尚存有许多不足之处，敬请读者同志们提出批评指正。

编者

2017年3月18日

图书在版编目（CIP）数据

山东道德模范建设理论与实践研究 / 王志东主编. --济南 ：山东人民出版社，2017.8

ISBN 978-7-209-09987-5

Ⅰ. ①山… Ⅱ. ①王… Ⅲ. ①社会主义精神文明建设-研究-山东 Ⅳ. ①D648

中国版本图书馆CIP数据核字(2016)第247498号

山东道德模范建设理论与实践研究

王志东　主编

主管部门　山东出版传媒股份有限公司
出版发行　山东人民出版社
社　　址　济南市胜利大街39号
邮　　编　250001
电　　话　总编室（0531）82098914
　　　　　市场部（0531）82098027
网　　址　http://www.sd-book.com.cn
印　　装　山东临沂新华印刷物流集团
经　　销　新华书店
规　　格　16开（169mm×239mm）
印　　张　14.5
字　　数　240千字
版　　次　2017年8月第1版
印　　次　2017年8月第1次
印　　数　1-1000
ISBN 978-7-209-09987-5
定　　价　46.00元